keiper

Luise Kloos
Daniela Unger-Ullmann
Herausgeberinnen

路易斯·克洛斯
达尼叶拉·温格乌尔曼
编者

# Funkenschläge

Eine literarische Darstellung traditioneller Feste in China und Österreich

# 火花

中奥传统节日文学作品集

# Inhalt

| | |
|---|---|
| 8 | **Vorwort**<br>Luise KLOOS, Daniela UNGER-ULLMANN |
| 12 | **Funkenschläge**<br>Anna WEIDENHOLZER |
| 24 | **Das Winterfest gleicht dem Neujahr**<br>XU Zechen |
| 39 | **Eine rosa Brille für Steve**<br>Werner SCHANDOR |
| 62 | **Das Neujahrsfest in Wuhan**<br>CHI Li |
| 71 | **Notizen an einem Valentinstag**<br>Kateřina ČERNÁ |
| 85 | **Ein Mädchen namens Nacht**<br>ZHANG Xin |
| 97 | **Das Osterfest. Ein Deutungsversuch**<br>Harald DARER |
| 109 | **Brief nach Sevastopol**<br>Marjana GAPONENKO |
| 124 | **Das Drachenbootfest und das Porzellan meines Vaters**<br>LI Hao |
| 142 | **»Der sendet Tau und Regen, und Sonn- und Mondenschein«**<br>Erntedank zwischen Kitsch und Kontemplation<br>Helwig BRUNNER |

| | |
|---|---|
| 162 | **Der Duft des Mondes** <br> FANG Fang |
| 183 | **Kuchen zum Doppelneunfest** <br> LONG Yi |
| 201 | **Allerseelen** <br> Milena Michiko FLAŠAR |
| 215 | **Fest der Hungergeister: Gedanken und Erinnerungen** <br> TANG Yiming |
| 225 | **Ich fürchte, ich bin geboren** <br> (Der Martinsumzug) <br> Thomas STANGL |
| 238 | **Eine Nacht in den Bergen** <br> HAO Yuxiang |
| 254 | **Glossar** |
| 274 | **Biografien** |
| 284 | **Herausgeberinnen** |
| 286 | **Impressum** |

目录

10  前言
    路易斯·克洛斯，达尼叶拉·温格乌尔曼
19  火花
    安娜·魏登霍尔茨
33  冬至如年
    徐则臣
52  史蒂夫的粉红框眼镜
    维尔纳·山德
67  武汉的过年
    池莉
79  情人节笔记
    卡特琳娜·瑟尔纳
92  夕儿
    张欣
104 复活节——一种尝试性解读
    哈荷尔德·达赫
118 寄往塞瓦斯托波尔的信
    马亚娜·加蓬南柯
134 那年端午，和父亲的瓷
    李浩
153 "它将雨露和日月的光辉洒向人间"
    媚俗与默观之间的感恩节
    海尔维希·布鲁纳

| | |
|---|---|
| **174** | 月亮的味道 |
| | 方方 |
| **194** | 重阳糕 |
| | 龙一 |
| **209** | 万灵节 |
| | 米连娜·密西可·弗拉瑟 |
| **221** | 中元节忆旧说鬼 |
| | 唐翼明 |
| **232** | 我害怕出生(圣马丁节游行) |
| | 托马斯·斯坦格 |
| **246** | 山中的夜晚 |
| | 郝誉翔 |
| **254** | 词汇表 |
| **274** | 作家简介 |
| **284** | 编者 |
| **286** | 出版信息 |

# Vorwort

Im vorliegenden Buch sind traditionelle Feste, wie sie heute in China und Österreich gefeiert werden, literarisch erzählt. Einige Feste ähneln sich im Ausdruck, andere kennt man jedoch nur im jeweiligen Kulturkreis. Ein Fest, das in seiner Bedeutung als Familienfest dem westlichen Weihnachten gleichkommt und das Hauptereignis eines Jahres ist, ist das Neujahrsfest. Um das gegenseitige Verständnis für Tradition und Brauchtum zu fördern, gehen 16 Autoren und Autorinnen auf die bekanntesten Feste in China und Österreich ein. In ihren zeitgemäßen Geschichten wird die Bedeutung und Atmosphäre der Feste für die Leser und Leserinnen spürbar. Dabei lassen sich beim Lesen sehr unterschiedliche literarische Zugänge erkennen, die sich in Sprache, Inhalt und Form auf vielfältige Weise widerspiegeln. Zur Orientierung gibt es im Anhang ein Glossar über den traditionellen Ablauf der gewählten Feste. Die Texte sind in Deutsch und Chinesisch verfasst, um beiden Kulturkreisen die Möglichkeit zu bieten, das für sie Fremde verstehen zu lernen. Durch die zweisprachige Ausführung des Buchs und dessen Verbreitung in China und Europa erfahren chinesische und österreichische Schriftsteller und Schriftstellerinnen eine beachtliche Wahrnehmung im europäischen und asiatischen Raum und tragen so zur Bekanntmachung heimischer Traditionen im zeitgenössischen Kontext bei.

Wir danken Hong-Ling Yang für die Kontaktaufnahme und Koordination der chinesischen Literaten und Literatinnen, Maria Valentina Kravanja und Angela Seidl für das sorgfältige Lektorieren der deutschen Texte sowie Huqiang Wang und Wenli Zhang für die Korrektur der chinesischen Texte.

Viel Freude beim Lesen wünschen die Herausgeberinnen,

Luise Kloos und Daniela Unger-Ullmann

# 前言

本书以文学的形式,讲述了当今中国和奥地利是如何庆祝传统节日的。中奥传统节日中,有一些在表现形式上相似,另一些则仅仅在各自的文化圈被人们知晓。比如春节,是中国人一年中最重要的家庭节日,其地位与西方的圣诞节相当。为了促进中奥双方人民对于民间传统和民间风俗习惯的相互理解,十六位作者对中奥最出名的节日进行了描绘。在作者们富含时代气息的故事中,读者们能够感受到这些节日的意义和气氛。与此同时,人们在阅读时可以体验非常不一样的文学世界,它们以多种多样的方式在语言、内容和形式上反映出来。为了让读者容易理解,附录中给出了所选节日的传统庆祝流程。本书用德语和中文著述,以便双方文化圈理解异于自己的文化。本书的双语模式及其在中国和欧洲的广泛发行,将使中奥作者在欧洲和亚洲区域获得人们更多的关注,并且为本土传统在当代发扬光大做出贡献。

感谢杨红灵女士在与中国作者沟通协调方面所做的工作。本书的校勘工作,德语部分由玛利亚·瓦伦蒂娜·克拉万尼亚女士和安格拉·赛德尔女士承担,中文部分由王虎强先生和张文莉女士完成,在此一并致谢。

希望您阅读愉快,

路易斯·克洛斯,达尼叶拉·温格乌尔曼

**Anna WEIDENHOLZER**

Funkenschläge

Wenn der Wind weht, fliegen die Vögel schnell, wenn der Wind über Wiesen streicht und dabei Muster legt. Im Winter trägt der Wind den Schnee davon, das Eis bleibt liegen, darunter das Gras, darunter die Erde. Was ist unter der Erde, fragt das Kind an Marias Hand. Der Erdkern, antwortet Maria. Ist der Erdkern wie ein Apfelkern, fragt das Kind, wachsen aus dem Erdkern neue Erden. Ich weiß es nicht, sagt Maria, der Erdkern ist sehr heiß und er ist weit entfernt.

Kannst du mit dem Kind spazieren gehen, fragt Marias kleine Schwester einmal im Jahr, und Maria zieht ihre Schuhe an, weil die Frage keine Frage ist. Sie streift den Mantel über, sie wickelt den Schal um den Hals, sie hilft dem Kind in die Stiefel. Wenn Maria das Kind an der Hand mit nach draußen nimmt, Handschuh in Handschuh, wenn sie für es in den Himmel deutet, wenn sie sagt: Siehst du es kommen, dort hinter der Wolke, schließt ihre kleine Schwester im Haus die Wohnzimmertür. Sie schmückt den Christbaum, sie legt Geschenke aus, sie deckt den Tisch. An den Fenstern hängen Strohsterne, die von rotem Garn zusammengehalten werden, Engel stehen neben dem Fernseher, die Krippe ist mit Moos bedeckt. Die Wohnzimmertür wird verschlossen sein, wenn Maria mit dem Kind nach Hause kommt, sie wird es bis zum Abend bleiben, bis die Schwester mit der goldenen

Glocke läutet, und die Christbaumkerzen werden brennen, wenn Maria die Tür öffnet und die Geschenke nach Namen sortiert auf Stapeln liegen. Der größte Stapel wird dem Kind gehören.

Zu Weihnachten isst die Familie Bratwürste. Weihnachten ist das schrecklichste Fest im Jahr, sagt Maria, wenn ihre kleine Schwester Mitte November am Telefon fragt: Du kommst doch wieder. Maria, hörst du mich. Manfred freut sich, das Kind freut sich. Was wäre Weihnachten ohne dich. Maria atmet dann ins Telefon, sie sagt eine Weile nichts. Du brauchst gar nicht zu überlegen, was machst du sonst. Ich könnte zu Hause einen gemütlichen Abend verbringen, denkt Maria dann, ich könnte im Bett liegen, ich würde ein paar Gläser Wein trinken, ich könnte fernsehen. Weißt du, ich überlege noch, sagt Maria ins Telefon, vielen Dank für die Einladung. Du brauchst nicht zu überlegen, Weihnachten feiert man nicht alleine, sagt die Schwester, du kommst zu uns. Wir holen dich vom Bahnhof ab, ich hoffe, du schaffst es dieses Jahr schon früher. Das Kind wünscht sich eine Blockflöte. Bitte bring keine Kekse, ich werde genug gebacken haben.

Am Bahnhof steht dann Manfred, er sagt: Sie muss noch Kekse backen. Er nimmt Maria die Tasche ab, sie umarmen einander kurz, Maria streicht über seinen Rücken, Manfred klopft auf ihren. Ich parke dort hinten, wir müssen schnell sein, der Wagen steht im Halteverbot, sagt Manfred und geht los. Maria ist zuerst zwei Schritte hinter ihm, holt ihn aber schnell ein. Sie sagt: Ich habe meine Handschuhe vergessen. Wir leihen dir welche. Sie fragt: Seit wann gibt es die Pizzeria nicht mehr. Der Bahnhofsitaliener hat vor einem halben Jahr geschlossen. Wer will schon am Bahnhof Pizza essen. Als Manfred das Auto startet, stellt er das Radio leiser. Am Berg zum Haus hinauf dürfen wir nicht zu langsam werden, erklärt Manfred jedes Jahr, sonst bleiben wir hängen, wir müssen Schwung nehmen, eins, zwei, drei, los. Wenn Manfred gut gelaunt ist, zieht er in der Kurve die Handbremse, und Maria sucht jedes Mal nach dem Haltegriff über dem Fenster. Wie deine Schwester, sagt Manfred dann. Die Lichterketten auf dem Haus werden von Jahr zu Jahr mehr, in diesem Jahr baumelt vom Badezimmerfenster im ersten Stock ein Weihnachtsmann. Er hängt auf einer Strickleiter, auf dem Rücken ein goldener Sack, er schaut beim Fenster hinein. Nein, sagt Maria, als sie den Weihnachtsmann sieht, und schlägt mit der Hand auf ihre Stirn. Doch, sagt Manfred, doch.

Ein Kuss auf die Wange, ein Kuss auf den Mund. Groß bist du geworden, sagt Maria, nachdem sie das Kind geküsst hat. Von der Schwester wird sie umarmt, auch von dem Kind, das sich an ihr Bein klammert und es eine Weile nicht loslassen wird. Komm herein, sagt die Schwester, du wirst müde sein. Es ist kurz vor Mittag und in der Küche läuft Weihnachtsmusik, Kekse stehen auf dem Tisch, aber niemand darf sie essen, erst am Abend, aber am Abend werden sie alle satt sein, und niemand wird Kekse wollen. Die Kekse werden jedes Jahr hart. Maria holt aus ihrer Tasche eine weitere Dose, das wäre doch nicht nötig gewesen, sagt die Schwester. Darf ich in deine Tasche schauen, fragt das Kind. Nein, auf keinen Fall, antwortet Maria, und sie zieht den Reißverschluss fest zu.

Wenn Maria mit dem Kind die Siedlung umrundet, sind sie bald bei dem ersten Feld angekommen. Das Kind erzählt Geschichten zu den Nachbarn, auch dieses Jahr, einige kennt Maria bereits. Wie die von dem Nachbarn im Haus gegenüber, der den Kindern Geldscheine zusteckt, wenn sie vor seinem Haus Federball spielen, die hat das Kind bereits im Vorjahr erzählt. Dass vier Häuser weiter eine Hexe wohnt, die mit den Stacheln ihrer Gartenhecke Kinder vergiftet, ist Maria neu, sie wechseln die Straßenseite, als sie sich dem Haus nähern. Wir müssen leise sein, sonst wecken wir sie, flüstert das Kind. Möchtest du einen Schneemann bauen, fragt Maria, ich habe zwei Augen, eine Nase und einen Mund eingesteckt, einen Ast für die Arme finden wir bestimmt.

Wo seid ihr so lange gewesen, fragt die Schwester, als Maria die Haustür aufmacht, ich wollte euch schon suchen kommen, zieht euch um, Maria, hilfst du der Kleinen, ich habe das Kleid schon bereitgelegt. Die Schwester streicht ihrer Tochter über den Kopf, jetzt kommt das Christkind, geh in dein Zimmer, Maria ist gleich bei dir. Ich finde die Glocke nicht, sagt die Schwester, als das Kind die Treppe zu seinem Zimmer hinaufläuft, wie soll das Christkind ohne Glocke kommen. Ich habe sie, sagt Manfred, als er aus dem Keller kommt, sie war dort, wo sie immer ist. Gut, sagt die Schwester, es geht gleich los.

Am Heiligen Abend verschwindet die Schwester vor der Bescherung im Schlafzimmer, sie zieht ein dunkelrotes Kleid an, das Weihnachtskleid, sie schminkt sich, sie ruft: Manfred, so können wir keine Bescherung machen, zieh dich um, woraufhin Manfred ins Schlafzimmer verschwindet, ein

Hemd anzieht und eine Krawatte umbindet. Die Krawatte hat Manfred bereits vorgebunden, er muss nur den Knoten fest nach oben ziehen. Manfred bekommt von Maria keine Krawatten geschenkt; weil es schade darum wäre, denkt sie.

Wenn sie dann vor dem Christbaum stehen und singen, faltet Maria die Hände, warum, das weiß sie nicht. Sie schaut auf die Christbaumkerzen, die brennen, sie schaut auf das Kind, das singt, und wartet auf den Moment, wenn das Singen vorüber ist und alle sich räuspern. Die Geschenke liegen einstweilen vor ihnen, ungeöffnet, und Maria überlegt, welches sie zuerst aufmachen wird. Der Stapel des Kindes wächst von Jahr zu Jahr, es packt zuerst das größte Geschenk aus und arbeitet sich dann durch. Vorsichtig, sagt die Schwester, wir wollen das Papier auch nächstes Jahr verwenden, leg es dort hin. Wenn die Geschenke ausgepackt sind und die Kerzen gelöscht, wird das Essen aufgetragen. Manfred nimmt Platz, daneben die Schwester, gegenüber das Kind, Maria sitzt neben dem Kind, es hat die ihm liebsten Geschenke bei sich liegen. Räum das weg, wir essen jetzt. Man muss klare Regeln aufstellen, erklärt Manfred, heute ist Weihnachten, sagt die Schwester. Zu Weihnachten trinken Maria, die Schwester und Manfred Rotwein, später Schnaps, das Kind trinkt Coca-Cola. Der Christbaum steht in einer Ecke des Wohnzimmers, es ist ein kleiner lichter Baum auf einem Tisch, der Tisch ist mit einem weißen Leintuch abgedeckt. Die Christbaumkugeln sind rot, dazwischen hängen Strohsterne, auch ein Engel und Schokolade, die Schokolade hält nicht lange. Gegen einundzwanzig Uhr setzt sich Manfred mit einem Glas Wein auf das Sofa und schaut seine Geschenke an. Er würde gern fernsehen, aber das ist zu Weihnachten verboten. Vorher sagt Manfred: Maria, hast du immer noch keine Arbeit gefunden, so schwierig kann das doch nicht sein. Marias Schwester stößt ihren Mann in die Seite, er verschüttet Rotwein, er sagt lauter: Du darfst nicht empfindlich sein, du musst dich der Realität stellen. Das kann doch nicht sein, wie lange suchst du jetzt schon. Wer bezahlt das denn, wir bezahlen das, und wenn wir immer nur bezahlen, wird es irgendwann zu Weihnachten für unsere Kinder keine Geschenke mehr geben. Keine Geschenke, fragt das Kind, das am Boden spielt. Nein, du bekommst immer welche, sagt die Mutter, und dann: Manfred, hast du dein Geschenk schon aufgemacht. Schau, dort hinten liegt es. Maria, hilfst du mir bitte. Sie tragen das Geschirr in die Küche, die Schwester sagt: Sei nicht so empfindlich.

Am Küchentisch stehen die Kekse, die Platte ist umwickelt mit Frischhaltefolie. Maria reißt die Folie auf und trägt die Kekse hinaus, Herzen, Sterne und Tannenbäume. Möchtest du welche, sagt sie zu Manfred. Nein danke, ich habe genug gegessen, antwortet er. Ich stell sie trotzdem hier ab, sagt Maria und isst einen Stern. Wir haben doch schon genug gegessen, sagt Manfred, ich kann nicht mehr.

Das Kind atmet tief, als Maria vorsichtig die Tür öffnet. Im Kinderzimmer steht das Gästebett, es quietscht, wenn Maria sich hinlegt, es ist eines dieser aufklappbaren Betten, und Maria fürchtet jedes Jahr, dass es zusammenklappt, während sie darauf schläft. Das Bett ist bereits gemacht, und sie schüttelt vorsichtig die Bettdecke auf, wie sie es immer macht. Die Bettdecke schlägt Funken. Davon wird

Maria am nächsten Tag beim Frühstück erzählen, wenn sie es nicht vergisst. Statische Aufladung, wird Manfred sagen und in sein Butterbrot beißen. Schön war es trotzdem, wird Maria antworten und in ihren Kaffee blasen. Statische Aufladung, wird Manfred wiederholen, und wenn das Kind in der Nähe ist, wird es fragen, was das ist. Jetzt liegt Maria in dem kleinen Bett, denkt an Funkenschläge und Zuhause, es ist nach Mitternacht. Auf einer Schachtel in ihrer Küche liegen zwei Tannenzweige und ein Strohstern. Davon wird sie beim Frühstück nicht erzählen. Nur von Funken und dem Kind, das sie wieder viel zu zeitig geweckt haben wird. Wir sind schon lange wach, wird Maria sagen, wenn ihre Schwester im Nachthemd in die Küche kommt und Manfred ihr im Pyjama folgt. Sie wird wegsehen, wenn Manfred die Schwester küsst und ihr einen Guten Morgen wünscht. Sie wird sagen: Meine Bettdecke hat Funken geschlagen. Nimm bitte Milch mit, die Butter steht schon auf dem Tisch.

Gekürzter und überarbeiteter Textabschnitt mit freundlicher Genehmigung von
© 2012 Residenz Verlag im Niederösterreichischen Pressehaus
Druck- und Verlagsgesellschaft mbH, St. Pölten - Salzburg - Wien

安娜·魏登霍尔茨

火花


起风的时候,鸟儿们飞得很快,风拂过草地时造型出图案。冬天,风把雪吹走了,留下了冰,冰下面是草,草下面是泥土。泥土下面是什么,拉着玛利亚手的孩子问。地核,玛利亚答道。地核像苹果核一样吗,孩子问,可以从里面长出新的泥土。我不知道,玛利亚说,地核很热而且离我们很远。

你能带孩子去散步吗,玛利亚的妹妹每年都会问一次。玛利亚穿上鞋,因为这个问题根本不是问题。她穿上大衣,系上围巾,帮孩子穿上靴子。当玛利亚隔着两层手套拉着孩子的手出门时,当她手指向天空对孩子说,看见它来了吗,就在云层后面时,房中玛利亚的妹妹会关上起居室的门。她要装饰圣诞树,摆放礼物,铺桌子。窗户上挂着由红线穿在一起的秸秆星星,天使站在窗户旁,装饰用的马槽里覆盖了一层苔藓。玛利亚和孩子回来时,起居室的门已经锁上,一直要锁到晚上,直到妹妹摇响那只金色的钟。当玛利亚推开门时,圣诞树上的蜡烛会燃烧起来,地上放着按名字分好堆的礼物。最大的那堆是孩子的。

妹妹一家圣诞节时要吃油煎香肠。圣诞节是一年中最可怕的节日,玛利亚说,当妹妹十一月中旬在电话里对她说:你今年要再来的,玛利亚,听到我说话了吗。你来曼弗雷德很高兴,孩子也很高兴。圣诞节可不能没有你。玛利亚朝电话里吐了口气,短时间的沉默。你根本不用考虑，否则你还能干嘛呢。我可以在家很舒服地过一晚上，玛利亚想，我可以躺在床上，我可以喝上几杯葡萄酒，我可以看电视。你知道吗，我还在考虑，玛利亚对着电话里说，非常感谢你的邀请。你不用考虑，人们不会独自一人庆祝圣诞节，妹妹说，你到我们这儿来，我们去火车站接你，我希望今年你能早一点来。孩子想要一支竖笛。别带饼干来，我会烤足够多的饼干。

来接站的是曼弗雷德，他说，她还要烤饼干。他接过玛利亚的包，短暂的拥抱，玛利亚摸了摸他的后背，他拍了拍她的。我车停在后面了，我们得快点，那里是禁停区，曼弗雷德边说边动身往车的方向走。起初玛利亚落在他后面两步，但很快就追上了他。她说：我忘带手套了。我们借你一双。她问：这家披萨店是什么时候没有的。火车站的这家，意大利店主半年前关了店铺。谁会在火车站里吃披萨。发动汽车时曼弗雷德关小了收音机。到家前的那个山坡我们不能开得太慢，每年他都解释说，否则车就停住了，我们必须冲上去，一、二、三，走。若是心情好，曼弗雷德会在转弯处拉手刹，每次玛利亚都急忙去抓车窗上方的把手，然后曼弗雷德就会说，和你妹妹一个样。妹妹家房子上用作装饰的灯链一年比一年多，今年一楼浴室的窗户下摇晃着一个圣诞老人，他挂在一条软梯上，背后背着金色的口袋，正从窗户向里张望。不是吧，看见圣诞老人时玛利亚边用手拍自己的脑门边说道。就是的，曼弗雷德说，就是的。

脸上亲一下，嘴上亲一下。你长高了，亲完孩子后玛利亚说。和妹妹拥抱，和孩子拥抱，孩子紧紧搂住玛利亚的腿，要搂好一阵才肯松开。快进来，妹妹说，你肯定累了。快到中午了，厨房里播放着圣诞音乐，桌上放着饼干，现在谁也不能吃，等到晚上让所有的人吃个够，直到再也不想吃了为止。每年饼干都会变硬。玛利亚从她的包里又拿出一罐饼干，这就没必要了，妹妹说。我能看看包里有什么吗，孩子问。不行，绝对不行，玛利亚回答道，随即紧紧拉上了包的拉链。

玛利亚和孩子绕着小区散步，很快就来到第一片住宅。今年孩子仍旧给她讲邻居们的故事，有些故事玛利亚已经听过了。比如对面房子里的男邻居会暗中给在他家门前打羽毛球的孩子塞纸币，这个故事孩子去年就讲过。往前数第四幢房子里住着一个巫婆，会用花园篱笆的尖刺去毒害小朋友，这个故事玛利亚第一次听。靠近这幢房子时她们换到了路的另一边。我们要轻轻地，否则会把她吵醒的，孩子悄声说。你想堆雪人吗，玛利亚问道，我的口袋里有两只眼睛，一只鼻子和一张嘴，作胳膊用的树枝我们肯定找得到。

这么长时间你们去哪儿了，玛利亚推开房门时妹妹问道，我已经打算去找你们了，快换衣服，玛利亚，帮孩子换一下，要换的衣服我已经放好了。妹妹摸了摸孩子的头，圣诞天使现在就到，快进你屋去，玛利亚马上也去你那儿。我找不着钟了，孩子上楼回房间时妹妹说，没有钟圣诞天使怎么来呢。我拿着了，曼弗雷德边说边从地下室上来，钟就在原来的地方。太好了，妹妹说，马上开始。

圣诞夜赠送礼物之前妹妹躲进卧室，穿上一件暗红色的衣服，那是圣诞服，然后边化妆边喊：曼弗雷德，这样我们怎么送礼物，快换衣服。曼弗雷德闻声也躲进卧室，换上衬衣系上领带，领带是他事先打好结的，系的时候只需把领带结往上紧紧一拉。玛利亚没送领带给曼弗雷德，因为送领带可惜了，她想。

他们站在圣诞树前唱歌时玛利亚双手合十，她不知道为什么会有这个动作。她望了望圣诞树上正在燃烧的蜡烛，看了看正在唱歌的孩子，等着歌曲唱罢所有人都清嗓子的时刻的到来。这期间他们面前放着还没拆开的礼物，玛利亚考虑着应该先拆哪个。孩子的礼物堆一年年在增长，孩子先拆开最大个的礼物，然后再挨个拆开其它的。小心点，妹妹说，包装纸我们明年还要用，把它放这儿。当礼物都拆完，蜡烛也都熄灭的时候就是开饭的时候了。曼弗雷德坐下，一旁是妹妹，对面是孩子，玛利亚坐在孩子旁边。孩子把自己最喜欢的礼物放在身边。把礼物放到一边去，我们要吃饭了，必须立规矩，曼弗雷德解释说。今天是圣诞节，妹妹说。圣诞夜玛利亚、妹妹和曼弗雷德先喝红酒再喝烧酒，孩子喝可口可乐。发着光的小圣诞树立在起居室一角的一张铺着白色床单的桌子上。许多红色的圣诞球中间挂着秸秆星星、一个小天使和巧克力。巧克力放不了很长时间。大约晚上九点的时候曼弗雷德端着杯葡萄酒坐到沙发上查看他的礼物。他想看电视，但是圣诞节禁止看电视。之前曼弗雷德说：玛利亚，你还是没找到工作，找个工作哪这么难。玛利亚的妹妹把丈夫捅到一边，他的红酒不小心泼了出来。他更大声地说道：你不能敏感，你要面对现实，这也太夸张了，你都找多长时间了，谁付账，我们付账。如果我们一直一味地付账，那不知什么时候孩子过圣诞连礼物都不会有了。没有礼物，正在地上玩的孩子问道。不会，少不了你的礼物，孩子母亲说，紧接着她又说道：曼弗雷德，你的礼物打开了没有，看，就在那边后面。玛利亚，帮我一下好吗。她们一起把餐具端进厨房。妹妹说：别太在意。

厨房的桌子上放着一盘用保鲜膜包好的饼干。玛利亚撕下保鲜膜把饼干端了出来，饼干有心形的、星形和圣诞树形的。要吃点吗，她对曼弗雷德说。不，谢谢，我吃得够多了，他回答说。我还是把它搁这儿，玛利亚边说边吃了颗星星。我们已经吃了够多的了，曼弗雷德说，我不能再吃了。

玛利亚小心翼翼地推开门时孩子睡得正沉。客床在儿童房里，这张床玛利亚一躺上去就会叽嘎作响，这是那种可翻开的床，玛利亚每年都害怕它会在她睡觉时合拢了。床已经铺好，她习惯性地小心抖开被子。被子上起了火花，这个明天早饭时要告诉他们，如果自己没忘记的话。静电作用，曼弗雷德会边咬黄油面包边说，但还是很有意思，玛利亚会边吹着咖啡边回答。静电作用，曼弗雷德重复这个词，如果孩子在附近就会问什么是静电作用。现在玛利亚躺在小床上，想着火花和自己的家，午夜已过。自家厨房的一只盒子上放着两根冷杉树枝和一个秸秆星星。这些她吃早饭时是不会提起的，她只会提到火花和又一次早早把她叫醒的孩子。当妹妹穿着长睡衣，曼弗雷德一身睡衣裤跟在后面进厨房时，她会说，我们早就醒了。曼弗雷德吻着妹妹说早上好时她会看向一边。她会说：我的被子起了火花。把牛奶拿上，黄油已经在桌上了。

本文的缩减和修改得到下奥地利传媒集团印刷和出版有限责任公司Residenz出版社 （圣帕尔滕 - 萨尔斯堡 - 维也纳）的授权许可。

# XU Zechen

## Das Winterfest gleicht dem Neujahr

Im Alter sieht man das Leben und den Tod anders. Ab dem 70. Lebensjahr sprach meine Großmutter auf einmal mit großer Vorliebe über den Tod, was in den 20 Jahren zuvor nicht der Fall gewesen war. Damals war jeder Tag ein Gewinn und sie lebte das ganze Jahr hindurch in fröhlicher Emsigkeit. Ihre höchst positive Lebenseinstellung rührte von einer fast tödlichen Erkrankung im 50. Lebensjahr. Verdächtige Bläschen wurden in ihrer Lunge entdeckt, die mehrere Krankenhäuser zwar nicht erklären konnten, jedoch genauso einhellig feststellten. Es war tiefster Winter, das Neujahr stand bevor. Die Ärzte sagten zu der Familie: »Kehren Sie heim und bereiten Sie ihr Ableben vor. Sie wird das Neujahr nicht mehr überleben.« China befand sich damals in den aschgrauen 1970er-Jahren, als Ärzte genau die gleiche Autorität besaßen wie der große Vorsitzende Mao. Die Familie weinte, setzte die letzte Geldreserve mit einer zusätzlich geborgten Summe ein, um ein weiteres Spital aufzusuchen, das vom Militär betrieben wurde und in einer 50 km entfernten Großstadt am Meer lag. Diese Entfernung war an sich nicht groß, aber für eine Bäuerin, die zeitlebens einen Bewegungsradius von 5 km hatte, kam sie dem Ende der Welt gleich. Zum ersten Mal sah sie eine Großstadt mit Hochhäusern und Autos, wo Menschen schwarze Lederschuhe trugen. Ihr kam alles paradiesisch vor und der Tod konnte ruhig kommen. Sie war bereit. Nach einer langen Untersuchung informierte ein Arzt die Familie: »Auch wenn die Krankheit nicht beim Namen genannt werden kann, sterben wird sie nicht. Sie soll normal weiterleben, bis der Tag irgendwann kommt.«

Meine Großmutter kehrte also von der Schwelle zur Unterwelt wieder heim und war voller Lebensfreude. Sie hielt sich an die Anweisungen des letzten Arztes, wurde 70 und erfreute sich bester Gesundheit, als wäre die Todesgefahr nie da gewesen. Aber sie fing an, über den Tod zu sprechen. Ich war noch im Gymnasium beziehungsweise auf der Universität und kam nur in den Ferien nach Hause. Sie erzählte mir dann immer, XY und YZ seien während meiner Abwesenheit gestorben, so, als ob sie eine Totenliste herunterlesen würde. Meine Oma war Analphabetin und konnte nicht abstrakt oder logisch über den Tod philosophieren und drückte nur ihren, oft geheimnisvollen, Instinkt aus. Ein Wind ging, und sie sagte, jemand sei tot. Eine dunkle Wolke schob sich vor die Sonne, und sie kündigte an, XY würde eine Krankheit erleiden. Eine Sternschnuppe erhellte den Nachthimmel, und sie teilte mit, XY würde bald sterben. Als ich wieder einmal in den Sommerferien zu Hause war, schlotterte sie im Korbsessel und erklärte, diesmal würden mehrere Menschen von uns gehen.

In der Tat wollen betagte Menschen manchmal miteinander aus dem Leben scheiden. Ein 75-Jähriger wird gerade begraben, und ein 74-Jähriger folgt gleich nach. Innerhalb kürzester Zeit sterben mehrere Menschen. Ich machte mir darüber keine Gedanken, bis meine Großmutter ab ihrem

70. Lebensjahr unermüdlich über den Tod sprach. Mir fiel tatsächlich auf: auf dem Land gleicht der Tod einer Seuche. Einer fängt an, andere folgen nach. Meine Großmutter sagte, der Wind würde stärker durch die Gassen wehen, und meinte damit, die Menschenschar werde immer schütterer und der Wind könne durch den geringer werdenden Widerstand umso mehr toben. Mitte 70 fing sie zu rauchen und zu trinken an. Davor war sie sehr aktiv und verbrachte jeden Tag fröhlich wie zu Neujahr. Jetzt verbrachte sie jeden Tag wie ein ganzes Jahr. Sie war immer noch sehr beschäftigt, aber ihre Bewegungen verlangsamten sich zusehends. Sie machte, um vom Wohnzimmer in die Küche zu kommen, deutlich kleinere Schritte. Wenn sie sich auf den Korbsessel setzte, blieb sie dort länger. Sie wusste den alten Korbsessel sehr zu schätzen, putzte und reparierte ihn immer sorgfältig. Sie rauchte dort gemächlich, schaute in die Ferne und erzählte mir von den Todesfällen in der Vergangenheit, Gegenwart und Zukunft im Dorf.

Wenn ich jetzt an meine Oma denke, sehe ich sie zuerst im Korbsessel rauchen. Sie war dünn, klein und hatte im Alter erst recht die Körpergröße eines Kindes. Der Korbsessel war fast zu groß für sie. Einen Arm legte sie auf eine Lehne und hielt eine Zigarette in der anderen Hand. Wenn sie die Zahnprothese herausnahm und rauchte, verschwand ihr ganzes Gesicht in Falten. Außer im Winter hing immer eine Fliegenklappe am Sessel, die sie alle zwei Züge einmal schwang. Manchmal traf sie viele Fliegen und Mücken, manchmal gar keine. In dieser Position harrte sie 20 Jahre aus. Das heißt, ab dem Zeitpunkt, an dem sie leidenschaftlich vom Tod sprach und die zahlreichen Todesfälle aufzählte, lebte sie weitere 20 Jahre.

Mit 90 war meine Großmutter immer wieder verwirrt und konnte Menschen, die sie einen halben Monat lang nicht gesehen hatte, nicht wiedererkennen. Als ihr einziger Enkel, den sie sehr liebte, bildete ich eine große Ausnahme, aber selbst da kam es vor, dass sie mich am Telefon nicht erkannte. Aus dem fernen Beijing plauderte ich einmal ausführlich mit ihr. Sie legte auf und fragte meine Tante, wer denn der junge Mann am Telefon gewesen sei, der ihr zuriet, viel zu trinken und Gutes zu essen?

Eine andere Neuigkeit war, dass sie nun nicht mehr über den Tod sprach. Sie rauchte weiter, trank weiter, saß noch länger auf dem Korbsessel, schwang nach wie vor die Fliegenklappe, redete aber immer weniger. Der Tod verlor stark an Bedeutung.

Wegen ihrer gelegentlichen Verwirrung betrachteten wir ihr Schweigen als ein Krankheitssymptom und störten sie nicht in ihrer Korbsesselruhe. Nur wenn sie sprechen wollte, unterhielten wir uns mit ihr. Sie fing an, über verschiedene Festtage und Jahreszeiten munter zu erzählen. Ich konnte mithalten und wusste über chinesische wie ausländische Festtage, ausgefallene Feiern und die 24 traditionellen Wetterscheidetage einigermaßen Bescheid. Noch im Vorschulalter lernte ich das Lied von den 24 Wetterscheidetagen und viele Bauernsprüche, die einen integralen Bestandteil der Kleinkindererziehung in einer Intellektuellenfamilie auf dem Land darstellte. Aber das war es auch schon. Zuletzt habe ich mich immer mehr vom Land distanziert; zu meinen spärlichen Verbindungen mit dem Landleben gehört eben noch das recht mühe- und teilnahmslose Aufsagen der 24 Wetterscheidetage, das auf meine Kindheit zurückzuführen ist. Wenn meine Oma über die 24 Wetterscheidetage sprach, war sie wie um 20 Jahre verjüngt. Was ihre damit verbundenen persönlichen Erlebnisse betraf, war sie wie mit einem Schlag um 40 Jahre jünger und konnte alles detailliert erzählen. In dem Jahr ereignete sich an dem Wetterscheidetag das; in einem anderen Jahr an einem anderen Wetterscheidetag widerfuhr dem das. In den zählbaren Stunden ihrer Wachheit hat sie alle Feier- und Wetterscheidetage in den vergangenen 90 Jahren präzise präsentiert.

»Damals«, sagte sie, »wollte ich unbedingt das Neujahr feiern.« Ich verstand sie. Der Arzt behauptete ja, sie würde das Neujahr nicht überleben. »Oma, es ist ja schon lange her.« »Das stimmt. Nach dem Neujahr war eh nichts Besonderes.«

Sie triumphierte dabei, das war nicht zu überhören. Sie achtete sehr auf das Neujahr, mehr als auf alles andere. Ihren Erzählungen war zu entnehmen, dass viele entscheidende Ereignisse in ihrem Leben auf diesen hochfrostigen Tag entfielen. An diesem Tag sind alle Familienangehörigen zu Hause, zwei Jahre treffen aufeinander, er ist Ende und Anfang zugleich.

Meine Großmutter verstarb am Winterfest, wie sie es gewollt und vorhergesehen hatte. Das haben wir freilich erst später festgestellt.

Sind wir abergläubisch? Konnte meine Großmutter über den eigenen Tod entscheiden? Wir zweifelten lange daran, mussten aber zugeben, dass sie, seit sie beschlossen hatte, keine Nahrung mehr aufzunehmen, ihre Tage genau gezählt hatte. Zwei Wochen vor dem Winterfest stieg meine Oma aus dem Korbsessel, stolperte über die Stufe vor dem Korridor und zog sich eine Fraktur am rechten Knöchel zu. Es war keine große Verletzung, nicht einmal für eine 90-Jährige, schon gar nicht für meine so rüstige Großmutter, die fünf Jahre zuvor bei zwei großen Operationen zuerst die linke und dann die rechte Hüfte erneuert bekommen hatte und mit einem Stock gut gehen konnte.

Eine Knöchelfraktur war zwar kein Weltuntergang, aber die Erholung von einer Sehnen- oder Knochenverletzung nimmt bekanntlich immer 100 Tage in Anspruch. Daher war Geduld angesagt für Behandlung, Arzneimittel, Gips, Schiene und Rehabilitation. Da meine Oma sehr dünn war, schlug der Arzt Infusionen zwecks Desinfektion und Nährstoffzufuhr vor. Es war ein guter Vorschlag. Nach einigen Tagen Infusion konnte meine Großmutter aus dem Spital entlassen werden. Eines Tages aber beschloss sie, keine Nahrung mehr zu sich zu nehmen. Es war ihre eigene Entscheidung, sie war schon immer entscheidungsfreudig und stur. Anfangs aß sie noch etwas Brei, zwei Tage später kein Korn mehr, sondern nur eine klare Suppe, mit der sie schließlich aufhörte. Sie trank nur mehr Wasser und wollte anschließend nicht einmal mehr den Mund aufmachen. Nur ab und zu wurde ihre Kehle löffelweise benetzt. Es war Dezember und sehr kalt, sie lag im Bett. Wenn man ihre beiden Arme unter die Decke schob, entblößte sie sie erneut, verschränkte beide Hände und zählte bei zugedrückten Augen ihre Tage. Sie sprach nicht, sondern zählte immer wieder. Eine neuerliche Infusion lehnte sie entschieden ab, sie zupfte sogar an der Nadel und warf sie weg. Sie aß nichts, ließ sich nicht behandeln und zählte bei zugedrückten Augen mit den Fingern. Sie zählte immer langsamer, bis sie eines Tages auch damit aufhörte. Sie brauchte lange, um die Augen aufzumachen, und sprach nie wieder. Außer gelegentlichem Röcheln hat sie nie wieder gesprochen.

Ich lag im Bett in Beijing, als mich meine Mutter früh morgens anrief. Meine Oma lag im Sterben, ihre Stirnfalten glätteten sich schon. Der Tod folgt auf dem Land einer bestimmten Ethik und Prozedur. Das Glätten der Stirnfalten bedeutet das unaufhaltsame Nahen des Todes. Ich fuhr sofort zum Flughafen und sah zu Hause meine Großmutter im Bett liegen. Sie öffnete ein Auge zu einem schmalen Schlitz und schloss es wieder. Ich wusste nicht, ob sie ihren Enkel diesmal erkannte. Sie gab keinen Laut von sich, sie hat nie wieder einen Laut von sich gegeben.

Anschließend folgte ein quälendes, aber unausweichliches und endloses Warten. Unendlich war der Prozess, ebenso qualvoll. Wissend, dass sie dem Tod entgegenschritt, aber man konnte nicht helfen; man sah tatenlos zu, wie das Leben Zentimeter für Zentimeter von ihr wich. Das Warten war mörderisch. Ein Tag verging und eine Nacht. Dann verstrich wieder ein Tag, abends war meine Großmutter bewusstlos. Der langsame Tod war auch für sie eine Qual, aber man konnte nichts ausrichten. Ihre Arme waren regungslos, dann auch ihre Beine. Als Oma einmal den Kopf wendete, kam mein 93-jähriger Opa zu ihr (das war das letzte Mal, an dem mein Opa zu meiner Oma ans Bett kam. Sonst sperrte sich Opa im Zimmer ein und gab sich der stillen Trauer und Erinnerung hin) und sagte zu uns:

»Sie möchte bis 24 Uhr warten.«

Das hieß Mitternacht, null Uhr, Anfang eines neuen Tages. Mein Opa hatte Recht. Gegen 24 Uhr bäumte sich meine Oma noch einmal auf und blieb dann für immer regungslos. Keine Nacht dauerte länger.

In der Tat dauerte keine Nacht länger. Es war nämlich Wintersonnenwende. Die Sonne befand sich im äußersten Süden, in der nördlichen Hemisphäre war der Tag am kürzesten und die Nacht am längsten. Im Norden leitete dieser Tag die kälteste Phase im Jahr ein, der nächste Tag war noch frostiger.

Wir weinten. Mein Opa wisperte im Zimmer: »Sie hat einen guten Tag ausgesucht.«

Wusste Opa über alles Bescheid? Sie lebten 70 Jahre zusammen. Mein Opa verkündete: »An diesem Tag soll man Teigtaschen essen und den Ahnen opfern. Diesen Tag soll man wie das Neujahr feiern.« Ich wusste zwar schon immer, dass man an diesem Tag Teigtaschen essen und die Gräber der Ahnen besuchen sollte, aber die große Feierlichkeit, die in Opas Worten mitschwang, war mir definitiv neu.

Meine Oma wurde beerdigt. Ich schlug nach: An diesem Tag »erreicht das Yin den Höhepunkt und das Yang entsteht«. Im Altertum war dieser Tag der erste von allen 24 Wetterscheidetagen und bildete den Anfang des Jahres. Seine Bedeutung steht lediglich dem Neujahr nach, daher gilt der Tag als Quasi-Neujahr und es heißt im Volksmund: »Die Wintersonnenwende ist wie das Neujahr«, »das große Winterfest gleicht einem feierlichen Neujahr.«

Meine Großmutter hat nicht nur das Neujahr überlebt, sondern auch das Winterfest erlebt. Alles war perfekt. Ihre Seele ruhe im himmlischen Frieden!

徐则臣

冬至如年

人老了对生命和死亡的看法会变。七十岁后,祖母突然热衷于谈论死亡。之前有二十年她对此毫不关心,每过一天都当成是赚来的,一年到头活得兴兴冲冲,里里外外地忙,不愿意闲下来。这二十年的旷达源于一场差点送命的病患。五十岁时,医生在我祖母肺部发现了可疑的阴影,反复查验,尽管好几家医院都说不清楚这阴影究竟是个什么东西,但结论却惊人地相似。当时正值寒冬,马上到春节,医生们说:回家准备后事吧,过不了这个年。那时候中国还处在喑哑灰暗的1970年代,医生的话跟老人家的语录一样权威。一家人抱头痛哭之后,把家里所有的钱都拿出来,又借上一部分,决定再跑一家医院。去的是大城市里的一家军队医院,在遥远的海边上。其实也不远,一百里路,但对一个一辈子生活在方圆五公里内的乡村女人来说,那基本上等于天尽头。我祖母有生以来第一次看见了大城市,有楼有车,马路上的人都有黑色的牛皮鞋穿,她觉得来到了天堂里,死也值了。她做好了准备。可是医生在经过繁复的检查之后,告诉我们家人:尽管没查出明确的毛病,但应该也不至于死,回家好好活,活到哪算哪。

等于从鬼门关前走一遭又回来,祖母满心再生的放松和欣喜,决定遵照最后一个医生的嘱咐:活到哪算哪。就活到了七十岁。七十岁的时候身体依然很好，好得仿佛死亡的威胁从没降临过。这个时候，祖母突然开始谈论死亡。那时候我念中学和大学，每年只在节假日才回家，一回来祖母就跟我说，在我不在家的这些天，谁谁谁死了，谁谁谁又死了。白纸黑字，好像她心里有本录鬼簿。祖母不识字，也不会抽象和逻辑地谈论死亡，她只说一些神神道道的感觉。有阵风过去，她就说，有人死了。一块黑云挡住太阳，她就说，谁要生病了。满天的星星里有一颗突然划过夜空，她就说，某某得准备后事了。有一年暑假我在家，祖母坐在藤椅上觉得浑身发冷，她跟我说，这一回得多走几个人了。

的确，年纪大一点的老人经常会约好了一起死，七十五岁的这个刚埋下地，七十四岁的那个就跟上去了。一死就一串子。过去我不曾在意过。到祖母七十多岁开始不厌其烦地谈论死亡时，我才发现，在乡村，死亡真的像一场瘟疫，开了一个头，总会一个接上一个。所以祖母说，你看巷子里的风都大了。她的意思是，人少了，没个挡头，风就可以越来越肆无忌惮地满村乱跑了。在七十多岁的某一年，祖母开始抽烟、喝酒。过去活得劲头十足，每天都像过年，现在要把每天都当年来过。七十多岁了，祖母还是很忙，但动作和节奏明显慢下来，从堂屋到厨房都要比过去多走好几步，往藤椅上一坐，经常一时半会儿起不来。她肯定很清楚那把老藤椅对于她的意义，所以经常擦拭和修补；她坐在藤椅里慢悠悠地抽烟，目光悠远地对我讲村里已经发生的、正在发生的和将要发生的死亡。

现在想起祖母，头一个出现在我头脑里的形象就是祖母坐在藤椅里抽烟。祖母瘦小，老了以后又瘦回成了个孩子，藤椅对她已经显得相当空旷了。她把一只胳膊搭在椅子上，一只手夹着烟，如果假牙从嘴里拿出来，吸烟时整个脸都缩在了皱纹里。除了冬天，另外三个季节藤椅上都会挂着一把苍蝇拍，抽两口烟她就挥一下苍蝇拍。有时候能打死很多苍蝇和蚊子，有时候什么都打不到。这个造型又保持了二十年；也就是说，从祖母热衷于谈论死亡开始，时光飞逝中无数人死掉了，祖母在连绵的死亡叙述中又活了二十年。

临近九十岁的这几年，祖母每天都会有一阵子犯糊涂。除了我，所有半个月内没见的人她都可能认不出来。即使是我，她最疼爱的唯一的孙子，有一次在电话里也没能辨出我的声音。我在北京，隔着千山万水跟她说了很多嘘寒问暖的话。然后她放下电话，跟我姑妈说，刚才有个男的打来电话，让我多喝水，多吃点东西，谁啊？

还有一个重大变化，祖母不再谈论死亡。烟还继续抽，酒也照样喝，一天里有越来越多的时间坐在藤椅里，偶尔挥动苍蝇拍，话也越来越少。死亡重新变成一件无足轻重的事。

因为间歇性的糊涂，我们经常把她的沉默也当成病症之一，看她安详地坐在藤椅里，不忍去打扰。只有等祖母想要说话了，我们才陪她聊一聊。祖母开始谈论各种节日和节气，往欢欣鼓舞上谈。这个我能跟她老人家谈得来。土节、洋节，各种稀奇古怪的节日，我基本上都知道一点，传统的二十四节气也能扯上几句。我还不识字的时候，二十四节气歌和一些农谚就会背了，这大概是大多数乡村知识分子家庭里的孩子都要经历的最早的知识启蒙。不过启蒙完了也就完了，这些年我跟土地渐行渐远，与乡村为数不多的联系之一，也仅是靠着那点童子功，能把二十四节气有口无心地背下来了。祖母在谈论这些节气时像回到了二十年前，而一旦回忆起在这些节气中的个人史，祖母思路之清晰，简直就是回到了四十年前。某年某节，某件事发生了。某年某节，某个人如何了。她用她为数不多的清醒时光回忆了九十年里的各种节日和节气。

"那个时候，"祖母说，"我就想活到过年。"

我明白。医生当时断言，她过不了年。"都过去的事了，奶奶。"

"现在不想了。过了年也就那样。"

祖母的口气里有一个胜利者在。但她对春节还是相当看重。实际上是最看重，在她的数点里，一生中最大的事情不少都发生在这个天寒地冻的日子里。因为过年的时候一家人总要团聚在一起，一夜连双岁，是终点也是起点。

但祖母去世在冬至的那一天：她完全是掐着点儿要在那天离开人世。这当然是我们事后的推断和发现。

是我们迷信么？祖母能决定自己的死亡？我们一直在怀疑，但不得不承认，从祖母决定不再进食开始，她的确就一直在扳着指头数。冬至前的半个月，祖母从藤椅上下来，经过走廊前的台阶时摔倒了，摔裂了右脚踝骨。就算对一位九十岁的老人来说，这也不算多大的伤。对祖母来说更算不了什么。在之前的五年里，因为股骨头坏死，祖母相继动过两场大手术，第一次植入了人造的左股骨，第二次植入了人造的右股骨。换了两根骨头，祖母依然能够拄着拐杖到处走。

踝骨骨裂无须大惊小怪。不过伤筋动骨一百天，需要耐心。照例治疗、上药、石膏、夹板、修养。祖母枯瘦，医生建议打点滴给祖母消炎和补充能量，以利于恢复。这个建议很好，祖母在医院里静脉注射了几天药水，出院后回到家，某个早上突然决定不再进食。祖母自己的决定。祖母多年来一直是过于有主张的人，说一不二。开始还愿意喝点粥，两天后，一个米粒都不进，只喝稀汤，然后稀汤和牛奶也不喝，只喝白开水，很快连白开水也不愿大口喝，只能过一会儿喂一汤匙，润润喉舌。十二月天已经很冷，祖母躺在床上，你把她两只胳膊放进被子里，她就拿出来，两手交叉，闭着眼，缓慢地扳动手指头。不说话，只是一遍遍数手指头。给她挂水打点滴更不答应，连着针头一起拔了扔掉。不吃，不治，闭着眼数手指头，数得越来越慢。直到某一天，手指头不再数了，很长时间才能艰难地睁一次眼。祖母不再说话，除了嗓子里偶尔经过的痰音，再也没有说过一句话。

一大早我还躺在北京的床上，母亲打来电话，说祖母可能要不行了，抬头纹都放平了。乡村里的死亡有一套自己的伦理和秩序，抬头纹摊平了意味着是眼瞅着的事。我赶紧往机场跑，回到家，祖母躺在床上，睁了半只眼看了看我，接着又把眼睛闭上。我不知道这一次她老人家是否认出她的孙子来。祖母没吭声，再也没吭过一声。

接下来是残忍却无奈何的漫长的守候过程。漫长是指那个煎熬的过程，残忍也指的是那个煎熬的过程，你知道她在奔赴死亡，你知道无法救助，你还得眼睁睁地看着她的生命一寸寸地从她的身体上消失。这种守候完全是一种谋杀。一天过去，一夜过去；又一天过去，到晚上，祖母早已经神志不清，你知道缓慢的死亡对她也是煎熬，但你也得顺其自然。先是胳膊不再动，然后是腿不再动；祖母偶尔转动一下脖子的时候，九十三岁的祖父经过祖母身边（这也是在他们共同的生活中，最后一次经过祖母身边，其余时间祖父把自己关在房间，一个人悲伤和回忆），祖父说：

"她要等到十二点。"

十二点就是半夜，零点，是新一天的开始。被祖父说中了，十二点附近，祖母突然挺了一下身体，不动了。再没有比那夜更漫长的夜晚。

的确没有比那夜更长的夜晚。那天是冬至。那一天太阳光直射南回归线，北半球全年白天最短，黑夜最长。那一天在北方，是数九寒天的第一天，明天会比今天更冷。

我们的哭声响起。祖父在房间里说："这日子她选得好。"

是不是祖父都知道？他们在一起生活了七十年。祖父说，这一天要吃饺子，要给祖先烧纸上坟，这一天要当成年来过。我知道往年冬至也要吃饺子、上坟，但从不知道这节气有祖父这一次语气里的隆重。

安葬了祖母，我查阅相关资料：这一天，"阴极之至，阳气始生"，古时它是计算二十四节气的起点，也是岁之计算的起讫点；这一天如此重要，仅次于新年，所以又称"亚年"；民间常说，"冬至如大年"，"大冬如大年"。

祖母过了年，也到了冬，圆满了。愿她在天之灵安息。

Werner SCHANDOR

**Eine rosa Brille für Steve**

Die Galavorstellung endete zwanzig Minuten vor Mitternacht. Die Besucher strebten ins Foyer des Theaters und eilten auf die Getränkebar zu, um sich mit Sekt einzudecken. Ich hielt mich abseits des Gedränges, holte stattdessen meinen Mantel aus der Garderobe und stieg die Treppen zum Außenbalkon des Hauses hoch, um mir einen guten Blick auf die Feuerwerke zu sichern, die die Stadt um Schlag zwölf in ein rauchverhangenes Farbengewitter verwandeln würden. Alles in allem fand ich Silvester furchtbar: Das feuchtfröhliche Hinübergleiten in ein sogenanntes Morgen, das dem Gestern wie aufs Haar glich, mit dem man aber Wünsche, Hoffnungen und Erwartungen verband, die spätestens beim Kater, mit dem man am nächsten Vormittag dem Neujahrskonzert im Musikverein beiwohnte, schon wieder vergessen und verweht waren – das alles war lächerlich. Doch so sehr ich das Getue um Silvester verabscheute, so sehr genoss ich doch den Anblick von Feuerwerken. Sie gehörten zu jenen Dingen, die mir eine kindliche Freude bereiten konnten und meine müden Augen zum Leuchten brachten – zumindest für den kurzen Moment, in dem so eine Blume aus Feuer am Himmel erblühte.

Die Raucher hatten den Balkon in Beschlag genommen. Schlotternd und von einem Bein auf das andere tretend scharten sie sich in ihren Anzügen und Abendkleidern um die Standaschenbecher wie Obdachlose um Mülltonnen, aus denen es etwas zu holen gibt. Vereinzelte Farbblitze zuckten über der Stadt auf. Ich grub die Hände in die Taschen meines Mantels, zog den Mantelkragen hoch, um von niemandem angeredet zu werden, und lehnte mich an die Brüstung des Balkons. Die Silhouetten der Dächer zeichneten sich im Aufleuchten der ersten Feuerwerksraketen gegen den Himmel ab. Die Luft war überraschend mild – sie fühlte sich mehr nach Spätherbst als nach Winter an. Noch zehn Minuten. Weitere Gäste kamen, die Sektgläser schon in den Händen, auf den Balkon. Unten in den Straßen waren nur noch wenige Autos unterwegs. Aus dem Theaterfoyer brandete Stimmengewirr auf, immer wenn jemand die Tür zum Balkon öffnete. Ich legte meinen Kopf in den Nacken und blies Atemwölkchen in die Dunkelheit, als sich, wie ich aus den Augenwinkeln heraus wahrnahm, etwas Glühendes mit rasender Geschwindigkeit meinem Gesicht näherte. Jemand rief noch »Achtung!« Das war das Letzte, woran ich mich erinnern konnte. Vor dem Aufwachen.

Ich schlug die Augen in einem fremden Zimmer auf. Das Erste, was ich – etwas verschwommen – erblickte, war ein dreieckiger Haltegriff, von dem, eine Armlänge über meinem Kopf, eine Fernbedienung baumelte. Ich lag in einem Krankenbett, zu meinen Füßen, am Rohrgestell vom Fußende des Bettes, war ein Flachbildschirm montiert, der ein diffuses Licht im Zimmer verbreitete. Konturlose Wohlfühlmusik waberte leise durch den Raum, dessen Wände hell-ocker gestrichen waren. Auf dem Monitor an meinem Bett waren

Landschafts- und Naturaufnahmen zu sehen: wasserumtoste Felsküsten im rötlichen Licht der auf- oder untergehenden Sonne; ein Gebirgsbach, der sich durch das Grün einer Alm schlängelte; die sanft geschwungene Form einer Sanddüne. Bei jedem Bildwechsel wurden Werbeanzeigen eingeblendet, dazwischen waren kurze Animationsfilme zu sehen.

Gerade als ich mich wunderte, wo ich gelandet war, öffnete sich die Tür, und eine Krankenschwester kam herein. Sie stakste mit seltsam ungelenken Schritten an mein Bett.

»Oh, Sie sind aufgewacht – wie schön! Wie geht es Ihnen?«

»Danke, es geht. Wo bin ich?«

»Sie sind in guten Händen«, sagte sie und warf einen Blick auf ihren Tablet-Computer, den sie vor dem Bauch hielt. »Ich brauche noch Ihre Versicherungsdaten.«

»Die steht doch auf meiner Versicherungskarte.«

»Versicherungskarte?«, wunderte sie sich. »Es gibt keine Versicherungskarte. Die wurde vor fünf Jahren eingestellt. Gemeinsam mit allen staatlichen Versicherungsleistungen.«

Jetzt war es an mir, mich zu wundern. »Dann weiß ich leider auch nicht weiter«, sagte ich. – Dort, wo in meinem Gedächtnis einst die Daten meiner privaten Krankenversicherung abgespeichert waren, war jetzt nur Leere. Ich konnte mich beim besten Willen nicht an diese Angaben erinnern, für die ich in den letzten Jahren Unmengen ausgegeben hatte, um für den Fall des Falles gerüstet zu sein. Und jetzt, wo ich diese verdammte Versicherung benötigt hätte, hatte ich keinerlei Erinnerung daran. Unwillkürlich griff ich an meinen Kopf. Dabei ertastete ich an meiner rechten Schläfe eine Delle in meinem Schädelknochen. Die war neu.

»Was ist mit mir geschehen?«

»Sie sind in guten Händen«, wiederholte die Schwester.

»Weswegen bin ich hier?«

Sie blickte auf ihren elektronischen Schreibblock: »Amnesie«, sagte sie. »Und … gewisse kosmetische Verbesserungen.«

»Kosmetische Verbesserungen?«

»Die waren notwendig«, sagte sie und wandte mir ihr wohlgeformtes Hinterteil zu, das sich unter ihrem weißen Kittel abzeichnete. Obwohl mir solche Anwandlungen bis dato fremd waren, konnte ich nicht anders, als ihr mit der flachen Hand leicht auf den Po zu klopfen. Es fühlte sich seltsam hart an, als würde ich Plastik berühren, das mit einer Silikonschicht überzogen war.

Sie drehte sich zu mir um und starrte mich lange ausdruckslos an. Dann wiederholte sie: »Ich brauche noch Ihre privaten Versicherungsdaten, andernfalls …« Sie sprach nicht weiter.

»Ich weiß diese Daten nicht!«

Sie starrte auf ihren Schreibblock: »Sie haben Amnesie, ach ja.«

»Sie offensichtlich auch«, sagte ich.

»Wie meinen Sie das?«

»Das war nur so dahingesagt. Vergessen Sie es.«

Die Schwester ließ den Tablet-Computer sinken und verließ das Zimmer mit steifen Schritten. Ich fiel wieder in meinen Dämmerzustand zurück. Von meinen Zimmerkollegen bekam ich nichts mit, ich erkannte jedoch, dass ihre Betten von elektronischen Geräten flankiert waren, und dass

Schläuche an ihre Körper führten. Manchmal war ein leises Piepen aus den medizinischen Apparaten zu vernehmen, und es roch ganz schwach nach Desinfektionsmitteln. Auf dem Bildschirm am Fußende meines Bettes erschien das Bild eines Feuerwerks und weckte eine Erinnerung. Letzter Tag des Jahres. Die Pferdekutschenfahrt in Wien. Das Abendessen beim Chinesen. Ach ja: Ein Glückskeks geöffnet, in dem stand: Die Zukunft wird strahlend werden. Dann das Theater; der Balkon, der Schlag in mein Gesicht.

Ich tastete nach meinem Gesicht. Die Haut fühlte sich glatt an, wie frisch rasiert. Nase, Wangen, Kinn, links war alles perfekt; nur rechts konnte ich vom Jochbein bis hinauf zum Schädelknochen eine Vertiefung fühlen – dort, wo die Rakete explodiert sein musste.

Ich richtete mich auf. Mein Schädel brummte. Ich musste raus hier, am besten unerkannt.

Ich schlich in den Eingangsbereich des Zimmers und öffnete alle Spinde, die dort montiert waren. Im letzten hingen ein Hemd und ein Anzug auf zwei Kleiderbügeln. Ich nahm sie und verschwand damit ins Badezimmer. Ich schlüpfte aus dem Krankenhausnachthemd, in dem jeder Mensch entwürdigt aussieht, und zog mir die Sachen aus dem Schrank an. In einer Sakkotasche fand ich eine Sonnenbrille mit rosaroter Fassung, die ich an den Rand des Waschbeckens legte, in der anderen Sakkotasche einen beigen Mundschutz, der mit Glitzersternen beklebt war. Als mein Blick beim Zuknöpfen des Hemdes mein Gesicht im Spiegel streifte, erschrak ich bis ins Mark: Steve Buscemi blickte mir mit seinen tiefliegenden Augen entgegen und führte die genau gleichen Handgriffe im Spiegel aus wie ich. Ich spürte, wie sich mir alle Haare aufstellten. Ich schüttelte den schmerzenden Kopf, kniff die Augen zusammen, öffnete sie wieder, drehte meinen Kopf, der anscheinend auch seiner war, zur Seite, öffnete den Mund, aber anstatt der etwas zu großen Zähne, die aussahen, als könnten sie jeden Moment ausfallen, hatte ich nun ein perlenweißes, ebenmäßiges Gebiss. Abgesehen davon: Es war der deviante Buscemi, der mir mit zur Seite geneigtem Kopf entgegenblickte, nicht der clowneske; es war der Gauner von Fargo oder Reservoir Dogs, nicht der Hampelmann von Big Lebowski. Auf jeden Fall Steve Buscemi mit einer Delle an der rechten Schläfe. Verdammt! Egal, was geschehen war, und warum: Als Steve Buscemi würde es schwer werden, unerkannt aus der Klinik rauszuspazieren und mich draußen – was immer da draußen auf mich wartete – zu bewegen.

Um wenigstens den Hauch einer Verkleidung zu nutzen, setzte ich die Brille mit der lächerlichen rosa Fassung auf. Leise ertönte der Donauwalzer in meinem Ohr. Was war da los? Ich nahm die Brille ab, die Musik war weg. Im Bügel der Brille befand sich ein kleines Loch, dahinter musste ein mikroskopischer Lautsprecher sitzen. Ich streifte die Brillenbügel wieder über meine Ohren, der Donauwalzer war wieder da, und ich schlich mich zu seinen Klängen auf den Gang hinaus. Zum Glück menschenleer.

Der Boden spiegelte, von der Decke strahlte kalt-weißes Neonlicht. Auf gut Glück schlug ich eine Richtung ein und landete im Stiegenhaus, 5. Obergeschoß. Treppe um Treppe lief ich abwärts, bis zum Erdgeschoß. Mit gesenktem Kopf betrat ich das Foyer, den Blick auf den Boden gerichtet. Aus den Augenwinkeln nahm ich Menschen wahr, aber niemand schien von mir Notiz zu nehmen. Auch die Person an der Rezeption war beschäftigt und achtete nicht auf mich. Ich trat durch die automatischen Türen, die sich für mich öffneten, ins Freie.

Wo war ich gelandet? – Das Licht war trüb und die Luft beißend. Nur die Donau in meinem Ohr war jetzt voll im Fluss. Ich befand mich auf einer Straße voller Menschen. Zuerst wagte ich es kaum, die Augen vom Boden zu nehmen. Doch dann fiel mir der Mundschutz in der Sakkotasche ein. Ich streifte ihn über mein Gesicht und hob den Blick. Ich konnte durchatmen. Statt des schweren, beißenden Rauchgeruchs hatte ich eine Waldesbrise in der Nase. Ich atmete tief ein und sah mich um. Ich sah eine Einkaufsstraße im Nebel, aus dem immer wieder Menschen auftauchten, meist paarweise: Männer und Frauen, die Arm in Arm flanierten. Auf den zweiten Blick – denn zwischendurch sah ich wieder zu Boden, damit niemand mein Steve-Buscemi-Gesicht erraten konnte – merkte ich, dass auch die anderen Leute hier Brille und Mundschutz trugen, und dass sich hinter diesen Masken die Gesichtszüge prominenter Models und Schauspieler abzeichneten: Es gab Johnny Depps und Leonardo DiCaprios und George Clooneys und Kate Winslets und Scarlett Johannsons und Jessica Albas und zu meiner Überraschung sogar noch weitere Steve Buscemis hier. Und alle trugen getönte Sonnenbrillen, und ihre Münder waren bedeckt von Atemmasken. Sie tauchten aus dem Nebel auf, flanierten an mir vorbei und verschwanden wieder im Nebel.

Als ich verstand, dass ich nicht auffallen würde, wagte ich es, mich umzusehen: Die Menschen wirkten fröhlich und unbeschwert, während sie zur Walzermusik in meinem Ohr durch die Straße bummelten. An den Ecken erkannte ich Security-Personal, das mit verschränkten Armen – ebenfalls Brille und Mundschutz tragend – die Passanten musterte. Ich sah dezent zu Boden, immer wenn ich diese Typen passierte. Die Straße war sauber wie in einem Werbespot, kein Fünkchen Dreck beschmutzte die Steinplatten des Gehsteiges.

In den Auslagen der Geschäfte waren Kleidung, Glitzer, Brillen, Atemmasken, Wasser ausgestellt. – Wasser? Ja, eine Pyramide von Wasserflaschen zierte das Schaufenster, vor dem ich stehen blieb. Ich wollte meine Brille lüpfen, um genauer hinzusehen. Doch eine Stimme ertönte in meinem Ohr: »Nicht abnehmen, Steve! Die Brille nicht abnehmen!«

Ich ließ augenblicklich das Brillengestell auf meine Nase zurücksinken und setzte meinen Weg irritiert fort, wobei ich unauffällig die Security-Typen musterte, die mich aber zu ignorieren schienen. Ich suchte die Fassaden der Häuser nach Kameras ab. Ich sah aus wie eine Marionette an unsichtbaren Fäden, verrenkte mich seitlich und schaute zum Himmel, um herauszufinden, woher die Stimme kommen konnte. Doch im Himmel war nichts zu sehen. Nicht einmal die Sonne zeichnete sich dort ab. Auch an den Häusern bemerkte ich nichts, zumindest keine Kameras oder dergleichen. Plötzlich ertönte eine sanfte Frauenstimme in meinem Ohr: »In 50 Metern nähert sich George. Du bist mit ihm befreundet. Ihr habt 90 gemeinsame Freunde. Du hast genug Zeit, ihn zu begrüßen, du hast keine Termine in deinem

Kalender. Du kannst ihn nach dem Befinden seiner Frau Siri und ihren Kindern Tschuuls, 4, und Tschäsmin, 9, fragen. Noch 20 Meter bis George. Halte dich leicht … links!«

Ich tat, wie mir geheißen, hielt mich, obwohl ich im Nebel wenig sah, leicht links, und merkte nur, dass ich mich von den Auslagen der Geschäfte entfernte.

»Noch 10 Meter bis George.«

Ich musterte alle, die mir entgegenkamen. Brad Pitt, Justin Bieber, Matt Damon, James Dean mit Atemmasken – wer davon war George?

»Noch 5 Meter bis George.« Ich erkannte nun die Gegenstände in den Auslagen auf der anderen Seite der Einkaufsstraße: Kleidung, Schmuck, Brillen, nochmals Wasser. Und die Männer, die mir entgegenkamen, sahen aus wie Cary Grant, Hugh Grant, Woody Allen – Woody Allen?!?

»George!«

Woody Allen trat auf mich zu. Streckte mir seine dürre Hand entgegen. »Hallo Steve – ewig nicht gesehen!« Ich schüttelte seine Hand und sagte: »Hallo George, wie geht es Siri und den Kindern?«

Aus alter Gewohnheit lüpfte ich die Brille, wie immer, wenn ich jemanden begrüßte. Der nächste Schock: Woody George Allen sah ohne Brille wie eine Kröte aus; mit Doppelkinn, ekelhaften eitrigen Pickeln im Gesicht; er war abgerissen und schlabbrig. Brille runter, vor die Augen: Woody Allen lächelte mich an, er war nicht älter als 40 und wirkte ein wenig nervös, aber das gehörte zu ihm. »Danke der Nachfrage, uns geht es blendend! Wir fahren demnächst nach Malibu auf Urlaub. Schön, dich getroffen zu haben, Steve! Und gratuliere zur OP – schaust gut aus! Ich muss leider wieder los. Ich hoffe, wir treffen uns mal wieder. Würde mich freuen.«

»George, ah, warte mal. Ich weiß, wir kennen uns noch nicht so lange, aber vielleicht kannst du mir trotzdem helfen …« Ich druckste herum. »Äh … kannst du mir … sagen, wo zum Teufel wir hier sind?«

»Wo wir hier sind?« – Woody George Allen schaute irritiert. Seine nervösen Pupillen schienen die oberen Ränder seines Brillengestells abzuwandern. Dann lachte er nervös auf und sagte: »He, Steve, guter Versuch. Ich weiß schon, du hältst dich nicht an … die Vorgaben. Das war schon immer dein Ding, dich nicht an die Vorgaben zu halten. Brille rauf & so, alles sehen, wie es ist. Erkennen, dass meine OP noch offen ist. Ja, ich spare noch darauf hin …. Damit alle, auch die ohne Brillen, den in mir sehen, der eigentlich in mir steckt. Drei Monate noch, dann habe ich die OP, Steve. Mach's gut!« Hastig reichte mir George zum Abschied seine fette Hand, die ganz dürr aussah, und ging weiter. Das half mir nun gar nichts. Ratlos blieb ich stehen, wo George mich stehengelassen hatte.

»Bitte die Brille nicht wieder abnehmen!«, sagte die Frauenstimme in meinem Ohr in einem sehr bestimmten Ton. »Sie müssen die Brille oben behalten!«

Ich hasste es, wenn mir Vorschriften gemacht wurden. Also hob ich die Brille. Aber nur kurz, denn was ich sah, gab mir zu denken: Die Straße war mit Müll bedeckt, der Himmel glomm in einem düsteren Rosa. Die Menschen auf der Straße, die mir trotz des Nebels, durch den sie schritten, wie strahlende Filmhelden erschienen waren, sahen in Wahrheit verhärmt aus und schienen in permanente, trostlose Selbstgespräche verstrickt.

»Die Brille oben behalten!«, befahl die Stimme.

»OK«, sagte ich. Saubere Straßen, lachende Menschen. Auslagen mit frischem, knackigem Obst und Gemüse, das auf Samt drapiert war wie Juwelen.

»Gut so«, sagte die Stimme.

»Warum Steve Buscemi?«, fragte ich.

»Wie bitte?«

»Warum haben Sie mir das Gesicht von Steve Buscemi gegeben?«

»Weil er Ihr Lieblingsschauspieler ist.«

»Woher wissen Sie das?«

»Ach bitte, fragen Sie nicht so albern. Sie haben ein iTV zuhause, oder? Sie streamen Ihre Lieblingsfilme, wir tracken Ihre Blicke. Jedes Kind kann rausfinden, welchen Schauspieler Sie am liebsten mögen.«

Hatte ich ein TV-Set zuhause? Ich wusste es nicht mehr. Hatte ich ein Zuhause? Auch daran konnte ich mich nicht erinnern. Hatte ich ein Zuhause? – Nicht mal mein Körper schien mehr mein Zuhause zu sein, und meine Gedanken schon gar nicht.

Plötzlich fühlte ich mich unendlich verloren und unendlich traurig, wie man sich nur in einem Traum fühlen kann. Ich setzte mich auf eine Bank. Zumindest schaute es durch die Brille wie eine Bank aus. Ich wollte gar nicht wissen, worauf ich da in Wahrheit saß. Ich spürte, wie etwas in mir fiel und von mir abfiel, und ich begann zu weinen wie ein Kind.

»Beruhigen Sie sich!«

Ich spürte eine Hand an meiner Wange. Eine weiche Hand.

»Es wird alles gut werden«, redete die Stimme auf mich ein.

Ich schlug die Augen auf. Jemand lächelte mich an, stand auf und trat mit einem unsicheren Schritt zurück. Eine Bewegung, die mich an etwas erinnerte. Ich sah mich um und erkannte, dass ich auf einem Kanapee lag.

»Sie wurden von einer Feuerwerksrakete getroffen und sind zu Boden gegangen«, sagte die Frau. »Ich bin die diensthabende Ärztin des heutigen Abends. Wir sind hier in der Künstlergarderobe. Ich habe Ihnen ein Beruhigungsmittel gegeben und die Rettung verständigt. Sie werden ins Krankenhaus gebracht, wo wir schauen können, ob Sie sich beim Sturz etwas zugezogen haben.«

»War ich lange bewusstlos?«, wollte ich wissen.

»Nur einen Walzer lang«, sagte die Ärztin.

»Mir schien es eine Ewigkeit«, sagte ich. Wie eine Zeitreise in die Zukunft. – Ich richtete mich auf, fasste an meine Wange. Alles da. Keine Verletzung spürbar. »Ich glaube, es geht wieder«, sagte ich.

»Sicher?«

»Ja. Ich muss nur auf die Toilette.«

Keinesfalls wollte ich hier ins Krankenhaus gebracht werden. Wien hatte zwar als Stadt der Medizin einen hervorragenden Ruf. Aber das hieß beileibe nicht, dass ich mich persönlich davon überzeugen wollte. Auf der Toilette würde mir etwas einfallen, wie ich hier rauskommen könnte. Ich erhob mich mit so wenig Mühe wie möglich vom Kanapee. Nach ein paar wackligen Schritten war ich im Waschraum. Aus dem Lautsprecher klang leise der

Donauwalzer. Ich blickte zögernd in den Spiegel, der dort hing. Ein Glück: Ich sah aus wie ich. Steve Buscemi. Ohne Delle an der rechten Schläfe. Und meine Zähne waren wieder normal.

维尔纳·山德

史蒂夫的粉红框眼镜

晚会于午夜十二点前二十分钟结束。为了给自己备上一杯午夜时分的庆祝香槟，观众们纷纷涌进剧院的大厅奔向那里的酒水间。我与熙攘的人群保持着距离，默默从衣帽间取出大衣，上楼来到剧院的露天阳台，想给自己找一个看烟花的好位置。当午夜的钟声敲响第十二下的时候，整个城市便会化作一场烟雾笼罩下的绚烂烟花雨。除夕对我而言根本就是一个糟糕的节日：觥筹交错中人们迎来一个与昨天并无二致却被写满祝愿、希望和期待的明天。但是最迟就在第二天的上午，当人们醉意未消地出席在金色大厅举办的新年音乐会时，这些祝愿、希望和期待便会被忘记，便会随风散去。这一切是那么可笑。尽管我如此厌恶除夕的庆祝活动，但却十分享受除夕夜的烟花。有些事物能让我感到单纯的快乐，烟花便是其中之一，它让我疲惫的双眼焕发出光彩——至少是在它空中绽放的瞬间。

吸烟的人们占领了阳台，只穿着西装或晚礼服的他们冻得哆哆嗦嗦地围聚在立式烟灰缸周围，不停地跺着脚，像流浪汉围在藏着有用之物的垃圾桶旁一样。零星的烟花不时照亮城市的上空。我倚在阳台的栏杆上，竖起大衣领子，把手伸进大衣口袋，以免被旁人搭讪。第一组闪耀夜空的烟花映照出城市建筑群屋顶的轮廓。空气出人意料地的温和，让人感觉身处深秋而不是严冬。还差十分钟。陆续有一些手中已经端着香槟的客人走上阳台，下方的街道上偶尔驶过几辆汽车。每当通向阳台的门被推开时，剧院大厅里的嘈杂声就会随即传来。我仰起头，向黑暗中长呼了口气，就在这时余光瞥见一个发光的物体正疾速向我的脸靠近。有人还喊了声"当心！"这是我能记起的在醒来之前最后发生的事。

我在一个陌生的房间里睁开双眼。模糊中见到的第一样东西是我头部上方一臂远处的一个三角形扶手，扶手上挂着一只不停晃动的遥控器。我躺在一张病床上，在我的脚头，床尾的护栏上安装着一面显示屏。显示屏发出的昏暗的光弥散在整个房间中。这是一间有着亮赭石色墙壁的房间，房间里飘荡着舒缓的音乐。显示屏上播放着一幅幅自然风景照片：日出的曙光或夕阳的余晖中被惊涛拍打的岩石海岸，一条蜿蜒在高山绿地中的山间溪流，一座线条柔和的沙丘。两张照片更替时会插入各种广告，广告与广告之间播放着简短的动画片。

我正在惊奇自己到了什么地方时门开了，一个护士走进来。她迈着不同寻常的僵硬步伐来到我的床边。

"噢，您醒了，太好了！您感觉怎么样？"

"谢谢，还行，我在哪儿？"

"您会得到很好的照顾。"她说道，同时看了一眼自己腹前的平板电脑，"我还需要您的医保信息。"

"信息不都在我的医保卡上吗？"

"医保卡？"她惊讶道，"没有什么医保卡，您的医保卡已于五年前注销了，连同所有的法定付保项目。"

这回轮到我吃惊了。"那我也不知道该怎么办了。"我说道。记忆中原先存储自己私人医保信息的地方现在一片空白。过去的几年中为换得这些信息我破费了那么多,就是为了以防万一,现在万一出现了,我却无论如何都想不起这些信息。现在,就在我需要这该死的私人医保的时候,我却对它记忆全无。我下意识地挠头,却摸到自己右边太阳穴处的颅骨有一块凹陷。这是新出现的。

"我发生什么事了?"

"您会得到很好的照顾。"护士重复道。

"我为什么在这儿?"

她看向自己的平板电脑:"失忆症",她说,"还需要进行一些整容修复。"

"整容修复?"

"这是必须的。"她边说边转过身去,用白大褂下显露出的丰满的臀部对着我。尽管我从没有过这样的冲动,但还是忍不住用手掌轻轻拍了拍她的臀部,感觉出奇地硬,像在摸包着一层硅氧树脂的塑料。

她转过身来面无表情地盯了我很久,然后重复道:"我还需要您的私人医保信息,否则……"她没有说下去。

"我不知道这些信息是什么!"

她盯着自己的平板电脑:"对了,您有失忆症。"

"您显然也有。"我说道。

"您什么意思?"

"随便说说,别在意。"

护士放下手中的平板电脑,迈着僵硬的步子离开房间。我又进入了神智昏迷的状态。同房间的病友们悄无声响,我发现他们病床的两侧都是电子监护设备,有软管通向他们的身体。那些医疗器械不时传来轻微的"唧唧"声,房间里有股淡淡的消毒剂的味道。我脚头的屏幕上出现了一幅烟花的照片,某些记忆被唤醒了。这一年的最后一天,坐马车游览维也纳,在中餐馆吃晚餐,对了,还掰开了一块幸运饼干,里面的字条上写着:光芒四射的前程。然后剧院、阳台、脸部受到撞击。

我摸向自己的脸,皮肤光滑,像是刚刮过胡子。鼻子、脸颊、下巴,左半边脸很完美,仅右半边从颧骨向上到颅骨处我摸到了一块凹陷,这里应该是焰火爆炸的地方。

我坐起身来,脑袋嗡嗡作响。

我必须从这儿出去,最好在不被人认出的情况下。

我溜到房间的进门处,打开装在那里的所有窄柜。最后一个窄柜里有一件衬衣和一套西服分别挂在两个衣架上。我取下它们溜进浴室,钻出让人尊严降级的病号服,穿上从柜子里取出的衣服。在西装的一个口袋中我发现了一副粉红色边框的太阳镜,顺手把它放在了盥洗池边沿上,在西装的另一个口袋里我找到了一副贴着星星亮片的米黄色口罩。扣衬衫扣子时我的目光无意间扫过镜中的脸,顿时惊至骨髓:史蒂夫·布西密正用他那双深陷的眼睛望着我,手中的动作和我的一模一样。我感到自己身上的毛发一根根竖了起来。摇了摇还在疼痛的脑袋,使劲闭上双眼再睁开,把(似乎也是他的)头转向一边,张开嘴,我的那些个头过大,看起来像随时都会脱落的牙齿不见了,取而代之的是一口珍珠白色、均匀对称的好牙。

只是：这是那个歪着脑袋看人的离经叛道的布西密，不是那个小丑布西密；是《冰雪暴》或《落水狗》里的流氓，而非《谋杀绿脚趾》中的傀儡。不管怎样是一个右边太阳穴处有块凹陷的史蒂夫·布西密。该死的！哎，无所谓了，不管因为什么原因发生了什么事：作为史蒂夫·布西密想要不被人认出地的踏离医院到外边去（无论外面等着我的是什么）可就困难了。

为了至少利用一下仅有的乔装工具，我戴上了滑稽的粉红色边框眼镜，耳中传来一阵很轻的多瑙华尔兹的旋律。这是什么情况？我摘下眼镜，音乐停止了。我发现眼镜一边的镜腿上有个小洞，里面肯定装着微型扩音器。再次把眼镜架在耳朵上，音乐又出现了。伴着音乐我溜出房间来到走廊上，幸运的是走廊上空无一人。

走廊地板锃亮，天花板上的氖光灯发出清冷的白光。我很走运地选对了方向来到楼梯间，第五层，顺着台阶一级一级往下走直到最底层。我低着头走进大厅，眼睛盯着地面，用余光观察着周围的人，没有人注意到我，甚至连接待台的工作人员也忙于自己的事而忽略了我。电动门在面前打开，我一脚踏了出去。

我到了什么地方？——光线昏暗，空气寒冷刺骨。唯有耳中澎湃的多瑙河之音让人感到些许振奋。我置身于一条人群熙攘的街道。起初我几乎不敢把目光从地面移开，突然间想起了上衣口袋里的口罩，我戴上口罩抬起眼睛，深呼吸几口气，闻到的不是浓烈刺鼻的烟味，而是林中微风拂过时带来的清香。深吸一口气后我环视了一下周围，这是一条雾气笼罩下的商业街，街上不停有人出现，他们大多成双成对，男人们女人们，手挽着手闲逛。看第二眼时（这中间我又把头低了下去，怕被人猜出这张史蒂夫·布西密脸）我注意到街上的其他人也都戴着眼镜和口罩，这层面具之下是一张张影星、名模的脸：约翰尼·德普、雷昂纳多·迪卡普里奥、乔治·克鲁尼、凯特·温斯莱特、斯嘉丽·约翰逊、杰西卡·阿尔芭，让我吃惊的是，这里甚至还有其他的史蒂夫布西密存在。所有人都戴着有声的太阳镜，嘴也都被口罩遮着。他们从雾中现身，与我擦肩而过，随后又消失在雾中。当明白了自己不会引人注目后我终于敢放眼环顾四周了：这些伴着我耳中的华尔兹在街上闲逛的人们看起来无忧无虑喜气洋洋。街道的拐角处我发现了安保人员，他们——也戴着眼镜和口罩——双臂交叉抱于胸前打量着路人。每当路过这些安保人员时我总是小心谨慎地望向地面。街道干净得就像人们在广告片中看到的一样，人行道的石板路上没有丝毫污迹。

  商店的橱窗里陈列着服装、耳钉、眼镜、口罩，还有水。——水？是的，我面前的橱窗里用作装饰的就是堆放成金字塔形状的瓶装水。正当我稍稍掀起眼镜想看个仔细时，耳中传来一个声音："别摘它，史蒂夫！不要摘下眼镜！"

  手瞬间一松，眼镜又落回鼻梁上。我边带着困惑继续走边悄悄观察着安保人员，他们似乎对我视而不见，我又搜寻房屋墙面上是否安装着监控摄像头。此时的我看起来就像被无形的线牵引着的玩偶，朝一侧扭着身子望向天空，试图找出那个声音的来源。但是天空中什么也没有，甚至连太阳也不见踪影。在房屋的墙面上也毫无发现，至少没有监控摄像头或诸如此类的东西。突然耳中响起一个温柔的女声："乔治距你还有五十米,你们是朋友,你们共有九十个共同的朋友。你有足够的时间问候他,目前你没有任何行程安排。你可以询问他的妻子思瑞以及他的两个孩子,四岁的图鲁斯和九岁的柴思敏的情况。距乔治还有二十米,请保持偏左的方向。"

我按照所说的——尽管雾中几乎什么也看不见——朝偏左的方向走,只是注意到自己离商店的橱窗越来越远。

"离乔治还有十米。"

我打量着所有迎面走来的人,带着口罩的布拉德·皮特、贾斯汀·比伯、马特·戴蒙、詹姆斯·迪恩——他们中谁是乔治?

"离乔治还有五米。"这时我辨认出商业街另一边橱窗里的陈列品:服装、首饰、眼镜、水,又是水。那些迎面走来的男人们,看起来像加里·格兰特、休· 格兰特、伍迪·艾伦——伍迪·艾伦?!?

"乔治!"

伍迪向我走来,伸出干瘦的手。"你好,史蒂夫——好久不见了!"我握了握他的手说道:"你好,乔治,思瑞和孩子们怎么样?"

出于习惯我掀起了眼镜,这是我和人打招呼时的惯性动作。

又一次震惊:不戴眼镜看伍迪·乔治·艾伦,他就像只癞蛤蟆,双下巴,满脸恶心的脓包,整个人像断裂了一样并呈现出胶状。放下眼镜再看:伍迪艾伦正朝我微笑,他还不到四十岁,看起来有些紧张,这符合他的个性。"谢谢你的问候,我们过得好极了!我们马上要去马利布度假。遇到你太好了,史蒂夫!

还要恭喜手术成功——你看起来多棒！可惜我得告辞了，希望我们能再见，我很期待。"

"乔治，呃，稍等一下，我知道我们认识的时间还不是很长，但或许你还是能帮我……"，我吞吞吐吐地说。"呃，你能告诉我，我们他妈到底在哪儿吗？"

"我们在哪儿？"伍迪艾伦露出困惑的眼神。他那不安的瞳孔像是要游走出眼镜的上边框。突然间，他神经质地大笑一声说道："嘿，史蒂夫，这招不错，我早就知道你不按……规则行事，不遵守规则是你一贯的作风。比如掀起眼镜看到所有事物的真实面目，看到我其实还没接受手术，没错，我还在为手术存钱，为了让所有的人，包括那些没戴眼镜的人都能看到一个原原本本的我。还有三个月我就可以接受手术了，史蒂夫，保重！"

临别乔治仓促地伸出他看上去干瘦实则肥胖的手与我握了一下便走开了。这对我没有半点帮助，我不知所措地站在乔治丢下我的地方。

"请不要再次摘掉眼镜！"，耳中的女声用坚决的口气说道。"您必须戴好眼镜。"

我恨有人命令我应该怎么做，因此我掀起了眼镜，只一小会儿，所见的景象令我大吃一惊：被垃圾覆盖的街道，透着些许光亮的粉色昏暗的天空。街上之前那些穿雾而来的、尽管隔着雾看起来也如光芒四射的影星一般的人们，现实中一副忧虑憔悴的面孔，像是陷入了一种无休止又绝望的自言自语中。

"戴上眼镜！"那个声音命令道。

"行"，我说。干净的街道，欢笑的行人，橱窗里像珠宝一样装饰在天鹅绒上的脆而新鲜的水果。

"这就对了。"那个声音说。

"为什么是史蒂夫·布西密?"

"什么?请再说一遍。"

"您为什么给了我一张史蒂夫·布西密的脸?"

"因为他是您最喜欢的男演员。"

"您是从哪儿知道的?"

"拜托您别问这么愚蠢的问题。您家里有一台互动电视不是么?您在播放自己最喜欢的电影时我们追踪了您的视线。找出您最喜欢的演员是每个孩子都能做的事情。"

我家有台电视?不再记得了。我有家吗?这个我也不记得了。我有家吗?连我的身体都不再能给我归属感,就更别提我的思想了。

突然感到无边的绝望和悲伤,就像人们只会在梦中感受到的那样。我在一张长凳上坐下,至少透过眼镜看那是一张长凳,根本不想知道自己现实中坐在了什么上面。我感到体内有什么东西坍塌了,又有什么东西脱离了我的身体。我开始像个孩子一样哭泣。

"别激动!"

感觉脸颊上有只手,一只柔软的手。

"一切都会好起来。"那个声音劝慰我道。

我睁开眼。有人在对我微笑,然后她站起身,迟疑地往后退了一步。这个动作让我记起了一些事情。我环顾四周,发现自己躺在一张长沙发上。

"您被一只烟花击中倒在了地上",这个女人说,"我是今晚的值班医生,这里是演员更衣室。我给您打了一针镇定剂并通知了急救人员。您马上会被送往医院检查,看跌倒是否还造成了其它的损伤。"

"我昏迷了多久?"我想知道。

"就一曲华尔兹的时间。"女医生说道。

"我感觉就像永远那么久",我说道,仿佛经历了一场穿越到未来的时光旅行。——我坐起身,摸了摸脸颊,完好无损,感觉不到任何伤痕。"我觉得没问题了。"我说。

"您确定?"

"对,我只想去一下洗手间。"

无论如何我也不想被就地送往医院。维也纳虽然享有医学之城的美誉,但这决不代表我愿意亲身验证。洗手间里我会想到离开这儿的办法。我尽可能不费劲地从沙发上站起来,摇摇晃晃几步之后便进了洗手间。扬声器里轻声传来多瑙华尔兹的旋律。我犹豫地望向挂在洗手间里的镜子,大幸:我还是原来的模样。史蒂夫·布西密。右边太阳穴处没有凹陷,而且牙齿又恢复了正常。

# CHI Li

## Das Neujahrsfest in Wuhan

Vor sehr langer Zeit eröffnete LU Xun seine Novelle *Glückwunsch* mit dem Satz: »Das Jahresende nach dem alten Kalender ist immer noch am authentischsten.« Er hat recht. Im Nu ist fast ein Jahrhundert vergangen und alles hat sich gewandelt. Zum Jahreswechsel sehen wir überall dieselbe Weihnachtsaufmachung mit demselben Feuerwerksspektakel. In Wuhan mit seinen großen Straßen und engen Gassen jedoch, im Herzen seiner Bevölkerung und dem stillen Gang der Natur, ist LU Xuns Wort wahr geblieben: Das Jahresende nach dem alten Kalender ist immer noch am authentischsten, und das Neujahr in Wuhan ist das echte chinesische Neujahr, unser Neujahr.

In Wuhan fangen die Neujahrsfeierlichkeiten schon mit dem Winterfest an, in aller Ruhe, aber zielstrebig. Die Menschen übersehen diesen Tag, an dem in der Regel die Sonne scheint, nie. Gleich morgens hängen Frühaufsteher ihr eingelegtes Fleisch auf, das im Sonnenstrahl dunkelrot glüht und die Erwartung von einem hellfrohen Neujahrsfest mit Leckerbissen wachruft. Ehe man es sich versieht, hängen schon überall in der dreigliedrigen Stadt am Yangtse Pökelfleisch und -fisch. Wer das noch nicht gemacht hat, wird spätestens jetzt daran erinnert und besorgt eilends Fleisch und Fisch zum Einlegen. Große Krüge, Tonschüsseln und Schöpfer, die das ganze Jahr hindurch ihr Schattendasein fristeten, werden rasch hervorgeholt; Hausfrauen legen ihre Wintermäntel ab, krempeln die Ärmel hoch und beizen die schön gestapelten Frischwaren reichlich mit Salz und Pfeffer, um sie sieben oder acht Tage später ebenfalls voller Stolz und Freude in der windigen Dezembersonne aufzuhängen, die für Wuhan einen unschätzbaren Segen darstellt und alles, was man aufhängt, mit Duft und Geschmack durchtränkt. Der Dezember in Wuhan ist voller Magie, der man sich nicht entziehen kann.

Unmittelbar nach dem Winterfest wird das Wasser im Fluss kälter, die Fische und Garnelen fester, das Gras welker, die Ahornblätter röter, die Schilfblüten silbriger. Lorbeeren, die im Herbst noch so prächtig blühten, verewigen ihren letzten Duft in Kernen, unzählige Kampfer legen ihre alten Blätter ab und duften mit hervorkommenden Sprösslingen. Die Ulmen knospen … In der Kälte glänzt die Flora stolz mit Wohlgerüchen. Wuhan duftet, die Pökelwaren Fleisch, Fisch und Rüben der zahllosen Haushalte locken. Das Jahresende in Wuhan ist dem Frühling zuliebe so feierlich und ertragreich wie selten in anderen Provinzhauptstädten, die ich fast alle kenne. Es ist ein Geschenk der Natur: Um diese Zeit trifft hier der sibirische Wind aus dem hohen Norden auf den Föhn von Tanggula. Der Sonnenschein wird durch die Kälte noch klarer, die Pflanzen, Gewässer, Böden und alle Dinge erfahren hier einen wunderbaren Wandel. In guten Jahren schneit es bald nach dem Winterfest, große weiche Flocken fallen, vereinen alles, ohne jedoch aufdringlich zu werden. Zwei, drei Tage später lacht schon wieder die Sonne, und alles wird trocken. Die aufgehängten Beizwaren bekommen eine großartige Frische und alles durchdringende Finesse. Nach zehn Minuten Dämpfen kann man ein Stück Fleisch mit den Fingern essen und sich den himmlischen Geschmack auf der Zunge zergehen lassen.

Dieser Genuss ist das Präludium der Neujahrsfeierlichkeiten und setzt bei den lebensfreudigen Wuhanern sehr früh ein. Es werden Spezialitäten, wie Doppelbraten, Doppeldämpfen, Blütenstiel, Ligusticum, Soja, Lotusfrüchte, Ente, Schlangenkopffisch, Taro etc. zubereitet, aber nie dürfen Beizfleisch und -fisch fehlen, dessen unverwechselbarer wie unwiderstehlicher Duft und Geschmack die ganze Stadt erfüllen, die scheinbar undurchdringlichen Betonblöcke mühelos erobern, Besucher in ungekannte Versuchung versetzen und bei Kindern in der Fremde ein überwältigendes Heimweh auslösen, das letzten Endes wohl selbst auch ein Geschmack ist.

Das Heimweh ist ein Geschmack, es ist der Geschmack des Neujahrs.

Gegen den Jahreswechsel wird es immer kälter, die Temperatur sinkt auf minus fünf, minus sechs oder gar minus neun, minus zehn Grad. Die kälteste Zeit dauert mehrere Tage an, da knarrt das Eis, die Wangen erröten, man hüllt sich in Daunen oder Pelze, aber nicht die jungen Damen, die – schicksalsergeben – mit Stiefeln und Miniröcken dem Frost trotzen. Die Ulmen entfalten just im Schnee ihre volle Pracht und mischen den paradiesischen Duft in die irdisch zügellose Farbenfreude, Geschäftigkeit und Feierlaune des Dezembers und machen Wuhan unbeschreiblich und einzigartig. Erst wenn man sich in dieser Stadt mit dem ganzen Herzen niederlässt und Jahre verbringt, kann man den Zauber dieser Stadt ein wenig verstehen.

Kaum hat man die eingelegten Fleischwaren aufgegessen, kocht man in noch opulenterem Stil schon neue Delikatessen: Mungbohnen, Neujahrskuchen, Klebreisknödel, Lorbeerreisschnaps. Tag und Nacht wird geröstet – Erdnüsse, Maroni, Melonenkerne, Soja, Ackerbohnen, Reis – und pausenlos frittiert: Sesamteig, Teigstreifen, Hummerchips, die frisch zubereitet gegessen werden. Tritt man auf der Straße unerwartet auf eine aus der Röstpfanne gefallene Erdnuss, steigt einem ein intensiver Duft von der Fußsohle bis in die Nase.

Das Tempo der Jahreswechselfeierlichkeiten wird schneller. Im Abstand von wenigen Tagen kommen neue Feiertage: 8. Dezember, das kleine Neujahr, 28. Dezember, die Zahl 8, die allen Familien Glück und Reichtum bescheren soll, heißt hier auch, dass man Fleisch- und Fischklöße frittieren soll, um für das Silvesterdinner gewappnet zu sein, dabei darf das Glück natürlich nicht fehlen. Auch wenn die Zeiten anders geworden sind, trotz der vielen Restaurants und Supermärkte mit fertigen und halbfertigen Speisen, bereitet ein echter Wuhaner nach wie vor selbst Beizfleisch, Gemüse, Knödel und Fisch zu. Er liebt es, das Zuhause voll mit Essen einzudecken, die Küche in neuem Glanz erstrahlen zu lassen, Bonbons, Melonensamen, Erdnüsse und Obst im Wohnzimmer bereit zu halten, und verschwendet keinen Gedanken daran, ob alles aufgegessen werden kann oder nicht.

Zum Jahreswechsel gehört es eben, dass alles im Überfluss vorhanden ist. Der letzte Tag kommt, Silvester bricht an. Alle kehren heim, es wird gelacht und beglückwünscht, Schnaps aufgemacht und das Glas vollgeschenkt. Ob man gerne Alkohol trinkt, ist nebensächlich. Im Leben ist manchmal die Zeremonie entscheidend. Es ist tiefe Nacht, es schlägt Mitternacht, der Augenblick ist da, das Feuerwerk wird gezündet – ach, heuer ist es ja um der Luftqualität willen verboten –, aber egal, ob mit oder ohne Feuerwerk, Neujahr ist Neujahr und es ist da! Alle freuen sich über den Jahreswechsel, feiern ihn, kleiden sich neu. Die neue Kleidung lässt manche etwas albern erscheinen, aber alle lachen. Auch das Lachen lässt einige ein wenig einfältig erscheinen, aber gerade diese Einfalt ist herzig und lieb, da an diesem Tag alle Menschen in China völlig unbesorgt sind, da in Wahrheit der Jahreswechsel nach dem alten Kalender der echte Jahreswechsel ist.

Nach dem Neujahr rückt der Frühling heran. Der Wind wird wärmer und weicher, die Sonne brennt stärker. Speisereste vom Jahreswechsel stehen immer noch da und riechen schon. Eines Tages donnert es in großer Höhe, der Frühlingsregen prasselt herunter. Augenblicklich werden die Pfirsiche rot, die Weiden grün und verleihen der Stadt Wuhan neue Reize.

池莉

武汉的过年


好久好久以前,鲁迅在他的小说《祝福》开头写道:"旧历的年底毕竟最像年底"。真的经典。说话间近百年过去了,星月斗转,沧桑巨变,现在我们的年底,满目都是圣诞节华彩,新年焰火晚会满世界绽放光辉。然而,在武汉,在武汉三镇大街小巷,民间深处,在大自然玄妙无声的节气转换里,却还是鲁迅那句话没有变,旧历的年底,根本才是真正的年底。武汉年底的过年,根本才是中国的过年,也就是我们的春节。

　　武汉的过年,是从冬至这一天开始的。总是从冬至这一天,徐徐,徐徐,徐徐地拉开帷幕。千家万户老百姓是不会忽略掉冬至日的。通常这一天,都有好太阳。当太阳在城市升起来以后,就有勤快人,率先挂出腊肉腊鱼来了。腌制得红彤彤的腊肉腊鱼,新鲜挂出来,在太阳底下色泽红润,富有弹性,是这样有感染力,只看一眼,那大吃大喝过大年的欲望,就已在我们心中蠢蠢欲动起来。转眼间,大江南北,三镇内外,凡有人居的地方,使布满了腊肉腊鱼。就算冬至这一天没有晒腊肉腊鱼的,也必定被惊醒,大约总是要赶紧挤点时间,去买一些大鱼大肉腌制。一年不曾动用的大沙缸、大瓦盆、大煨汤铫子,都一一地找寻了出来。主妇们脱掉棉衣,高高撸起毛衣袖子,食盐和花椒,成把成把地抓得大气和潇洒,大鱼大肉,一条条，码足了盐，紧紧实实压在一起。七八天以后，咱家也有腌制得红彤彤的腊肉腊鱼，挂晒出来了，心里高兴咱家还是赶上了腊月的太阳腊月的风。在武汉，腊月的太阳腊月的风，就是金贵，就是好得没法说，就是熏香，晒什么香透什么，风干什么香透什么，武汉的腊月有很神奇的魔力，就是要你辜负不得它。

　　武汉冬至一过，水寒了，江冷了，鱼虾肌肉结实了，岸草黄透了，枫叶红遍了，芦苇樱子白得镀银了，在秋季盛开的桂花，把那最后一缕甜腻香氛，结成籽杧了，而无数棵香樟，纷纷落旧叶吐新芽，散发出一股股樟木香，腊梅开始现蕾打苞——是有多少馨香的植物，在冬至以后，就会焕发多少孤傲冷香。武汉这座城香了，无数人家的腊肉腊鱼和雪里蕻萝卜干，香了。武汉旧历的年底，为新春的缓缓揭幕，竟是这么郑重，这么丰硕。我走遍了全国大多数省会城市，并不是每个城市的冬至，都拥有这份郑重和丰硕。这是大自然天赐武汉的神迹：正这个时节，经由西伯利亚一路穿越的北风，到达武汉；另一股从唐古拉山贯穿而下的冰雪江风，也到达了武汉；因此，阳光由于空气冷冽，变得格外清澈明丽，花草树木、河流土地以及万事万物，承恩沐浴，发生着妙不可言的变化。好年景里，冬至后几天就会下雪，是那种铺天盖地的松松软软大雪，也不过于缠绵淋漓，两三天就大雪初霁，太阳一出，金晃晃的，干爽爽的。于是，腊肉腊鱼就又平添一种冷冽之磅礴大气，异香入骨。这时候的腊鱼腊肉，上笼只需蒸个十分钟，拿手撕一小块，细细咀嚼，人就香得要晕倒。

　　过年进入前奏，从吃腊货开始，性急的武汉人，迫不及待开吃了。腊肉腊鱼双烧、合蒸、腊肉炒菜薹、腊肉炒泥蒿、腊肉炒香干、腊肉焖莲藕、腊肉烧鸭、腊肉莲藕焖财鱼、腊肉炖芋头，等等等等，凡此种种，皆以独特的腊味，无比的馥郁和浓烈，弥漫整个城市，高楼大厦连广宇也丝毫挡不住，一时间馋嘴了多少外地客，又勾起外地游子心里乡愁。乡愁何尝不就是一种味道呢？

乡愁正是味道。乡愁是过年的味道。武汉正是一个特别讲味道的城市。

逼近年关，天气愈发寒冷起来，零下五、六度到零下九、十度，每年腊月间的三九四九，总该有几天。冰碴子踩得咯吱响。腮帮子冻得发红。人们穿羽绒和皮草。而超短裙和长筒靴——美丽冻人——这是年轻女孩子的性命，冷死也要穿的。腊梅偏是要迎雪怒放的，清新脱俗的花香，却也渗透进腊月大红大绿大喧大闹的大吃大喝里头。于是武汉的腊月，便香得与众不同，不可名状。唯有是在这个城市沉下来，踏踏实实生活多年，你才可能得此妙趣，明白一二。

人们一边吃着腊肉腊鱼，一边就着手准备更为波澜壮阔的年货。年货各各都开始制作：绿豆豆豉，年糕糍粑，糯米汤圆，桂花米酒；炒坊开了，锅灶日夜不休，当年收的新鲜花生、板栗、瓜子、黄豆蚕豆、炒米，纷纷登场；油锅开了，麻糖、馓子、虾片，现做现吃。走在大街上，冷不防会踩碎一粒蹦出炒锅的花生，花生的香便从脚底下往上猛一阵地窜。

过年的节奏开始加快，几天就是一个好日子：腊八节、过小年、腊月二十八家家都会发——这里的"发"，指的是自家总要油炸一点肉丸子鱼块之类的，是为大年三十的团圆饭备好半成品的菜，也是为讨彩头要吉利。再是时代不同了，再是遍地餐馆，再是超市供应大量半成品，再怎么说出去吃饭方便，真正的武汉人，还是要自己准备各式各样的腊货、菜蔬、肉丸、鱼糕，家里总是兴个堆满，厨房总是兴个丰盛，糖果瓜子花生水果总是要客堂迎头摆出来，吃不吃得完，不去想的，吃不完就余着，过年就是兴个年年有余。大年三十到了，除夕夜到了，合家欢聚，互相祝福，酒瓶打开，酒杯斟满，会不会喝酒是其次，人生有些时刻，形式是必须的。夜深了，零点了，时刻到了，鞭炮点燃——当然今年彻底禁鞭了——为清洁的空气——不过有鞭无鞭都是过年，过年了！还是只听见，满城的人家，都在为这辞旧迎新的一刻，齐齐鼓舞欢庆，齐齐地换上新装，新簇簇的衣装显得有点傻乎乎，人人都有笑容，也显得有点傻乎乎，这点傻乎乎好生可爱，只因这一天，是中国人民最好脾气的一天。只为这一天，旧历的年底，根本才是真正的年底。

年一过，春一开，风温软起来，太阳也毛刺刺起来，身也燥热起来。剩余的过年菜，立刻就变得很难吃掉。气味不对了，馊得快。某一天，高高的苍穹，忽然传来隆隆雷声，不久春雨沙沙，瞬间桃红柳绿，武汉又是一番新天地了。

## Kateřina ČERNÁ

## Notizen an einem Valentinstag

### 14. Februar 2014, 06.38 Uhr

Sugar is sugar, tea is tea,
I love you, do you love me?
Who sent this Valentine,
Sent this pretty Valentine to me?

Ein simpler Vierzeiler, ausgesucht für die Kinder in der Schule. Wir werden Valentinstagskarten basteln.

Ich kann nicht essen, ich kann nicht schlafen, ich weine und ich vermisse dich.

Die Englischstunde erscheint mir wie Hohn: Mit einem schmerzenden Herz über Liebe sprechen, Schokolade, Rosensträuße und Herzen zeichnen – wie eine Strafe, die ich für mich selbst ersonnen habe.

Aber genug gejammert. Die Stunde läuft bestimmt gut, und ich freue mich darauf, später von dir zu hören!

### 12.47 Uhr

Du hast mir nicht geschrieben.
Das Vermissen hat noch nicht aufgehört.
Ich denke über unser Telefonat vor zwei Tagen nach.
Zwischen uns sind ein weiter Weg und Kälte. Du sagst,

du müsstest dich schützen und frierst deine Gefühle ein. Wenn dir danach ist, taust du sie wieder auf.

Wovor schützt du dich?

Ich habe Angst vor unserer Begegnung nächste Woche. Ich habe Angst vor den eingefrorenen Gefühlen und dem Warten, das es braucht, bis deine Gefühle wieder auf Normaltemperatur sind.

Vielleicht bin ich auch nur paranoid, und alles ist in bester Ordnung.

Ich weiß auch nicht.

Die Sonne scheint zum ersten Mal seit Wochen wieder. Fast frühlingshaft ist es. Ich sollte nach draußen gehen, einen Spaziergang machen, meinen Kopf frei bekommen. Dann sehe ich die Dinge bestimmt anders.

Also bis später.

**15.21 Uhr**

Eigentlich mag ich Valentinstage nicht.

Immer habe ich gesagt, dieses künstliche Fest, nur, damit Blumenhändlerinnen und Süßigkeitenhersteller Umsätze machen. Wenn man einander mag, kann man das auch an jedem anderen Tag feiern. Wozu braucht es da ausgerechnet den Valentinstag?

Draußen gehen Männer mit in Papier eingewickelten Blumen zu ihren Frauen nach Hause. Die Auslagen sind mit roten Herzen aus Papier geschmückt, mit Sprüchen dekoriert – alles im Namen der Liebe. Blumenläden, die ihre Blumen anpreisen, erinnern die Männer daran, dass sie ihrer Liebsten noch nichts geschenkt haben.

Warum bist du nicht online? Warum meldest du dich nicht?

Ich wünschte, du würdest mir einen Valentinstagsgruß schicken. Das klingt dumm, ich weiß. Langsam werde ich wohl verrückt.

Ich habe mir nie etwas aus Valentinstagen gemacht. Weder bin ich zu Partys gegangen noch habe ich mit Männern romantische Abende gefeiert. Aber jetzt –. Jetzt ist Valentinstag, und ich bin einsam, obwohl ich mit dir zusammen bin.

Vor zwei Jahren hast du mir etwas geschenkt, zum Valentinstag: Schokolade und eine Avocado, mein Lieblingsgemüse, in Cellophan eingepackt, mit einer rosa Schleife daran. Überraschend – ich habe nicht damit gerechnet, dass du mir etwas schenkst. Vielleicht habe ich nicht einmal gewusst, dass Valentinstag ist.

Vor zwei Jahren, gleich zu Beginn, hat sich der Verfall schon abgezeichnet. Eine stetige Abwärtsbewegung, nein, eine auseinanderstrebende Bewegung in viele Richtungen, weg, weg von mir, von dir, von uns. Schon an jenem Valentinstag, wo du trotz des Geschenks so verschlossen warst. Irgendwann später hast du gesagt, du hättest versucht, den sich in dir auftuenden Abgrund zu kitten, zu überbrücken, indem du mir ein Geschenk gemacht hättest – zum ersten Mal in deinem Leben, dass du etwas geschenkt hast, an diesem Tag.

Ich habe das Zerfallende zusammengehalten: Zwei verdammte Jahre lang. Zwei verdammte Jahre lang habe ich uns zusammengehalten und getragen. Und jetzt, wo wir getrennt sind, entgleitet mir die Kontrolle. Wir entgleiten mir – und dabei hatte ich die Kontrolle nie. Weil diese Bewegung, dieses Auseinanderdriften, unabhängig ist von mir und ich –.

Verzweifelte Selbstüberhöhung.

Ich habe an uns festgehalten – mich an uns festgehalten und jetzt – falle ich.

Warum antwortest du nicht? Kannst du nicht irgendein Lebenszeichen von dir geben? Irgendeinen bescheuerten Vierzeiler schicken?

**18.12 Uhr**

Ich habe dein Reisetagebuch gelesen. Von Anfang bis Ende, von der ersten bis zur letzten Seite.

Du hast es bei deinem letzten Besuch bei mir vergessen. Vier Wochen lang habe ich es nicht angerührt – und jetzt war ich neugierig. Vielleicht hält es eine Überraschung für mich bereit, dachte ich.

Und wie es das hat.

Kein verzweifeltes Nachdenken über mich und dich, keine Liebesgeständnisse.

»Sie liebt mich, ich wäre dumm, sie zu verlassen.«

»Ich freue mich auf ihren Körper.«

Das ist es, was du über mich schreibst. Drei, vier Zeilen und der Rest – über andere Frauen, seitenweise, von Liebe – aber zu anderen Frauen. Von Sex und Sexfantasien. Gleich am Tag deiner Ankunft.

Wie konnte ich nur so blöd sein! Wie konnte ich das alles nicht sehen, nicht bemerken? Wie konnte ich nur so blöd sein und dir alles glauben, dein Geheule darüber, dass du nicht wüsstest, was Liebe sei, und ob du sie für mich empfinden könntest? Wie konnte ich jemals nur so dumm sein?

Ich hasse Valentinstage und diesen ganz besonders.

Habe herumtelefoniert und gegoogelt – aber es gibt keine einzige Anti-Valentinstagsparty in der Stadt. Jede Menge in Amerika oder Deutschland – aber nicht hier.

Dieses Land scheint wohl noch nicht des Festes der Liebenden überdrüssig geworden zu sein.

Werde dann also wohl zu Hause bleiben – und mich alleine betrinken. Nicht mit Wein oder Sekt. Es muss etwas Kantiges, Raues sein. Am besten Wodka. Ja. Es sollte unbedingt Wodka sein. Pur. Ohne Schnickschnack. Kein Orangensaft. Und auch sonst nichts Süßes. Ich verweigere mich dem Süßen.
Werde mir eine Flasche Wodka kaufen. Nach den ersten Schlucken werde ich klarer sehen.

**20.03 Uhr**

Du hast einen sicheren Hafen gesucht, ein Zuhause. Und ich – auch. Ich hatte viel zu geben und ich habe so viel gegeben, wie ich konnte. Ich habe alles gegeben, was ich hatte.

Das bisschen, das du gabst, reichte mir schon, es war der Strohhalm, an den ich mich klammerte. Wenn ich mich nur genug bemühte, würdest du mich irgendwann lieben, würdest du voll und ganz mir gehören.

Ich habe dir meine Zeit, mein offenes Ohr geschenkt, Ratschläge gegeben, bis mir die Zunge am Gaumen klebte. Ich habe Freundinnen versetzt, Termine abgesagt, um für dich da zu sein, wenn es dir schlecht ging.

Ich gebe dir Sicherheit und gleichzeitig nehme ich sie dir. Du schätzt und hasst mich gleichermaßen dafür, dass ich dein Zuhause bin.

Du hast Angst, das Leben ohne mich nicht zu schaffen, sagst du.

Und die Wahrheit ist – ich weiß nicht, ob ich das Leben ohne dich schaffe. Man möchte meinen, ich sei die Stärkere, die Gewinnerin in diesem Spiel: Du brauchst mich.

Aber ich brauche dich auch, ich brauche, dass du mich brauchst. Wenn du mich brauchst, bin ich unentbehrlich, und wenn ich unentbehrlich bin, wirst du mich nicht verlassen.

Das ist eine Falle. Eine Falle, die ich für uns beide ausgelegt habe.

Je mehr du versuchst, dich daraus zu befreien, desto mehr werde ich dich festhalten.

Ich spüre, wie der Boden unter meinen Füßen verschwimmt, wie er mir entgleitet.

Die Liebe marschiert nicht wie Soldaten in einer ordentlichen Reihe – links, zwo, drei, vier. Sie lässt sich nicht dirigieren. Gefühle lassen sich nicht dirigieren, und genauso wenig tut es der Lauf der Dinge. Es gibt eine Richtung, in die sich unsere Leben bewegen, und es sind nicht immer wir diejenigen, die darüber entscheiden, welche Richtung das ist.

Wir, du und ich, bewegen uns unaufhörlich auf den Abgrund zu, und je mehr ich mich dagegen wehre, desto mehr entfernst du dich von mir.

## 23.52 Uhr

Der Wodka brennt in meinen Eingeweiden – so wie du, so wie meine Liebe zu dir. Vielleicht kann sie der Alkohol verbrennen, sie endgültig vernichten. Die Flasche ist halb leer, und es ist nur eine Frage der Zeit, bis ich ganz voll bin.

Du hast auf keine meiner Nachrichten geantwortet. Natürlich nicht. Du warst noch nie mutig, hast dich noch nie Konflikten freiwillig, aus eigenem Antrieb gestellt.

Wahrscheinlich verbringst du gerade mit einer deiner Liebhaberinnen einen romantischen Valentinstagsabend.

Mir ist schlecht. Wovon mehr, weiß ich nicht: Von dir oder vom Alkohol.

Eines ist aber sicher. Ich muss mich von dir trennen.

Jetzt und endgültig. Ich. Trenne. Mich. Von. Dir. Ab.

Und ich weiß, dass ich mein Leben ohne dich schaffen kann.

Ich fühle mich erleichtert.

Zwei Jahre lang habe ich auf dich gewartet. Ich habe dir Mut zugesprochen, anstatt mir, habe dir meine Zeit gewidmet und dir all meine Kraft gegeben. Habe von Vertrauen gesprochen, das notwendig ist – das ich selbst nicht habe.

Ich werfe dir vor, dass du die Konsequenzen aus deinen Gefühlen nicht ziehst, sondern die Verantwortung dafür abgibst, um für deine Entscheidungen selbst nicht geradestehen zu müssen. Ich werfe dir vor, dass du dich nicht von mir trennst, obwohl du weißt, dass es keine Liebe ist, die du für mich empfindest, obwohl du längst weißt, dass du dich von mir und meiner Liebe spazieren fahren lässt.

Und ich? Ich habe mich für dich aufgegeben, um deine Liebe zu gewinnen.

Aber ich habe nichts gewonnen. Deine Liebe nicht. Und bei all dem habe ich mich selbst beinahe verloren.

Morgen ist ein neuer Schultag, und ich muss zumindest versuchen zu schlafen.

Ich gehe. Ich lasse mich fallen und vertraue – dass etwas Neues und Schönes da draußen auf mich wartet.

卡特琳娜·瑟尔纳

情人节笔记

2014年2月14日，6点38分
糖是糖，茶是茶，
我爱你，你爱我吗？
情人，美丽的情人，
是谁送你来到我身边？

简简单单四句话，给学校里的孩子们读正合适，今天我们准备制作情人节贺卡。
我吃不下，睡不着，眼泪落下来，我在想你。
今天的英语课多有讽刺意味啊，带着一颗因爱而痛的心谈论有关爱情的话题，巧克力、玫瑰花束，还要画心形给孩子们看——真是一种自找的自我惩罚。
行了，抱怨得够多了，这堂英语课的效果应该不错，期待今天能有你的消息。

12点47分
你什么也没给我写。
想念仍在继续。
我思考着我们两天前的通话内容。
我们之间的距离很远，温度很低。你说你要保护自己，把情感冷冻起来，如果内心有了需要再化冻。
是什么让你要保护自己？
我害怕我们下周的见面，害怕冰冻的情感，害怕在你的情感回到常温之前的那段等待时光。

或许是我想得太多，其实一切都再好不过。

谁知道呢。

数星期不见的太阳终于现了身，周围几乎有了春天的感觉。我该出去走走，去散个步，换换脑子，这样看问题的角度才会不一样。

那待会儿见。

15点21分

其实我并不喜欢情人节。

我总是说，人们造出情人节是为了让花店和糖果店赚钱。对两个相爱的人来说每天都是情人节，根本不需要专门找一个日子。

街上的男人们手捧纸包的花束往家走，那是送给自己女人的节日礼物。街边橱窗里到处都装饰着纸做的红心和各种爱情标语——皆以爱之名。花店里摆放格外显眼的花朵是在提醒路过的男人们，这一天回家时切不可两手空空。

你为什么不在线？为什么不给我留言？

我曾希望你能给我发一条情人节的祝福，我知道这听起来很傻。再这样下去我也许会慢慢疯掉。

之前的每一个情人节我都过得很平淡，既没参加过聚会也没和男人共度过浪漫的夜晚。但是现在，此时此刻的情人节，我是孤独的，尽管我有你。

两年前的情人节你送了我礼物：巧克力和一个油梨，我最喜欢的蔬菜，包在玻璃纸里，上面还扎了一个粉红色的蝴蝶结。完全出乎我的意料，从没想过你会送我礼物。或许是我压根就没意识到那天是情人节。

我们的关系在两年前确立之初就已显现出日后衰颓的迹象。每时每刻都在倒退，不，是向四面八方错开，偏离我，偏离你，偏离我们。这种偏离在两年前的情人节就已初见端倪，尽管送了我礼物，那天的你还是沉默异常。后来有一次你对我说，当时你很努力地想尝试用送我礼物的方式填平自己内心中开始涌现的深渊，这是你人生第一次在情人节送别人礼物。

　　我执着地维护着我们一直在衰退的关系，整整该死的两年。两年的时间我人为地将我们绑在一起，一个人承受着所有的重量。现在，就在我们彼此见不着的时候，这种关系失控了，我无法再控制它，其实我从未能控制它，因为我们之间的这种相互偏离不受我的控制，我绝望而徒劳地做着独断专行的挽救。

　　我曾牢牢抓住我们不放，坚持维系着我们的关系，而现在，我开始坠落。

　　你为什么不回复？为什么不能吭个声让我知道你还活着？随便给我写几句情人节的祝福就这么难？

**18点12分**

　　我读了你的旅行日记，从头至尾，从第一页到最后一页。

　　你上次来看我时把这本日记落在我这。整整四周的时间我没动过它，——现在我的好奇心来了。或许它能给我一个惊喜，我这样想。

　　果不其然。

　　没有像我对你、对我自己，对我们之间关系的那种心撕力竭的思考，没有爱的告白。

　　"她爱我，离开一个爱自己的人是很愚蠢的。"

　　"她的身体让我兴奋。"

这就是日记里关于我的记录，短短三、四行。其余的都是关于别的女人的，几页几页长。写下对别的女人的爱的表白，写下有关性爱以及性爱幻想的文字，就在你来看我的那天。

我怎么可以这么混？我怎么就不能察觉、不能看清这一切？我怎么能混到对你全盘相信，相信你哭嚎的不知道什么是爱，也不知道你会不会爱我。当时我怎么就这么傻？

我恨情人节，尤其是今年的情人节。

到处打电话咨询，上网搜索，我所在的城市没有一个反情人节派对。美国有许多，德国也有许多，但是这里没有。

显然情人节在这个国家还没沦落到招人烦的地步。

大抵底只会呆在家里把自己灌醉。葡萄酒和香槟不行，必须来点强的，够劲的。最好是伏特加，对，必须是伏特加。不需要小玩意儿做铺垫，不需要橘子汁，不需要甜食，我拒绝甜食。

买瓶伏特加去，第一口下肚人会更清醒。

**20点03分**

你为自己寻了一个安全的港湾，一个家。我呢，我也是。我要付出很多，我把能给的都给了，倾囊而出。

我满足于你那一点仅有的付出，像抱着一根救命的稻草。我曾以为，如果我足够努力，总有一天你会爱上我，会完完全全属于我。

我把时间给了你，用心倾听你的声音，给你提建议，直到自己口干舌燥。为了在你难过的时候陪在你身边，我放了女友们的鸽子，取消了许多预定的活动。

我把安全感给了你的同时也让你失去了安全感。我是你的安身之所，而你对此又爱又恨。

你说，你害怕没有我你便活不下去。

而事实是，我不知道，没有你我是否能活下去。人们也许会觉得，我们两人中我是更强的那个，是这场游戏的赢家，因为你需要我。

但我同时也需要你，我需要的是你需要我这个事实。只有你需要我时我才不可或缺，只有我不可或缺时你才不会离开我。这是一个圈套，一个我为我们设计好的圈套。

你越是想逃离它，我就把你抓得越紧。

我感觉到脚下的地面正在慢慢消失，我正慢慢失去支撑。

爱情不会像队列整齐的士兵那样前进——齐步走，一、二、三、四。爱情是不可被指挥的，情感是不可被指挥的，事物的发展轨迹同样也是不可被指挥的。人生的发展虽有方向，但我们却并不总是掌舵人。

我们，你和我，正不停地向着深渊迈进。我越是抗拒这种趋势，你就越是远离我。

## 23点52分

伏特加在我的五脏六腑里燃烧，仿佛燃烧的不是酒，而是你，是我对你的爱。也许这爱能在酒中燃为灰烬，彻底消失。瓶中的酒已经少了一半，离我把自己灌满不远了。

你一条我的信息都没有回，当然不会回，你从没有勇气直面矛盾。

也许此刻你正和你的某个小情人共度情人节的良宵。

我恶心，想吐，不知是因为你还是因为酒。

但是有一点是清楚的，那就是我必须和你分手。

现在就分，彻底分开，我-要-离-开-你。

我知道，没有你我照样可以生活。

突然轻松了好多。

我等了你两年，把时间和所有的力量都给了你，鼓励你，却没有给自己勇气。我对你说相信的重要，强调着连自己都没有的东西。

我指责你不吸取自己感情的教训，而是把责任丢给别人来负，这样就可以不为自己的决定承担后果。我指责你明知你对我的感情不是爱，明明从未把我这个人和我对你的爱放在心上，却不和我分手。

我呢？我为你放弃了自己，只为赢得你的爱。

但是我什么也没有得到。不仅没有得到你的爱，还差一点丢了我自己。

明天学校又有新的工作，我至少应该尝试着去睡觉。

上床去了，让自己倒头就睡，相信外面有美好的事物在等着我。

# ZHANG Xin

## Ein Mädchen namens Nacht

Nachts Familie bestand aus lauter Akademikern. Ihr Großvater war ein angesehener Universitätsprofessor, hütete die Zither spielende Enkelin mit langen Beinen, Armen und zierlichem Hals wie ein Kleinod, das er überall mitnahm, und liebte nichts mehr, als mit der Enkelin in seinem Büro, umgeben von wandhohen Bücherregalen, über Gott und die Welt zu plaudern, zum Beispiel über ihren Geburtstag, die Nacht des Siebenten, um den sich viele Legenden rankten, die er alle erzählen konnte, selbstverständlich auch die wohl bekannteste über das Treffen vom Ochsenhirten und der Weberin auf der Schwalbenbrücke: Sieben Göttinnen kamen auf die Erde, legten ihre Federumhänge ab und badeten im See. Nach dem Bad fand die jüngste Göttin ihre rosafarbene Kleidung nicht mehr, konnte nicht mit den anderen in den Himmelspalast zurückfliegen und blieb zurück. Sie war die Weberin und der Regenbogen ihr Werk. Sie verliebte sich in einen Ochsenhirten und heiratete ihn. Er bestellte das Feld und sie webte. Beide schwelgten im Glück und bekamen einen Jungen und ein Mädchen. Das verärgerte den Göttervater Jadegott sehr und die Göttermutter holte die Weberin mit Zauberkraft in den Himmelspalast zurück. Der Ochsenhirte trug beide Kinder in zwei Körben und flog auf einem Ochsenfell seiner Frau nach. Die Göttermutter strich mit ihrer

Haarspange einmal durch die Luft und schuf damit die wogende Milchstraße, die dem Ochsenhirten den Weg versperrte. Er und seine Frau standen an beiden Ufern der Milchstraße und vergossen viele Tränen, die schließlich das Herz der Göttermutter erweichen ließen. Sie sagte zu der Weberin: »Gut. Wenn du es schaffst, die Milchstraße zu überqueren, erlaube ich euch ein jährliches Treffen in der Nacht des Siebenten.« Die Liebesgeschichte vom Ochsenhirten und der Weberin rührte die Schwalben sehr. Zu Millionen bilden sie seither Jahr für Jahr in der Nacht des Siebenten eine Brücke über die Milchstraße und ermöglichen dem Liebespaar das Treffen.

In China gilt die Nacht des Siebenten somit als Fest der Liebenden. Es ist zugleich auch das Fest der Geschicklichkeit, schön gekleidete Frauen nähen im Mondschein und bitten die Weberin auf der Schwalbenbrücke um herausragende Geschicklichkeit beim Weben und Sticken. In der Tang-Dynastie wurde das Fest auch am Kaiserhof begangen. Kaiser Xuanzong ließ ein eigenes Haus für das Fest erbauen und verteilte siebenlöchrige Nadeln und fünffarbene Fäden an seine Konkubinen, die im Mondschein um die Wette nähten und stickten. Die Siegerinnen wurden am Ende reichlich beschenkt. In der Song-Dynastie erfreute sich das Fest einer noch größeren Beliebtheit und zog ganz China mit allen sozialen Schichten in seinen Bann. Schließlich ging dieser Brauch auch auf Korea und Japan über. Aber nur die Wenigsten wissen – zu ihnen zählte natürlich Nachts belesener Großvater –, dass es an diesem Tag ebenfalls Sitte ist, Wäsche aufzuhängen und Bücher in die Sonne zu legen. Denn am 7. Juli ist die Sonne so kraftvoll, dass die einfache Bevölkerung ihre Wäsche und die Akademiker ihre Bücher gut lüften können.

Der Überlieferung nach löste Sima Yi durch seine immer größer werdende Macht bei Cao Cao Misstrauen aus. Um seine Haut zu retten, legte Sima Yi sein Amt nieder, täuschte eine geistige Umnachtung vor und zog sich ins Heimatdorf zurück. Der argwöhnische Cao Cao schickte ihm einen Spion nach. Am 7. Juli legte Sima Yi seine Bücher in die Sonne und verriet sich dadurch. Cao befahl ihm, sofort an den Hof zurückzukehren und sein Amt wieder aufzunehmen.

In der Song-Dynastie erfuhr dieser Brauch bei Hao Long eine Überhöhung: Während alle damit beschäftigt waren, die Wäsche zu lüften, legte sich Hao Long rücklings in die Sonne. Auf die Frage, was er denn tue, antwortete er: »Ich lege gerade meine Bücher in die Sonne.« Er kokettierte also unverblümt mit seiner Belesenheit: Um die von ihm verschlungenen Bücher in die Sonne zu legen, genügt es, seinen Bauch zu sonnen.

Alsbald wurde Nacht 16. Auch wenn sie keine himmlische Schönheit war, strahlte sie mit ihrer glatten Haut, ihrem ungeschminkt feinen Gesicht und den lockenden Phönixaugen unbeschreiblichen Charme und Eleganz aus. Aber ausgerechnet ihr widerfuhr eine quälende Liebesgeschichte:

Sie lernte Cheng, einen reifen, großen Mann mit kleinen Augen und dünnen Brauen, auf einer Party kennen. Bei ihrer ersten Begegnung sagte er schon zu ihrer Freundin, er wolle sie unbedingt zur Freundin haben. Nacht ließ ihm spöttisch ausrichten, eine Kröte möge nicht vom Schwan als Beute träumen. Auch ihre Freundin fand, sie wären ein absolut ungleiches Paar: Cheng war ein kleiner Angestellter in einem ausländischen Unternehmen, während Nacht als belesene und stilvolle junge Frau bei klangvollen Adressen, wie Rote Ameise und Windmühle, ein- und ausging. Er rief Nacht an und hörte von Nacht, sie könnten zwar normale Freunde werden, aber mehr sei definitiv nicht drin. Sie blieben in Kontakt. Nacht strotzte damals vor Glück und Freude. Wenn Nacht Freunde traf, rief Cheng sie immer an. Manchmal stimmte Nacht einer Abholung zu, und er fuhr immer in Windeseile mit dem Auto vor. Viele sahen in Nacht die jüngste Göttin, die sich im rosafarbenen Federumhang unter die Menschenmenge mischte und heiß geliebt wurde.

Ihre Liebe war ein gutes Jahr jung, als die ersten Probleme auftauchten: Chengs Chef war ein Koreaner, der nicht nur Chengs Reife sehr schätzte, sondern auch sein Kung Fu, und nahm ihn überall mit. Nacht war eher noch ein überirdisches Wesen und rief Cheng bei jeder Gelegenheit an. Er hob anfangs sofort ab und wusste mit der Zeit, dass es nichts Dringendes gab. Sie wollte nur wissen, wo er sich befand und was er gerade tat. So antwortete er nicht mehr sofort und verärgerte Nacht sehr. Am Wochenende verabredeten sie sich zum Kerzenlichtdinner im Restaurant Rote Teerose, sein koreanischer Chef musste aber unvorhergesehen nach Xiqiaoshan fahren. Cheng hinterließ Nacht eine Nachricht und fuhr mit. Nacht bestellte im Restaurant eine Flasche Wein und rief Cheng ab 21 Uhr wiederholt an. Cheng sagte, der Chef würde noch verhandeln, er könnte noch nicht weg, würde sie aber sofort zurückrufen, sobald er wieder in Guangzhou wäre. Nacht wartete und wartete. Als um 23

Uhr immer noch kein Anruf kam, bombardierte sie ihn halb betrunken mit Anrufen. Er hob zuerst noch ab und schaltete dann sein Handy aus. Nacht hinterließ ihm wortreiche Nachrichten. Um Mitternacht sperrte das Restaurant zu. Nacht setzte sich an den Straßenrand und wartete auf seinen Rückruf. Sie war wie eine verletzte Raubkatze und würde jeden, der in ihre Nähe geriet, angreifen. Nach Mitternacht tauchte Cheng endlich auf und zerrte sie wütend ins Auto. Seine schmalen Augen waren blutrot und dem Platzen nah: »Du dumme Frau, willst du etwa, dass ich gefeuert werde? Ich bin ein Mann, will arbeiten, Erfolg haben und nicht ein Leben lang Chauffeur oder Bodyguard sein. Kapierst du das?«, zeterte er. »Gehst du nicht? Gut, dann gehe ich!«

Cheng verschwand tatsächlich aus Nachts Leben. Sie gab aber nicht auf und ging eine Zeit lang Tag für Tag um 19.40 Uhr zur Haizhu-Brücke, weil sie wusste, dass er um diese Zeit seinen Chef über die Brücke fuhr. Sobald das Auto mit dem vertrauten Kennzeichen auftauchte, klopfte ihr Herz schneller. Obwohl sich das Auto anschließend wieder entfernte, war sie glücklich. Eines Tages fühlte sie sich sehr niedergeschlagen und rief Cheng an, als sie sein Auto sah: »Ich stehe dir gegenüber, trage eine rote Windjacke. Du siehst mich bestimmt auch.« Sein Auto wurde langsamer, sie hoffte, er würde bei der Ampel vorne zu ihr umkehren. Aber das Auto fuhr bei Grün weiter, ohne zu zögern. Es regnete. Nacht zitterte, ihre Füße schwankten, ihr Herz stockte, die Enttäuschung kroch wie eine schwarze Schlange durch ihre Blutadern. Der spätherbstliche Wind zerzauste ihre langen Haare, einige Büschel klebten ihr kalt auf den Wangen. Zum Glück regnete es, den Passanten fiel nur ein Mädchen im Regen auf, nass durch den Regen.

Es war die Nacht des Siebenten. Ein Sturm tobte. Heute vor einem Jahr waren Nacht und Cheng im siebenten Himmel gewesen: »Ich seufze und atme deinetwegen, je stärker die Liebe, umso drückender die Sehnsucht.« Aber heute fühlte sich Nacht verlassen und allein: »Den ganzen Tag bringe ich keine Zeile zustande und zerfließe in Tränen.«

»Herzlichen Glückwunsch zum Geburtstag, in Gedanken bin ich bei dir«, eine Nachricht eines Spielgefährten aus der Kindheit in Nachts Mailbox, der sich zum ersten Mal seit gut zehn Jahren wieder meldete. Was sie nicht wusste, war, dass der junge Mann vorher von ihrer enttäuschten Liebe erfahren hatte. Er war nicht so groß, ein wenig blass und trug eine dicke Brille. Besonders attraktiv war er nicht, aber auch nicht unattraktiv. Da er von ihrem Traummann weit entfernt war, fühlte sie sich in seiner Nähe frei, entspannt und wohl im Gespräch. Bei Meinungsverschiedenheiten lächelte er elegant. Sie gingen gemeinsam in den Park, besuchten Ausstellungen und Konzerte, gingen schwimmen, einfach so. Wenn alles passte, kam die Verabredung zustande. Sonst gingen sie mit anderen Freunden aus. Beim Abschied trennten sie sich nicht wie ein Liebespaar mit einem neuerlichen Rendezvous. Später stritten sie auch und sprachen miteinander kein Wort, aber er schaffte es immer wieder, sie unerwartet zum Lachen zu bringen. Langsam fing Nacht an, seine weder unterwürfige noch überhebliche Art zu schätzen, und bewunderte, wie er sie bewunderte. Aber er schaffte es noch nicht, in ihre Träume zu kommen, bis sie sich eines Tages auf der Wiese ungeniert bis zur Erschöpfung tummelten und schweigend hinsetzten. Die Abendröte war pittoresk und facettenreich, die Judasbäume blühten farbenprächtig: purpurrot und schneeweiß, die Blätter wurden fast zur Gänze in den Hintergrund gedrängt. Der junge Mann sagte Nacht ohne Aufregung, die Firma werde ihn für drei Jahre in eine andere Stadt entsenden, er habe sich noch nicht entschieden und wolle gerne ihre Meinung hören. Sie war sprachlos und schmiegte ihr Gesicht an seine Schulter.

Seither leben sie getrennt in zwei Städten, dazwischen liegt das Meer. Sie schicken einander Mails und SMS wie Schwalben, die eine lebenswichtige Brücke bilden und aus jeder langen Nacht ein beglückendes Fest der Liebenden machen. In Nachts Augen ruht ein tiefer See: »Wenn die Liebe lange währt, muss man nicht jeden Tag zusammen sein.«

Nacht wartet still darauf, seine Braut zu werden.

张欣

夕　儿

夕儿出生于一个书香世家，祖父是一位德高望重的大学教授。祖父喜欢这个四肢细长、脖颈细长爱弹古筝的孙女，从小就把她带在身边。他最喜欢的事就是在他那四壁都是一通到顶的大书柜的书房里，一老一少聊天。聊什么呢？什么都聊。就比如聊夕儿的生日七夕吧，祖父就能说出许多关于这个节日的典故。比如说妇孺皆知的牛郎织女鹊桥会的故事，说的是七位仙女从天上飞落人间，脱下羽衣到湖里洗澡。其中那个穿粉红色羽衣的小仙女洗完澡却找不到自己的羽衣，无法跟其他仙女们飞回天宫，只好留在人间。这个小仙女就是织女，据说天上美丽的云彩就是她织出来的。后来她和人间的牛郎相爱了，结为夫妇。婚后，牛郎耕地，织女织布，生活得很是幸福美满，还生了一双可爱儿女。这让天宫里的玉皇大帝大怒，立即派王母娘娘施展魔法把织女掳回天宫。牛郎急忙把两个孩子放在两个筐里挑着，披上能飞的牛皮追赶仙女。王母娘娘从头上拔下金簪一划，顿时一条汹涌的银河挡住了牛郎的去路。牛郎和织女只好隔河对泣。王母娘娘心软了便对仙女说："好吧，如果你有本事过河，每年七夕就让你们夫妻相会一次。"牛郎和织女的忠贞爱情感动了喜鹊，千万只喜鹊便在七夕的晚上在银河上搭成一座鹊桥，让牛郎织女在鹊桥相会。所以在中国人的心目中，七夕就是中国的情人节。除了这个凄美动人的传说，七夕又叫"乞巧节"，这一天妇女们穿上新衣聚在月下做针线，祈求当晚站在鹊桥上的织女能赐给她们高超的织布绣花技术。在唐代，乞巧活动更是进入皇室，据说唐玄宗还在宫廷里建乞巧楼，赐给宫中妃嫔七孔针、五色线，让她们在月光下展示各自的女红，犒赏优胜者。这种风气到宋代最盛，上至宫廷，下至庶民，没有不在七夕这天乞巧的。乞巧的习俗甚至还远传到朝鲜和日本呢。不过，很多人不知道七夕还有晒衣、晒书的习俗呢，这可是像祖父这样有学问的人才知道的。七月初七正值烈日炎炎的盛夏，是百姓晒衣、文人晒书的好时节。据说司马懿当年因位高权重被曹操猜忌，为求自保便装疯辞官还乡。但奸狡的曹操依然不放心，就派了一个亲信暗中查访。七夕那天司马懿在家中高高兴兴晒书一下露出了破绽，被曹操逮个正着，下令他马上回朝任职。宋代有个名叫郝隆的人更有意思，七夕那天邻居们都在忙着晒衣，他却在太阳底下仰面而卧，人家问他干什么，他回答：我在晒书哪。机智地自夸腹有才学，晒肚皮也就是晒书嘛。

转眼夕儿到了二八年华。虽不是天生丽质，却也肤如凝脂，一张小小的不施脂粉的素脸儿，一双又细又长的丹凤眼，有种说不出的书卷味儿。但就是这么一个体面的女孩儿，却经历了一段不怎么体面的"孽恋"。

她和阿承是在一个朋友聚会上认识的。这是一个细眉细眼但高大挺拔的成熟男人。他见到夕儿后就对夕儿的朋友说我一定要和她交朋友。夕儿的朋友转述给她听，她开玩笑地说告诉他不要癞蛤蟆想吃天鹅肉。朋友也觉得他们简直就是焦大和林妹妹：他是个外企的小职员，而夕儿呢，是个爱到红蚂蚁大风车消磨时间讲究品味的文化女孩。后来那男人果然给夕儿打电话，夕儿说做个普通朋友可以，其他的，别想。于是两人开始了交往。那段时间夕儿神采飞扬，气色极好，朋友们在一起时，阿承总会与她联系，有时夕儿也会让他来接，于是他就立马飞车过来，总之夕儿给人的感觉就是那个穿粉红色羽衣飘落人间的备受呵宠的小仙女儿。

　　就这样两人痴恋了一年多，现在两人开始有了些隔阂。事情是这样的：阿承的老板是个韩国人，他除了欣赏阿承的成熟稳重，还欣赏他的"中国功夫"，走到哪都带着他。夕儿呢还是不食人间烟火的小仙女范儿，只要一有时间就打阿承手机。阿承刚开始还忙不迭复机，后来日子长了，知道夕儿其实没什么事，无非想知道他现在在干什么，她现在在哪里，阿承复机也就不那么"第一时间"了，这令夕儿很不满。有一个周末，两人约好在"红月季餐厅"烛光晚餐，谁知韩国老板临时要去西樵山，阿承匆匆留个言就走了。夕儿一人在餐厅要了一瓶酒，一过9点就开始打阿承的手机，阿承说老板还在谈事，实在走不开，一回广州立马给你打电话。夕儿等啊等啊，11点还不见阿承打电话，半醉的夕儿就使劲联络阿承，刚开始阿承还接听，后来干脆就把手机关了。夕儿就发了疯一般给他留言。过了午夜，餐厅打烊了，夕儿就坐在马路边上，非要等阿承复她的电话不可。这时的夕儿就像一只被伤害的小母兽，疯狂得谁靠近她都可能被她咬一口。零点过后，阿承终于出现了。只见他一把拎起夕儿塞进车里，细小通红的眼睛目眦欲裂，他咆哮道你这个不知好歹的女人你是想让老板炒我鱿鱼吗！

我是男人我要工作我要奋斗我不甘心一辈子当司机当保镖你懂吗！你，你你！——你不走？好，你不走我走！

阿承真的从夕儿的生活中消失了。夕儿不甘心，为了能见到阿承，有一段时间她天天晚上7点40分就在海珠桥附近徘徊，因为她知道阿承这个时间是要送老板经过这里的。每当看到那个熟悉的车牌出现时，她就会心跳加速，虽然车子倏忽而过，但夕儿也很满足。有一天夕儿心情特别不好，她又来到海珠桥。当她远远看到阿承的车时忍不住拨通了他的手机，说我就在你的对面，穿了件红色的风衣，你一定能看见我的。果然阿承的车开始明显减速，前面就是一个红绿灯路口，夕儿多么希望车子能调头向她驶来啊，可绿灯亮时，车却毫不犹豫地向前方驶去。夕儿站在雨里不停地发抖，脚发飘，心口发堵，心灰意冷的感觉像蛇一样在血管里阴森冰凉地游走。晚秋的风把她的长发吹得凌乱不堪，有几缕冰冷地贴在脸颊上。好在这时天下起了雨，人们看到的只是一个惹人怜爱的雨中漫步的女孩。

又是一个七夕。风雨如晦。去年的今天，夕儿和阿承你侬我侬，"沈吟为尔感，情深意弥重"，而今天的夕儿却是形单影只，"终日不成章，泣涕零如雨。"

"祝你生日快乐，时时挂住你"。手机里是一段留言。这是一个和夕儿青梅竹马一起玩大的男孩，在风风雨雨十几年后，又和她取得了联系。只是夕儿不知道，男孩是得知了夕儿情变后才悄然现身的。男孩算不上高大，脸色有些苍白，戴一副深度近视眼镜，谈不上潇洒，也谈不上不潇洒。可能因为他离夕儿的梦太远了,所以夕儿和他在一起时很淡定,很放松,也很投机。有时争执起来,也总是他很儒雅地一笑了之。后来他们一起去公园,去画展,去游泳,去听音乐会,很随意的,约到了就一起去,约不到就和别的朋友去,分手时也不像恋人那样约定下次的活动。后来也赌气,也拌嘴,互不理睬,但他总能以一种意想不到的方式令夕儿破涕为笑。夕儿开始欣赏他的不卑不亢,欣赏他欣赏自己的方式。然而他一直无法闯入夕儿的梦。直到有一天,他们在草地上玩得无拘无束嘻嘻哈哈地累了,于是静静地坐下来。晚霞很美丽,无穷无尽地变幻着,夹道的紫荆花开得很热闹,紫的姹紫,白的粉白,阔硕的叶子仿佛都挤迫得无处容身了。男孩很坦然地对夕儿说公司准备派他去外地公干,三年,但他还没决定去还是不去,想听听夕儿的意见。夕儿无语,只是把头轻轻地依在男孩的肩上。

　　从此,他们身居两个城市,中间相隔一道海峡;从此,相思的电邮和信息就像一只只喜鹊,在彼此的生命里架起一座鹊桥,让每一个漫长的黑夜都成为心灵相会的七夕;从此,夕儿的眼睛里总荡漾着一泓沉静,"两情若是长久时,又岂在朝朝暮暮"。

　　如今的夕儿正静静地,等着做那男孩的新娘。

# Harald DARER

## Das Osterfest. Ein Deutungsversuch

Ostern ist zwiespältig, dachte ich mir. Der Unterschied zu der Version, die uns von offizieller Seite, also von der Kirche, und in meinem Fall in der Person des Religionslehrers Neuschmerz, der hauptberuflich Pfarrer war, warum und wie wir Ostern zu feiern hätten, erzählt wurde, und der, wie es dann in der Familie, mit Freunden und sogar in der Schule, wo man uns vorher noch das Gegenteil beigebracht hatte, tatsächlich gefeiert wurde, konnte und kann größer nicht sein. Kurz gesagt, gehen, gemäß der seinerzeitigen Version von offizieller Seite durch den Religionslehrer und Pfarrer Neuschmerz, dem Osterfest ein vierzigtägiger Wüstenaufenthalt, eine letzte gute Jause, die grausame Folterung, die ebenso grausame Ermordung und die anschließende wundersame Auferstehung des Gottessohnes voraus. Aus den genannten Gründen legt der Osterhase den Kindern am Ostersonntag, dem Tag der mutmaßlichen Auferstehung also, bunt angemalte Ostereier in ein Osternest.

Bei genauerer Betrachtung aber merkt man, dass die Ableitung und Zurechtrückung von christlichen Glaubens- und Grundsätzen in alltags- und festivitätstaugliche beziehungsweise kindgerechte Traditionen und Bräuche ebenfalls ein österreichischer Brauch ist. Schließlich fliegt auch zu Weihnachten, der Geburt des Gottessohnes, das Christkind, wie es genannt wird, in der ärgsten Saukälte und nur mit einem dünnen Nachthemdchen bekleidet, zu jedem Kind nach Hause, um ihm ein Geschenk, das es sich vorher ausdrücklich wünschen darf, indem es seinen Wunsch auf einen Zettel schreibt und diesen Zettel zur Abholung durch das Christkind auf die Fensterbank legt, und von wo ihn das Christkind auch wirklich abholt, unter den Christbaum zu legen. Das Gute daran ist, dass man sich, auch wenn man nicht der christlichen Glaubensgemeinschaft angehört, trotzdem auf den Osterhasen und das Christkind freuen kann.

Ostern ist das wichtigste christliche Fest, ist also wichtiger als die Geburt des Gottessohnes, weil geboren werden viele, auferstehen nach dem Tod aber tun nur wenige. Analog zu der für das Christentum typischen Sichtweise auf das Leben als von Geburt an durchgängigen Leidensweg, bevor man durch den Tod erst in den Genuss des wahren, herrlichen und ewigen Lebens gelangt, beginnt der Countdown zum Osterfest zuerst einmal mit einer unangenehmen Durststrecke, wie man so schön sagt. Diese Durststrecke wird Fastenzeit genannt und dauert, beginnend mit dem Aschermittwoch, an dem man sich noch einmal traditionellerweise mit einem galligen Heringsschmaus den Bauch vollschlagen und den Kater vom vortägigen letzten Faschingsdienstagsbesäufnis (ebenso ein beliebter österreichischer Brauch) dämpfen darf, genau vierzig Tage. Gemäß der offiziellen Seite durch Pfarrer Neuschmerz entspricht das der Zeit, in der der Gottessohn in der Wüste gefastet und gebetet hat, und deswegen die Gläubigen in Erinnerung daran eben diese vierzig Tage fasten und beten sollen, beziehungsweise durch das Fasten, genauso wie die Vorfreude zu beschwerlichen Lebzeiten auf das Leben nach dem Tod, die Vorfreude auf das Essen nach dem Fasten gesteigert werden soll. Natürlich wird sich in den wenigsten österreichischen Familien auf den Tod gefreut und wird dort deswegen genauso wenig rechtschaffen gefastet. Gefreut wird sich trotzdem auf das Festessen, das sogenannte Weihfleischessen, weil man sich in Österreich auf das Essen und vor allem auf das Schweinefleischessen immer freut. Der einzige Tag, an dem bei uns zu Hause gefastet wurde, war der Gründonnerstag, an dem es, dem Namen entsprechend, Grünzeug zu essen gab, vorzugsweise Spinat, wobei der Vater als Beilage von der Mutter zumindest eine Knacker verlangte, weil in einer Knacker, wie er sagte, sowieso mehr Erdäpfel als Fleisch enthalten sind. Außerdem, sagte er, hatte der Gottessohn an diesem Tag sein letztes Abendmahl, und bei dem war der Tisch, wie man es auf dem Bild von Leonardo da Vinci eindeutig sieht, auch, wenn schon nicht üppig, aber immerhin mit Essen gedeckt. Da wirst du mir die eine Knacker wohl nicht neidig sein, sagte er zur Mutter. Bevor es aber überhaupt soweit war, dass wir das Fleisch vom Pfarrer Neuschmerz weihen lassen und danach das Fleisch als Weihfleisch endlich essen konnten, musste zunächst noch die Karwoche begangen werden, wie der Pfarrer sagte, und die beginnt am vorangehenden Sonntag, dem Palmsonntag, mit der Weihe der Palmzweige, also der Palmweihe. Weil der Gottessohn aber damals nicht in Österreich, sondern in Jerusalem mit Pomp und Trara quasi einmarschiert ist, und es in Österreich gar keine Palmen gibt, werden hier Palmkätzchen geweiht. Das sind die bei den Kindern beliebten und bei den

Eltern unbeliebten murmelgroßen und samtweichen Früchte des Weidenbaumes. Bei den Eltern deshalb unbeliebt, weil die Kinder, wegen der samtigen Beschaffenheit der Palmkätzchen, diese sich gerne in Ohren und Nase stecken, und die dann von den HNO-Ärzten, unter großem Geplärr der Kinder und Geschimpfe der Eltern, wieder entfernt werden müssen.

Dabei geht der Leidensweg bis zum Erreichen der Ziele (für die offizielle Stelle, den Pfarrer Neuschmerz: die Auferstehung des Gottessohnes, für die Erwachsenen: das Weihfleischessen, für die Kinder: die Osternestsuche) jetzt erst richtig los. Schuld daran ist der, aufgrund der unterschiedlich definierten Ziele, entstehende Interessenskonflikt. Dieser wiederum ist für ein gelungenes Osterfest unabdingbar, weil das Erreichen des eigenen Zieles gleichzeitig mit dem Gelingen der Ziele der anderen unmittelbar zusammenhängt und somit ein altes, gut wirksames christliches Gefühl als Triebfeder für dieses Gelingen in Kraft tritt: das schlechte Gewissen. Die Eltern wissen: Ohne Fleischweihe kein Weihfleisch und kein Weihfleischessen. Weil die Eltern aber keine Lust haben, zur Fleischweihe zu gehen, weil sie es nicht leiden können, eine Stunde in der feuchtkalten, aufgrund der angehäuften Schweinefleischteile wie eine Selchkammer riechenden Kirche sitzen und warten zu müssen, bis der Pfarrer nach der scheinbar ewig langen Predigt endlich das Fleisch zu weihen beginnt, und sich dabei auch noch selbst mit dem Weihwasser anspritzen zu lassen, schicken sie an ihrer statt die Kinder zur Fleischweihe hin, mit der Aussicht, dass der Osterhase dann besonders brav sein, das heißt, ein prall gefülltes

Osternest hinterlassen würde. Die Kinder wissen: Ohne Weihfleisch sowohl kein Weihfleischessen als auch, und das ist der wichtigere Punkt, kein Osternest. Weil die Kinder eigentlich auch keine Lust haben, zur Fleischweihe zu gehen, aber, wollen sie am Ostersonntag ein schönes Osternest vorfinden, gezwungen sind hinzugehen, weil ihnen längst bewusst ist, dass nicht der Osterhase, sondern die Eltern die Osternester verstecken, und sie deswegen das Angespritztwerden mit Weihwasser in der feuchtkalten Selchkirche in österlich-österreichischer Leidenstradition in Kauf nehmen. Der Pfarrer weiß: Auf die Angst der Kinder vor dem Osternestverlust und die Angst der Eltern vor dem Ausfall des Weihfleischessens kann er sich verlassen und er sich deshalb jedes Jahr auf eine Fleischweihvorstellung vor vollem Haus freuen kann, diesen Umstand aber offiziell nicht der Angst seiner Schäfchen, sondern der Strahlkraft des Wort Gottes zuschreibt.

Sind die Hürden Palmweihe, Gründonnerstag und Weihfleischessen überwunden, hat man, bevor es an die Osternestsuche geht, nur mehr das Osterfeuer am Karsamstag hinter sich zu bringen. Wobei man als Kind die Hürde des Weihfleischessens nicht unterschätzen darf. Beim Weihfleischessen wurde schon vielen Kindern das Osterfest zerstört, der Traum vom üppigen Osternest zunichte gemacht, und schuld daran war in den meisten Fällen die geselchte Schweinszunge, weil die geselchte Schweinszunge traditionell einen hohen Stellenwert beim Weihfleischessen hat, und ihr deswegen auf dem Teller, auf dem das Weihfleisch angerichtet wird, neben Wurst, Schinken, Ei und Kren, ein dementsprechend großer Platz eingeräumt wird. Verweigert man als Kind, die Schweinszunge zu essen, weil es einem alleine vom Aussehen und der Erinnerung daran, die Schweinszungen die letzten Tage vor Ostern in der Selchkammer braun und verrunzelt wie übergroße Nacktschnecken hängen gesehen zu haben, graust, bekommt man von den Eltern zu hören: Was, die gute Schweinszunge?, oder, das Beste, die Schweinszunge, isst du nicht?, was soviel heißt, wie: Wer undankbar ist, wird auch ein dementsprechendes Osternest finden. Dabei sind die Kinder sogar selbst schuld an dem Schweinszungenüberangebot auf den Weihfleischtellern, weil sie aus Angst davor, die Eltern könnten ihnen Undankbarkeit vorwerfen, nur mehr Schweinszunge von dem Teller herunteressen, obwohl ihnen schon schlecht ist davon, und die Eltern das nächste Mal noch mehr Schweinszunge herrichten und so weiter und so fort. Dieses Schweinszungenmissverständnis führte schon dazu, dass beim Weihfleischessen Unmengen an Schweinszunge gegessen wurde, obwohl kein Einziger, nicht einmal die Eltern und die sonst alles vom Schwein verwertenden Großeltern, die Schweinszunge leiden konnte, und sie von jedem nur mit Gewalt hinuntergewürgt wurde, die Scheiß-Schweinszunge, wie sich jeder beim Kauen gedacht hat, nur um sagen zu können: Lieber Herr Jesus, sei unser Gast und segne, was du uns bescheret hast. Amen.

Stand bei der Fleischweihe und beim Weihfleischessen noch die gegenseitige Manipulation zur Erreichung der eigenen Ziele im Vordergrund, ging es beim Osterfeuer tatsächlich um Leben und Tod. Das Osterfeuer darf nur in der Nacht auf den Ostersonntag verheizt werden. Leider gilt es als lustiger Streich unter Kindern und Jugendlichen, das mühsam aufgebaute Osterfeuer anderer zufleiß am Karfreitag abzubrennen, was für diese, aus unbekannten Gründen, eine Demütigung darstellt. Um das zu verhindern, wird die Nacht zum Karsamstag am Osterfeuer Wache geschoben. Zur Tarnung kriechen die Kinder in das aufgehäufte Gestrüpp, schlafen irgendwann doch ein und werden von den anderen, die sie, weil sie vom Gestrüpp, Holz und Reisig zugedeckt sind, übersehen, zusammen mit dem Osterfeuer, ein paar Igeln und anderem Kleinvieh verbrannt, bei lebendigem Leib, wie man so schön sagt. War man versehentlich tot, hat man nicht nur sich selbst, seinen Eltern, Geschwistern und Verwandten das Osterfest versaut, sondern war noch dazu schuld an der Demütigung wegen des vorzeitig abgebrannten Osterfeuers.

Hat man schließlich das Osterfeuer überlebt, steht einem schönen Ostersonntag mit aufregender Osternestsuche, mit anschließendem Eierpecken, wie das Spiel heißt, bei dem man die bunten, hart gekochten Ostereier gegeneinander schlägt, und derjenige, dessen Ei nicht zerspringt, sich das andere behalten darf, theoretisch nichts mehr im Wege. Es sei denn, es ist der Fall, und es war oft der Fall, dass es in der Nacht vor dem Ostersonntag schneit. Dann war die Osternestsuche auf nächstes Jahr verschoben, und man bekam das Osternest von den Eltern mit den Worten Frohe Ostern! in die Hand gedrückt.

哈荷尔德·达赫

复活节——一种尝试性解读


在我看来复活节是个矛盾的双面体，因为复活节的习俗已经分化为官方和民间两个差别巨大的版本。官方版的代言人是教会，或者更具体一些是一个叫诺伊施麦尔茨的专职牧师兼我的宗教课老师。他们向众人（包括学校里的孩子们）所描述的复活节，它的起源意义、它的风俗习惯，与民间的（家庭、学校、朋友圈）庆祝版本相去甚远。依照简化了的牧师兼宗教课老师诺伊施麦尔茨的官方说法，主基督耶稣在经历了四十天的荒野禁食、最后的晚餐、酷刑以及惨遭谋害的磨难之后迎来了作为圣子的复活，这才有了我们今天的复活节。于是就在耶稣复活的那个星期日，兔子作为复活节的使者会把复活节的彩蛋放在蛋巢里送给孩子们。

细观之下不难发现，将基督教的信条和原则转化为与日常生活、节日气氛、或儿童心理相适应的传统习俗已成为一种奥地利风俗。这种转化的好处就在于即便不是基督教徒，人们也有理由期待复活节兔和圣诞天使。毕竟这里过圣诞节时孩子们会提前把写好自己想要礼物的纸条放在家中的窗台上等着圣诞天使来取，取走了纸条的圣诞天使会在圣诞之夜，也就是圣子诞生之时，穿着薄薄的睡衣冒着严寒飞到每个孩子家中，把他们期盼的礼物放在圣诞树下。复活节是基督教最重要的节日，比圣子诞生的圣诞节更为重要，因为很多人都经历了出生，但只有极少数的人能够在死后复活。典型的基督教观点认为人的一生都在苦难中度过，直到死亡开启通往美好永生之路的大门。与之相对应，复活节的倒计时也要从节前长达四十天的大斋期（俗称忍饥挨饿期）开始算起。　　圣灰礼拜三是大斋期的首日，按照传统这一天人们还可以最后饱餐一顿苦味鲱鱼宴，顺便好好醒醒前一日狂欢节的酒（在周二狂欢节上醉酒也是奥地利备受欢迎的风俗之一）。按照诺伊施麦尔茨牧师的官方说法，大斋期的天数与主基督耶稣在荒野中禁食和祷告的天数相吻合，目的是让信徒通过四十天的斋戒铭记主在荒野中所受的这段苦难。同时斋戒还有一个作用，那就是增强人们对开斋的期盼，就像在苦难中生活的人们期待死后的美好归宿一样。当然绝大多数的奥地利家庭都不欢迎死亡，所以也就不会严格遵守斋戒的要求了。但是对于好吃（特别是好吃猪肉）的奥地利人而言，斋戒后的复活节大餐（圣肉宴）是无论如何都值得期待的。我的家乡只有在复活节前的星期四才会斋戒。这一天又被称为绿色星期四，顾名思义就是只能吃绿色的蔬菜（通常情况下是菠菜）。但父亲总会让母亲再给他准备一根烟熏香肠，理由是这种香肠里本来就土豆比肉多。而且父亲还强调，这一天是耶稣享用最后的晚餐的日子，达芬奇画得清清楚楚，画中餐桌上的食物就算不丰盛，也还是有个少的。"相比之下我就吃一根香肠，你不至于嫉妒吧。"父亲这样对母亲说。实际上要吃上圣肉就得先让诺伊施麦尔茨牧师主持猪肉圣洗仪式，要主持圣洗仪式就必须先迎来圣周的开始。按照诺伊施麦尔茨牧师的说法，圣周开始于复活节前的星期日，这一天被称为棕枝主日，也作圣枝主日，主基督耶稣于此日入耶路撒冷城，当地民众手持棕榈枝欢呼雀跃迎接耶稣的到来。但因耶稣当年的停留地是耶路撒冷而非奥地利，而且奥地利根本不生长棕榈树，所以黄花柳的果实就代替棕榈枝成为了棕枝主日的圣物。这种弹珠大小、丝绒般柔软的果实在深受孩子们喜爱的同时也因其很容易被孩子们塞进耳朵和鼻子里，最后只能靠耳鼻喉科医生在孩子的哭嚷声和家长的责骂声中将其取出而为家长们所厌恶。

在这样一片哭嚷和责骂声中，通往复活节最终目的地的痛苦旅程才真正拉开了序幕。复活节的最终目的因人而异，它是诺伊施麦尔茨牧师描述的耶稣的复活，是大人们期盼的复活节大餐（圣肉宴），是孩子们心心念念地寻找复活节彩蛋的活动。这些不同目的的背后的利益冲突是这段旅程之所以痛苦的原因所在。但因此时自己达到目的与他人达到目的之间存在着一种直接的联系，所以这种利益冲突又是成功庆祝复活节的必要条件。而成功庆祝复活节的原动力则来自一种古老而有效的基督教体验：负罪感。家长们知道：没有猪肉圣洗仪式就没有圣肉，进而也就没有圣肉宴。但是由于他们没有兴趣出席猪肉圣洗仪式，因为受不了一个小时都坐在湿冷的、因堆满猪肉块而满是熏肉室气味的教堂里等着牧师终于结束无比冗长的布道开始真正进入仪式环节，同时还得忍受圣水的喷溅，所以就让孩子们替自己去出席，并许诺，今年的复活节兔会格外听话，也就是说会留下一个满满的蛋巢。孩子们知道：没有圣肉不仅不会有圣肉宴，而且更重要的是不会有复活节的蛋巢。孩子们其实没有兴趣出席猪肉圣洗仪式，完全是为了在复活节星期日那天找到一个漂亮的蛋巢而被迫前往，因为他们早就清楚，藏蛋巢的不是复活节兔而是自己的父母，所以才愿意忍受奥地利复活节坐在湿冷的熏肉教堂里被圣水喷溅的遭罪传统。牧师知道：孩子们对失去复活节蛋巢、家长们对失去复活节圣肉宴的担心足以让他信赖，他也因此会在每年的猪肉圣洗仪式上都面对一个坐得满满的教堂。但在官方的说法里，他并不将此归功于羔羊们的担忧，而是归功于上帝之语的影响力。

克服了棕枝主日、绿色星期四和圣肉宴这些障碍后，离寻找复活节蛋巢就只剩下圣周六篝火这一项内容了。但是孩子们却不能小视圣肉宴的威力。很多孩子的复活节就因此毁于一旦、他们有关收获装得满满当当的蛋巢的梦想也在圣肉宴上化为了泡影。罪魁祸首多半是熏制的猪舌。熏猪舌在传统圣肉宴上享有很高的地位，所以装圣肉的盘子里放猪舌的地方要比留给旁边放香肠、火腿、鸡蛋和辣根的地方大得多。如果孩子们拒绝吃猪舌，因为它们不管是看起来还是联想起来（一看到它们就会想到复活节前曾看到过的棕色皱巴巴的、像超大号鼻涕虫一样挂在熏肉室里的猪舌）都让人倒胃口，家长们就会数落：什么？这么好的猪舌不吃？或者，猪舌是最好的东西，你不吃？话外之意是：不知道感恩的人蛋巢对他也不会大方。同时圣肉盘里猪舌的量过大甚至也是孩子们自己的责任。因害怕家长责怪自己不懂感恩，孩子们只好在已经很恶心的情况下还继续咽下更多的猪舌，而家长们也会因此在来年准备更多的猪舌，如此循环下去。这个因猪舌而产生的误解已经导致圣肉宴上人们吞下猪舌无数，尽管全家，包括父母和通常会利用猪所有部位的祖父母在内，没有一个人能忍受它。每一个人都需要把猪舌强咽下肚，而且还边嚼边想：该死的猪舌，只为嘴上能说出：亲爱的主耶稣，做我们的客人并赐福于你带给我们的一切。阿门。

如果说人们在猪肉圣洗仪式和圣肉宴上还主要是通过相互控制来达到自己的目的，那么复活节的篝火就真的是关乎生死了。这场火只能在圣周六的夜里燃烧，也就是复活节的前夜。可惜很多孩子和青少年都把圣周五时就故意烧掉其他同龄人好不容易架起的篝火堆当做一种有趣的恶作剧。这对那些篝火堆的主人而言是一种不明原因的耻辱。为了避免这种情况的出现，圣周五夜里篝火堆旁会有孩子放哨。为了隐蔽和伪装，放哨的孩子会匍匐钻到篝火堆底下，然后不知什么时候就睡着了。身上盖满各种树枝和灌木条的他们很容易被前来点火的另一拨孩子们忽视，结果就是连同这些树枝灌木以及刺猬一类的小动物一起被烧掉。也就是人们常说的：活活烧死。如果一个孩子不小心就这样死了，那他不仅毁了自己的、父母亲朋和兄弟姐妹的复活节，同时还要对因复活节的篝火提前烧尽而受的耻辱负责任。

如果能从复活节的篝火中幸存下来，那理论上通往激动人心的复活节当日寻彩蛋活动的道路上就不再有什么障碍了。（找到彩蛋后便可进行撞蛋游戏，一人拿一个煮熟的彩蛋对撞，没有被撞碎的彩蛋的主人可以把对方的彩蛋收入囊中。）除非——今年就是这种情况，而且往年也常常遇到这种情况——复活节前夜下雪了，那寻彩蛋活动就会被推迟到下一年，此时家长们会边说着复活节快乐，！边把装着彩蛋的蛋巢塞到孩子们手中。

Marjana GAPONENKO

Brief nach Sevastopol

Lieber Onkel,
es hat mein Herz gebrochen, dich, meinen einzigen Verwandten und die gute Seele meiner Kindertage, zurückzulassen. Obwohl ich weiß, du hättest die Reise, die ich auf mich genommen habe, mit deinen 82 Jahren nicht überlebt, mache ich mir Vorwürfe, dich nicht in einen Rollstuhl gepackt und in Sicherheit gebracht zu haben. »Einen alten Baum verpflanzt man nicht«, hast du gesagt. Von Gottvertrauen hast du zu mir gesprochen, du, der du gegen die Existenz Gottes immer ernsthafte Bedenken hattest. Ist es nicht verwunderlich, dass der Mensch in der größten Not, am Rande der Verzweiflung und im Angesicht einer alle Sphären des Lebens durchdringenden Enttäuschung, eine unerhörte Seelenruhe in sich und um sich ausbreiten kann? So behalte ich dich in Erinnerung: versonnen, in dich gekehrt, mild lächelnd und taub für den Lärm dieser Welt. Deine Entscheidung, in der Ukraine zu bleiben, ist für mich, lieber Onkel, keine Frucht der Resignation oder des Patriotismus. Was bist du für ein Patriot mit deinem Misstrauen gegenüber jeglicher Autorität? Selbst Gott willst du vermutlich aus diesem Grund nicht anerkennen. Du bleibst zurück, weil dir eine Minute der Selbstbestimmung teurer ist als mehrere geschenkte Jahre in der vermeintlichen Freiheit, unter welcher Flagge sie auch

immer zu finden ist. Was mich angeht, so fliehe ich nicht in mich hinein, sondern wahllos nach außen, hinaus in die Welt, ich fliehe unter dem Druck meiner Lebensenergie. In der Situation, in der sich unser Land befindet, kann ich diese Energie nur als Todesangst bezeichnen. »Du fliehst, weil du fliehen kannst, und damit basta!« Dass wir mit diesen Worten jemals voneinander Abschied nehmen würden, hätte ich niemals in meinem Leben gedacht. Ich hoffe sehr, dass dies kein endgültiger Abschied war, und dass ich dich eines Tages in naher Zukunft wiedersehen und in meine Arme schließen darf – auf dem Boden jenes Fleckchens Erde, das Menschen Heimat nennen. Ebenso hoffe ich, dass diese Zeilen dich erreichen werden, und dass du sie bei guter Gesundheit lesen kannst.

Ich schreibe dir aus Österreich, wo ich mich nach Stationen in Rumänien und Ungarn seit einigen Tagen aufhalte. Mein Quartier habe ich im malerischen Örtchen P… aufgeschlagen, um genau zu sein, im Gasthof Lebensfreude, wobei es mir zur Freude nicht zumute ist. Da ich den Flüchtlingsstatus habe, zahle ich für meine Unterkunft keine Kopeke und werde sogar zu meinem nicht geringen Staunen von der Pfarre mit Essen und, da es eine Weingegend ist, mit dem köstlichsten Wein versorgt. Du wunderst dich sicher, was eine Pfarre ist. Eine Pfarre ist so etwas wie ein Gläubigenverein auf einem abgegrenzten Gebiet mit einem Pfarrer als Vorsitzenden, der Menschen tauft, verheiratet und mit Würde unter die Erde bringt. Diese Einrichtung ist eine Art Filiale eines Bistums, das seinerseits auf den Papst in Rom hört. In unserer russisch-orthodoxen Kirche wird es sicher eine ähnliche Gliederung geben, allerdings kann ich mir vorstellen, dass der Nächstenliebe bei uns finanzielle Grenzen gesetzt sind. Jedenfalls haben die Katholiken mich mit offenen Armen empfangen, als sie hörten, ich sei auf der Flucht. Diese Weingegend würde dir gefallen. Wenn man über die Hügelkette schaut, hat man das Gefühl, das Meer müsste in der Nähe sein. Vielleicht geht es nur mir so. Schließlich hat mich die Nähe zum Wasser von klein auf geprägt, so dass ich wohl überall auf der Welt nach jenem diesigen Schleier Ausschau halte, hinter dem das Blau des Meeres anfängt. Wenn die Sonne scheint, und das tut sie, seitdem ich hier angekommen bin, fällt es mir schwer zu glauben, dass ich hier nicht auf Urlaub bin.

Zur Aufheiterung möchte ich dir eine kuriose Begebenheit erzählen, deren Zeuge ich heute früh geworden bin. Als ich am Morgen aufwachte, lag ich eine Weile grübelnd im Bett. Meine Gemütsverfassung ließ zu wünschen übrig, selbst als ich aufstand, mich anzog und mir ein Ei gebraten hatte. Bei der zweiten Tasse Tee hielt ich inne. Ein seltsames und in höchstem Maße beunruhigendes Geräusch drang an mein Ohr, doch ich konnte nicht sagen, woher es kam und was es zu bedeuten hatte. Mit einem Mal wurde mir klar, man hatte meine Pension umzingelt. Scharrende Schritte waren zu hören, und eine Männerstimme schallte durch den Lautsprecher. Die Wortfetzen, die mich erreichten, klangen alles andere als freundlich. Vor Schreck traute ich mich nicht, aus dem Fenster auf die Straße zu blicken, blieb am Küchentisch sitzen und schenkte mir zur Beruhigung noch eine Tasse Tee ein. Im Grunde meines Herzens hoffte ich, die Menschenmenge würde sich zerstreuen oder vorbeiziehen, doch dies war nicht der Fall. Sie schien direkt unter meinem Fenster zum Stillstand gekommen zu sein. Als ein Orchester zu spielen begann, lief mir ein kalter Schauer den Rücken hinunter: die schneidige Militärmusik bedeutete nichts Gutes. Schließlich überwand ich mich und trat ans Fenster. Stell dir meine Verwunderung vor, als ich mehrere bunte Fahnen und sogar einen Baldachin in einem Meer von bunt angezogenen Menschen sah. Alle schienen unbewaffnet zu sein und sich für mich nicht im Geringsten zu interessieren. Ihre Blicke waren auf einen Geistlichen gerichtet, der unter dem Baldachin einen glitzernden Gegenstand in den Händen hielt. Was das genau war, konnte ich von oben nicht sehen. Der Geistliche murmelte etwas, und der Zug setzte sich mit flatternden Fahnen und Weihrauch wieder in Bewegung. Hier und da schellten harmlos die Glöckchen. Diese Menschen wollen also nichts von mir, dachte ich mit Erleichterung und beschloss – so wie ich war –, in meiner unscheinbaren Kleidung der bunten Prozession zu folgen.

Als ich auf die Straße trat, bog das Ende des Zugs in die Felder. Nur ein kleinwüchsiger Bauer mit ergrautem Schnurrbart und kurzer Hose verschnaufte gerade beim letzten Haus, sich an die Fassade lehnend. Als ich ihn überholte, rief er mir einen Gruß zu und fuchtelte mit den Armen. Wir kamen ins Gespräch, und so erfuhr ich, was es mit diesem Umzug, dem Baldachin und dem Geistlichen darunter auf sich hatte. Obwohl ich von mir behaupten kann, Deutsch ohne Probleme zu verstehen (schließlich habe ich Germanistik studiert), fiel es mir schwer, dem Einheimischen in seiner Rede zu folgen. Er sprach nicht anders als meine Wirtin im Gasthof: larmoyant, gedehnt, manche Laute bis zur Unkenntlichkeit verzerrend, als staunte er über das, was er sagte. »Das, was Sie sehen, ist eine Fronleichnamsprozession«, erklärte er. Das Wort Fronleichnam zauberte mir ein Lächeln ins Gesicht, denn ich hatte Frohleichnam verstanden. »Ein Leichnam, der froh ist? Das ist ja allerhand!«, rief ich aus. Dies wiederum sorgte beim Bauern für Unverständnis. »Fron-leichnam«, wiederholte er, die erste Silbe betonend, »wir feiern die leibliche Gegenwart Jesu Christi im Sakrament des Abendmahls. Wir feiern, dass Gott bei uns ist, der lebendige Gott, wieso reden Sie von Leichen?« »Dieses Wort klingt einfach so«, antwortete ich und gab zu, aus der Ukraine zu kommen. »Sind Sie alle Protestanten da?« »Die meisten sind russisch-orthodox«, beteuerte ich. Der Bauer seufzte und schlug vor, den Umzug einzuholen, unterwegs würde er mich über das Fest aufklären, das zu kennen nur den Katholiken vergönnt wäre. »Ich nehme an, es ist für Sie kein Geheimnis, dass Jesus Christus gestorben ist«, sagte er. Ich nickte. Der Bauer deutete auf den Baldachin: »Der Mensch unter dem Baldachin ist unser Pfarrer. Was er im kostbaren Gefäß trägt, ist eine hauchdünne Brotscheibe.« »Hostie genannt«, unterbrach ich ihn und entschuldigte mich sofort. Der kleine Mann strahlte mich an: »Sie kennen sich gut aus, na gut, die Hostie in der Monstranz, so heißt nämlich das Gefäß, ist geweiht und damit ein Stück des Leibes Jesu Christi. Jeder, der an der Prozession teilnimmt, glaubt daran, dass Jesus Christus da ist und mit uns wandert. Im Grunde genommen folgen wir nicht dem Pfarrer unter dem Baldachin, sondern Jesus Christus höchstpersönlich!« »Glauben

Sie auch daran?«, fragte ich ihn. »Natürlich. Sonst wäre ich heute früh gar nicht aufgestanden«, erwiderte der Bauer und bat um Erlaubnis, sich bei mir einzuhaken. Längst hatten wir uns den letzten Reihen der Prozession angeschlossen, und der Bauer musste mit seiner dünnen Stimme gegen den Lärm des Orchesters ankämpfen. »Einen schöneren Spaziergang kann man sich nicht vorstellen. Unter freiem Himmel beten, die Felder und Wiesen segnen. Gesungen wird auch. Und das alles in der Gemeinschaft der lieben Nachbarn, die sich herausgeputzt haben, so dass es den Augen weh tut. Jeder ist höflich und gut gelaunt und lächelt sogar seinen Feind an. In so einem kleinen Dorf ist dieses Fest Gold wert. Sehen Sie die dicke Dame im Rollstuhl?«, fragte er plötzlich. Ich folgte der Bewegung seiner Hand. Eine erstaunlich dicke Person, bei der man nicht sagen konnte, ob sie weiblichen oder männlichen Geschlechts war, wurde von einem Jugendlichen etwas abseits des Feldwegs geschoben. »Sie geht nie vor die Tür. Nicht einmal sonntags in der Kirche sieht man sie. Das einzige Fest, an dem sie teilnimmt, ist Fronleichnam. Da ihr Sohn tragisch verunglückt ist, darf ihr Enkelsohn sie nun durch die Gegend schieben.« Die Prozession kam ins Stocken und blieb schließlich stehen. »Gebet bei einem der vier Altäre«, erklärte der Bauer und nahm seinen Arm aus meinem. Er senkte den Blick zu Boden und begann – so wie alle anderen Dorfbewohner – ein Gebet vor sich hinzumurmeln. Nachdem man sich bekreuzigt hatte, begann der Pfarrer zu singen. Er sang nicht schlecht, allerdings viel zu leise. »Er singt aus dem Matthäus-Evangelium«, raunte der Bauer. Ich hingegen hielt Ausschau nach dem besagten Altar, doch vor lauter Menschen und Fahnen konnte ich nichts erkennen. Erst als die Menge sich wieder in Bewegung setzte, zog ein mit Blumen, zwei Kerzen und einer weißen Tischdecke geschmückter Tisch an mir vorbei. Rund um den Tisch lagen auch Blumen und bildeten sogar ein Muster, das ich im Gehen aber nicht erkennen konnte. »Die Kinder ganz vorne tragen ihre Kommunionskleidung, für sie ist dieser Tag etwas ganz Besonderes«, sagte der Bauer, sich bei mir wieder einhakend. »Ich weiß noch, wie es für mich war als Bub. Ach, lang ist es her! Schauen Sie auf das Kreuz vorne. Der Korpus des Kruzifixes ist den Gläubigen zugewandt, damit sie ihm folgen. Als würde sich jemand an einem Tag wie diesem verlaufen!« Er lachte. »Warum wandert man mit der Hostie überhaupt umher? Kann man dieses Fest nicht in einer Kirche begehen?«, fragte ich ihn. »Nein«, antwortete er. »Das Fest soll sich über die ganze Welt erstrecken, so wie Gottes Herrschaft. Wir zeigen ihm das Land seiner Untertanen, und er sieht und segnet es. Was soll er in der Kirche? Die Kirche sieht er jeden Tag. Er soll raus in die Natur. Wir haben schließlich Sommer.«

Nach einem einstündigen Marsch in der Sonne und drei weiteren Stationen bei den Altären wurde mir der Zweck des Baldachins klar. Er schützte den Pfarrer in seinem schweren Gewand und die geweihte Hostie vor der Hitze. Als wir den Kirchhof erreichten, war ich schweißgebadet, und der Bauer neben mir keuchte vor Anstrengung. Nun konnte ich das Gesicht des Pfarrers deutlich erkennen. Es war ein junger rotbackiger Mann mit schwarzem Haar und einem genießerisch vollen Mund. »Jetzt segnet er alle vier Himmelsrichtungen.

Danach dürfen wir Platz nehmen«, hörte ich meinen Mitwanderer sagen. »Kommen Sie mit nach vorne? Sonst müssen wir in der Kirche stehen.« Ich verneinte und wünschte ihm in Gedanken viel Glück. Brummend drängte sich die schmächtige Gestalt durch die Menge, während der Geistliche den Vier-Winde-Segen sprach.

Ich entfernte mich in Richtung Friedhof und setzte mich auf eine Bank neben dem Haupteingang. Obwohl es ein herrlicher Sommertag war, vielversprechend wie der Sommer selbst, war mir traurig zumute. All diese Menschen taten mir aus unerklärlichen Gründen leid, so wie ich mir selbst, nur weil ich eine Zeit lang an ihrer Seite gehen durfte. Das Geheimnisvolle an diesem Fest zog mich an und verbot mir gleichzeitig den Zutritt. Warum sollte ich etwas tun, was ich nicht verstand, was ich sogar in Frage stellte? Wie konnte man ernsthaft an ein Stück Brot glauben und in ihm Gott sehen? Meine innere Stimme sagte zu mir: Es ist schön und wichtig, etwas zu tun, was man nicht versteht. Denke darüber nicht nach und horche auf dein Herz. Was willst du? Ich will ein Wunder, sagte ich, ein Wunder würde mich überzeugen, und ich wäre nie mehr traurig. Ein Wunder hast du eben gesehen, fuhr die Stimme fort, nämlich das unverwüstliche und allen Regeln der Logik trotzende Verlangen der Menschen, an das Allerheiligste zu glauben, das sich nicht zeigen kann. Du sollst nicht traurig sein.

So wie ich da saß, in ein Selbstgespräch versunken, wurde es mir tatsächlich leichter ums Herz. Und so beschloss ich, dir diesen Brief zu schreiben.

Lass uns des Sommers freuen und nicht verzagen, lieber Onkel!

Dein Neffe Wanja 19. Juni 2014

马亚娜·加蓬南柯

寄往塞瓦斯托波尔的信

亲爱的叔叔：

　　把你，我唯一的亲人，我童年时光中最重要的人留下来，是一个让我心碎的决定。尽管我知道，若带你同行，82岁高龄的你已经无法经受这趟旅程的颠簸，但我还是责怪自己没有把你放在轮椅上转移到安全的地方去。"老树不移栽"，你曾这样说过。你，一个之前从来都对上帝的存在持严肃怀疑态度的人，对我说起了有关相信上帝的话题。人在最困难的时候，在绝望的边缘，在面对穿透生活所有领域的失望时会生出一种的空前的镇定，将自己和周围都置于其中。这难道不令人惊异吗？我记忆中的你是沉思的，是孤僻的，有着温和的微笑并对这世间的喧哗充耳不闻。你留在乌克兰的决定，在我看来，亲爱的叔叔，不是听天由命或爱国主义的表现。不相信任何权威的你如何成为一个爱国主义者？即使是上帝你也或许会因为这个原因去否认。你留了下来，因为对你而言一分钟的自主比在所谓的自由中苟活许多年要珍贵，无论这种自由披着哪国的国旗。而我，没有选择逃往心灵深处，而是盲目地向外逃，逃向外面的世界，一种生命的能量压迫着我出逃。面对国家的现状，我只能把这种能量定义为怕死。"你逃是因为你能逃，行了，就这样决定了！"一生中从没想过我们会用这样的语句告别。我多么希望这不是最终的离别，在不远将来的某天我还能再次见到你，把你拥入怀中——在人们称之为家乡的那小块土地上。同样我希望你能收到这封信，能身体硬朗地的读这些文字。

辗转了罗马尼亚和匈牙利后，我于几天前来到了奥地利，现在就在这里给你写这封信。我把临时落脚处选在了一个风景如画的地方，更确切地的说是一个叫生活的乐趣的乡村旅店，尽管我现在无心感受乐趣。拥有难民身份的我不需要支付分文房费，更让我吃惊不小的是我所在的这个地处葡萄产区的基督教区还为我准备了食物和美味的葡萄酒。你肯定好奇什么是教区，教区就相当于一个涵盖固定区域的教徒协会组织，协会主席称作牧师，他不仅主持洗礼、婚礼仪式，还在葬礼上让死者有尊严地入土。教区是主教管区下设的分支机构，而主教管区又在罗马教皇的管辖之下。我们俄罗斯东正教中肯定也有类似的机构划分，当然我能想象博爱在我们那儿是要受财政制约的。不管怎样天主教徒听说我正在逃难后张开双臂欢迎了我。你会喜欢这片产葡萄的地方。目光越过连绵的丘陵，会有一种海就在附近的感觉，或许只有我一个人有这种感觉，毕竟对水的亲近感是我从小就有的，怕是在世界上的任何地方我都会去寻找这层挡在无垠蓝色之前的雾霭。遇上晴天，其实自我来后天天都出太阳，我很难相信自己不是来这儿度假的。

说点高兴的事吧，今天早晨我目睹了一件奇事。今早醒来之后先是躺在床上沉思了一会儿，然后起床、穿衣、给自己煎了个蛋，这中间心情一直不太好。喝第二杯茶的时候我停顿了片刻，一种不寻常的、让人极度不安的噪音钻入我的耳朵，说不清它来自什么地方又意味着什么。突然间我意识到人们把我住的房子包围了，只听见许多双脚走动时摩擦地面的声音，还有扬声器中传出的一个男人的声音，我接收到的只言片语听起来一点也不友好。由于害怕我不敢从窗户往街上看，而是坐在厨房的桌子旁，为了压惊又给自己倒了杯茶。我内心由衷地希望人群就此散开或者他们只是路过我住的地方，但事实并非如此。他们好像就停在了我窗户的正下方。管弦乐队开始演奏的那一刻我后背一阵冰凉：果断有力的军乐可不是什么好兆头。最终我还是战胜了自己走到窗边。想象一下当我看到许多面彩旗以及盛装人海中的一顶华盖时的惊讶吧。看起来所有的人都没有武器，而且对我没有丝毫兴趣，他们的目光都集中在华盖下手持闪烁物品的牧师身上。从高处看不清那到底是件什么东西。牧师喃喃自语了些什么，队伍便伴随着飘动的彩旗和缭绕的香烟移动起来，周围不时响起善意的铃声。这些人不是冲我来的，松了口气的同时我决定，就这样穿着我这身不起眼的衣服加入他们的盛装游行队伍。

我来到街上时，游行队伍的最末端正拐向田野。只有一个穿着短裤、留着灰白髭须的小个子农民还倚靠在进入田野前的最后一幢房子的外墙上喘歇。当我超过他时，他朝我挥手并大声打了个招呼，我们聊了起来。谈话中我弄清楚了眼前的游行、华盖还有牧师究竟是怎么回事。尽管我声称自己听懂德语没有问题，（毕竟大学学的是日耳曼语言文学专业），但是听懂他这个当地人的话还是有些困难。他跟我的女店主一样说话都带着哭腔、喜欢拖音，有些音已经走样到无法辨识的程度，就好像他对自己所说的话惊叹不已。"您现在看到的是一场基督圣体节的游行。"他向我解释道。"基督圣体节Fronleichnam"这个词让我面露笑意，因为我把它听成了"高兴的尸体Fronleichnam"。"一具高兴的尸体？这也太过分了！"我叫出了声。这回轮到他不解了。"基督-圣体节"，他又重复了一遍，特别重读了第一个音节，"我们庆祝在最后晚餐上化身为圣餐的耶稣的圣体，庆祝主就在我们身边，庆祝他鲜活的存在。您怎么会提到尸体？""这个词听起来像尸体而已。"我回答说，并且承认自己来自乌克兰。"你们那里都信仰新教？""大多数人是东正教徒。"我声明道。农民叹了口气，建议我们赶上游行的队伍，他会边走边向我解释这个只有天主教徒才明白其含义的节日。"我猜耶稣的死亡对您来说不是秘密。"他说道。我点了点头。他指向前方的华盖："华盖下的人是我们的牧师，他手中拿的贵重的容器里装着一片极薄的面包片。""叫做圣饼"，我打断他道，并立刻为打断他道歉。这个小个子男人一脸喜悦地注视着我："您了解得很清楚，这就好，那个容器叫圣体匣，装在圣体匣里的圣饼经过祝圣仪式后就成为了耶稣身体的一部分。每一个参加游行的人都相信主耶稣就在那里和我们一起游行。归根到底我们跟随的不是华盖下的牧师，而是耶稣本人。""您也相信吗？"我问道。"当然，要不然我今天才不会起这么早。"农民答道，并希望可以挽着我的胳膊一起走。我们早就追上了队伍的最后几排，农民用他单薄的声音对抗着的乐队的嘈杂："没有比这更美的散步了，露天下祈祷，为田野和草地祝福，边走边歌唱。所有这一切都在集体中和亲爱的邻居们一起，盛装打扮的他们是那么耀眼。每个人都彬彬有礼而且心情愉快，甚至对着平素厌恶的人微笑。在这样一个小村庄中这个节日珍贵如金。

看见那个坐在轮椅中的胖胖的女人了吗?"他突然问道。我顺着他手指的方向看去,在稍稍远离田间小路的地方,一个少年正用轮椅推着一个胖到已经无法判断性别的人。"她从不出门,周日在教堂里也从没见过她一次。基督圣体节是她唯一参加的节日活动。因为她的儿子不幸身亡,所以现在推她出来走的是她的孙子。"游行队伍慢慢停住不走了。"四个祭坛祷告中的一个。"农民解释说。他抽出了挽着我胳膊的手,目光望向地面,开始和所有的村民一道小声念一首祷告词。大家划完胸前十字后牧师开始唱歌,他唱得不错,就是声音太小。"他唱的是《马太福音》中的一段。"农民低声说。而我更感兴趣的是祭坛,可惜人群和旗帜挡住了我的视线。直到又开始移动的人群经过祭坛时我才看清那是一张铺着白色桌布的桌子,上面装饰有花和两根蜡烛。桌子周围也有花,甚至还组成了某种图案,但是走动中看不清到底是什么图案。"队伍最前面的孩子都穿着圣餐礼服,今天对他们来说是个特殊的日子",农民边说边又挽住我的胳膊,"我还记得自己还是小男孩时参加游行的情景,哎,都过去这么久了!您看前方的十字架,为了让信徒跟随其后,耶稣的身体是面向信徒的,就好像有人会在这么一天走丢!"他笑道。"人们为什么要拿着圣饼四处游走呢?不能在教堂里庆祝这个节日吗?"我问道。"不能",他回答说,"这个节日的庆祝应该遍及整个世界,就像上帝的统治。我们让他看到自己臣民的土地,他看见了并为它赐福。他在教堂里能做什么?教堂他天天见。他应该到自然中去,毕竟现在是夏天。"

在太阳下行进了一个小时并做完了另外三个祭坛

祷告后我才明白华盖原来是遮阴用的，让穿着厚重的牧师和他手中的圣饼免受阳光直晒。当我们到达教堂墓地时我已经浑身是汗，身旁的农民也已累得气喘吁吁。现在我能看清牧师的脸了，一个年轻男子，一头黑发、面色红润，口中正很享受地念念有词。"他正向四方赐福，之后我们便可以就坐了"，我听见农民说，"您要一起到前面去吗？不然我们只能站在教堂里了。"我没有答应，心里默默祝他好运。向四方赐福的仪式还在进行，只见一个喃喃自语的瘦弱身躯费力向前挤过人群。

  我离开人群来到墓地，在墓地大门旁的一张长椅上坐下。置身这个美妙而又充满希望的夏日，我却不明缘由地感到悲伤，为这些人，也为我自己，就因为我曾与他们同行。这个节日的神秘感在吸引着我的同时又让我无法走进。为什么我要做自己不明白甚至是有所怀疑的事？人们怎么可能真的把一块面包当做上帝去相信？我内心的声音对自己说：能做自己不明白的事其实很美好很重要，抛开疑问听从自己的内心。你想要什么？我想要奇迹，我说，一个奇迹的出现会让我信服，我将从此不再悲伤。你刚刚就曾目睹过奇迹，内心的声音继续道，至圣无像，人们对信仰无像至圣的不可毁灭、无视所有逻辑规则的渴望便是奇迹。而你不应该悲伤。

  我就这样坐在那儿，沉浸在自言自语中，感到内心确实轻松了许多，于是便决定给你写这封信。

  亲爱的叔叔，让我们在勇气和信心的陪伴下欢度夏日！

侄女    莞亚           2014年6月19日

# LI Hao

## Das Drachenbootfest und das Porzellan meines Vaters

Mai im Norden: Die Hitze sickerte schon durch und mischte sich spröde in die Morgenfrische. Sie schwankte, wie die Sonne übrigens auch, zumindest in meinen Augen. Ich folgte zu Fuß meinem in Richtung Schule Rad fahrenden Vater, der mir aber unterwegs davonfuhr, mit guten Gründen freilich, die laut meiner Großmutter etwa darin bestanden, dass er zu tun hatte und außerdem noch zum Markt fahren musste, um Schüsseln zu kaufen. »Hör bitte auf zu weinen! Heute feiern wir das Drachenbootfest, ich mache dir Klebreisknödel!«, tröstete sie mich.

Klebreisknödel konnten mich nicht entschädigen, auch wenn sie sich in Fische verwandeln würden! Meine Enttäuschung steckte mir wie eine messerscharfe Fischgräte in der Kehle. Damals war ich klein, meine Mutter und meine Oma lebten noch.

Auf den Ulmenblättern flackerte Licht, der bittere Geschmack floss durch sie.
Bienen umtanzten
Dattelblüten und verliehen ihnen Leben.
Zwei Dattelbäume waren von emsigen Bienen umgeben, Punkte ließen sie gleich aussehen.
Vier flauschige Küken tummelten sich, unbeschwert und sorglos –
Omas Küken waren zu klein, um ihr als Zubrot zu dienen.

Auf den Ulmenblättern flackerte Licht, darunter fiel Schatten, der faule, gelbe Hund bewegte immer nur den Schwanz,
um Fliegen zu vertreiben.

Der Hund gehörte Zhu, kam aber jeden Tag zu uns und döste im Schatten. Wir fütterten ihn nicht, Omas Verbot folgend, da man einen fremden Hund nie durch Füttern für sich gewinnen könne, alle Hunde Diebe seien und heimlich Küken fressen würden. »Du musst ihn immer im Auge behalten!«, schärfte sie mir ein.

An dem Tag war ich ja beleidigt und wollte Oma gar nicht gehorchen. Wenn ich mich nicht irre, forderte ich den Hund sogar unmittelbar danach boshaft auf: »Beiß sie alle tot, du räudiger Hund!« Ich warf den vier Küken etwas nach; sie schraken kurz auf und pickten dann den Gegenstand neugierig an. »Du bist nie brav und machst immer nur das Gegenteil! Wenn ich vor Wut sterbe, dann kannst du frohlocken, du Teufelsbraten!« Omas Worte galten nicht nur mir, zwei Tage zuvor hatte sie mit meiner Mutter heftig gestritten. Meine Mutter gab nie nach und das dicke Buch Kampfphilosophie ging ihr in Fleisch und Blut über, gestand sie selbst.

Immerhin feierten wir jetzt das Drachenbootfest, immerhin war Feiertag! Es herrschte kurze Waffenruhe im langen Krieg zwischen ihnen, das Wortgefecht hörte rasch auf. Sie waren beide beschäftigt: Datteln kochen, Reis, Wasser und Schilfblätter bereithalten. Ob ein Opfertisch vorbereitet und Totengeld verbrannt werden sollte, darüber waren sie sich nicht einig. Meine Mutter erklärte kategorisch, zu diesem Fest gehörten nur Klebreisknödel zum Gedenken des Dichters Qu Yuan. »Du hast keine Ahnung. Willst du mit Totengeld und Weihrauch etwa die Geister heraufbeschwören?«, ätzte sie und klopfte auf den Tisch. Oma gab nach, tänzelte auf ihren Lilienfüßen zu ihren vier Küken, die sich im Heuhaufen versteckten: eins, zwei, drei und … vier!

»Sie schauen alle wie Hähne aus. Wie hast du sie überhaupt ausgewählt?«, gab meine Mutter keine Ruhe, schüttelte dabei den leeren Mehlsack und verursachte eine weiße Staubwolke.

Die Zeit schien endlos zu sein, da ich zu Hause bleiben, Hausaufgaben schreiben und ihnen bei der Arbeit helfen musste. Zhu wollte mit mir ausgehen; der vierte Onkel lieh sich einen Kübel aus, um im Südfluss Fische zu fangen; Frau Shouxuan kam mit einem Korb vorbei und wollte zum Markt gehen … Nichts ging. Ich stand wie unter Hausarrest. Da waren sich meine Mutter und meine Großmutter verblüffend einig. »Dein Vater ist abgehauen und arbeitet gar nicht mit. Wie schlau! Lauter Faulpelze in dieser Familie!«, fauchte meine Mutter, der meine Oma beipflichtete: »Stimmt. Nimm dir deinen Vater nicht zum Vorbild! Er drückt sich immer, der Drückeberger, und traut sich nicht einmal ans Tageslicht! Schau mal schnell nach, ob die Schilfblätter schon weich sind.«

Klebreisknödel: Ich war für das Wasserkochen und Zuschnüren zuständig. Die Zeit blieb stehen, die Arbeit war todlangweilig, im schimmligen Baumschatten trieb mir die brütende Hitze eine Schicht Öl auf die Haut. Endlich das letzte Stück! Meine Beine waren taub und ich konnte mich nicht einmal aufrichten – zumindest tat ich so. Aber sie übersahen es einfach und konzentrierten sich auf ihre Arbeit.

Das Reisig war feucht, der Südwind trieb den Rauch in unsere Nasen,
Tränen flossen, nicht wegen Qu Yuan, nicht wegen der Fluten am Drachenbootfest, auch nicht wegen meiner Enttäuschung,
sie flossen nicht einmal wegen der gekochten Klebreisknödel, die sich im siedend heißen Wasser unmöglich mehr in Fische verwandeln konnten,
übrig blieb das Warten auf den süßen Dattelduft, der sich zum Drachenbootfest einstellen konnte,
da war mein Vater noch mit seinem Porzellan unterwegs.

Ja, mein Vater und sein Porzellan waren noch unterwegs. Zhu überbrachte die Nachricht: Mein Vater esse zu Mittag nicht zu Hause, er habe auf der Straße Freunde getroffen. »Dieser Mann hat kein Herz und lässt uns alle umsonst auf die neuen Schüsseln warten! Die alten hat das Kind zerschlagen …« »Ich war es nicht und habe keine Schüssel zerschlagen!«, widersprach ich schnell und wurde ignoriert. Zhu rief seinen Hund, der seine am Boden ausgebreitete Masse endlich aufrichtete und ihr auf einmal harte Knochen verlieh. »Komm, wir gehen nach Hause!«, sagte er. »Bleib doch bei uns zum Essen, alles ist vorbereitet. Wir haben viele Klebreisknödel!« »Nein, danke!«, beharrte er. »Ihr habt wohl keine Knödel gemacht. Nimm einige für die Kinder mit!« »Nein, danke! Wir haben schon Teigtaschen gekocht. Was ist heute für ein Tag?«, fragte er.

Ich konnte wieder mein Wissen unter Beweis stellen: »Heute feiern wir das Drachenbootfest. Qu Yuan hat sich im Fluss das Leben genommen!«

Ich kann mich so gut an dieses Drachenbootfest erinnern, weil sich da etwas Besonderes ereignete. Gegen 15 Uhr kam mein Vater endlich nach Hause und war betrunken. Er kam auf dem Fahrrad heim, mit erfüllter Mission: sechs Teller und acht Schüsseln waren am Träger befestigt und ebenfalls berauscht. Sie klirrten, wiesen aber keine Risse auf. Mein Vater torkelte, blieb aber auf dem Rad sitzen, stieß so die Tür auf und fuhr über die Schwelle. »Verrückt bist du. Komm doch runter, sonst zerbricht das ganze Geschirr! Sternhagelvoll bist du!« Mein Vater behielt ganz überraschend die Ruhe, ganz und gar nicht wie sonst. Er lachte sogar, seine Wangen erröteten und er konnte seine rauchgeschwärzten Zähne nicht verbergen: »Ja, schaut mal her!«

Wieder ein Knarren. Mein Vater fuhr mit dem Rad direkt in den Hof und behielt wie ein Artist die Balance. »Kein Problem, kein Problem«, klapperte er mit den Schüsseln, »alles robust!«, und lachte weiter. Ich wunderte mich, wie viel Freude der Festtag mit sich brachte, die fast nur für ihn bestimmt war!

»Stell das Fahrrad ab und her mit dem Geschirr!«, streckte Oma ihren Kopf aus einer anderen Tür, »schau dich mal an, du hast in deinem Leben wohl noch nie Alkohol getrunken! Ist das dein einziges Talent?«

Mein jähzorniger Vater blieb ruhig, er war wie verwandelt und nicht wiederzuerkennen. Am Drachenbootfest kam ein wie ausgewechselter Vater nach Hause, mit viel zu viel Lachen. »Keine Eile«, schubste er meine Mutter vom Fahrrad weg, »du kannst dir gar nicht vorstellen, wen ich getroffen habe!«

Meine Mutter wollte es gar nicht wissen, ihre ganze Aufmerksamkeit galt dem Geschirr, das sie aus der Gefahr zu bringen versuchte. Mein Vater hinderte sie daran und zückte eine Zeitung aus der Brusttasche, »lies mal, was in der Zeitung steht!«

Was konnte schon dort stehen? Meine Mutter war nach wie vor desinteressiert, auch meine analphabetische Großmutter. Sie interessierten sich einzig und allein für das Porzellan, das jederzeit zu zerbrechen drohte und Geld gekostet hatte, während Omas Zubrot noch viel zu jung war, um Geld herzugeben. »Mir ist das völlig egal«, schlug meine Mutter meinem Vater die Zeitung aus der Hand, »und geh mir aus dem Weg! Wenn die Schüsseln zerbrechen, wirst du nie wieder essen. Du hast schon genug zerstört.«

Mein gutmütiger Vater lachte weiter, nahm jedoch unentwegt sein Fahrrad vor meiner Mutter und Großmutter in Schutz. »Komm, mein Sohn, ich stelle dir einige Prüfungsfragen.«

»Geh hin«, zwinkerte Oma mit den Augen, »binde das Geschirr los und stell es in die Küche!«

Aber auch ich durfte nicht in die Nähe kommen. »Tu das nicht«, lächelte mich mein gutgelaunter Vater an, »weißt du, was heute für ein Tag ist?« Nach meiner Antwort fragte er weiter: »Warum heißt das Fest so? Was steckt dahinter?« Früher hatte er nie mit mir über so etwas gesprochen, obwohl er Lehrer war. Er befolgte nämlich die Doktrin, dass ein Vater nie seine eigenen Kinder unterrichten soll. Bisher hatte er immer nur zwei Wörter für mich übrig gehabt: Geh weg! Quatsch!

Ich stotterte, er gab sich nicht zufrieden, auch nicht mit den Ergänzungen meiner Mutter und meiner Großmutter. »Was heißt das schon, den Ahnen immer etwas weiterzugeben? Welches Fest? Was heißt: Klebreisknödel essen ist eine Sitte? Ihr meint wohl, zum Neujahr isst man Teigtaschen und Teigtaschen essen ist auch schon Neujahr?« Dieser Tag bescherte mir einen neuen Vater, einen berauschten, leutseligen und von sich überzeugten Vater. Das war beispiellos und zog auch meine Mutter und Großmutter in den Bann. Sie hörten ihm zu und versuchten nicht mehr, in die Nähe des Fahrrads zu kommen.

Mein Vater erklärte: »Des Dichters Qu Yuan zu gedenken, ist nur eine Worthülse, freilich eine sehr wichtige. Qu Yuan nahm sich am 5. Mai im Fluss das Leben. Wie heißt denn der Strom? Miluo natürlich. Warum beging er Selbstmord? Weil er das Vertrauen seines Königs Chu verloren hatte. Er war aber höchst loyal. Ein Mensch muss loyal, elternehrfürchtig, rechtschaffen und barmherzig sein.« Da fiel ihm meine Mutter ins Wort: »Warum hast du das nicht bei der Kampagne gegen die vier alten Sitten gesagt? Du warst damals zusammen mit deinem vierten Bruder am radikalsten.« Mein Vater ließ sich nicht beirren: »Es gab auch eine andere Theorie, wonach das Drachenbootfest ein Fest des Drachen ist. Eine dritte Theorie besagt, der Mai ist ein besonders gefährdeter Monat, da die alte Ernte schon verbraucht und die neue noch nicht da ist. Der Monat ist voller Gefahren, und erst recht sein fünfter Tag, der das Böseste vom Bösen darstellt. Daher muss man das Böse vertreiben, Knödel essen und Reisschnaps trinken. Die Klebreisknödel im Süden sind, anders als bei uns, meistens salzig.« Oma erwiderte: »Quatsch! Wie kann man salzige Klebreisknödel überhaupt essen?« Und mein Vater erzählte unentwegt weiter: »Es gibt auch Klebreisknödel mit Fleisch.« »Sie verwenden dabei Bambusblätter«, waren sich meine Mutter und Großmutter völlig einig …

Mein Vater sprach und sprach, auch die Themen gingen weit über Festtage und Knödel hinaus … Er sprach wie ein Wasserfall, gestikulierte mit Händen und Füßen und tanzte dabei seinen nicht so ästhetischen Taumeltanz. Nachbarn scharten sich als Schaulustige um ihn. »Lest einmal die Zeitung, dort steht …«

Mein Vater streckte eine Hand aus, lächelte unentwegt freundlich und torkelte. »Pass auf, meine Küken!«, schrie Oma laut und zu spät. Papas Fußtritt traf ein Tierchen und zwei dünne Oberschenkel blieben zurück.

Mein Vater blickte verdutzt, starrte seine Füße an und konnte sich nicht erklären, wie die beiden zarten Oberschenkel an seinen Schuh gekommen waren. »Heb deinen Fuß an«, kreischte Oma weiter. Mein Vater hörte auf zu lachen, hob den Fuß an, schüttelte ihn heftig, um die beiden überflüssigen Kükenschenkel loszuwerden. Er wollte mit dem Verschwinden eines Kükens nichts zu tun haben.

Nur konnte er mit einem Fuß sein Gleichgewicht nicht mehr halten, das schon vorher so oft auf der Kippe stand. Die 600g Schnaps in seinem Magen taten ihr Übriges, und mein Vater fiel zu Boden.

Mit meinem Vater fiel auch sein Fahrrad, schließlich auch das Porzellan. Auf dem Geschirr waren vorher fast dieselben Muster, die sich nun total verzerrten: auf manchen Teilen waren Blüten, auf anderen ein Stängel, ein oder zwei Blätter und auf vielen Scherben nur mehr hellblaue Spuren, die genauso gut von Blüten, Stängeln oder Blättern stammen konnten. Mein Vater fiel in die totale Verwirrung.

Es herrschte ein Durcheinander. Der gelbe Hund sprang auf und rannte bellend weg; keiner wusste, wann er sich zu uns gesellt hatte.

»Schau dir das an! Schau dir das an! Du tust nichts, trinkst nur, schlägst die Zeit tot. Wenn ich dich um etwas bitte, dann verziehst du immer dein Gesicht. Am Ende haben wir nur eine Lehre daraus gezogen! Zerstör doch alles, hau alles auf den Boden, wir leben nicht weiter. Was hat das Leben noch für einen Sinn? Schlag alles kurz und klein, was nur da ist!«

Augenblicklich prasselte Regen auf uns herab. Weder das Drachenbootfest noch der Regenguss konnten ihn aufhalten. Er kam, wann er wollte.

(Später erfuhr ich: Mein Vater traf beim Drachenbootfest Yang Fangting und Liu Jianguo. Einer arbeitete im Kulturhaus unserer Kreisstadt und der andere bei der Tageszeitung Cangzhou. In der Zeitung erschien ein Gedicht meines Vaters. Weiters erfuhr ich: Mein Vater wollte sich bei ihnen bedanken, trank sehr viel und wollte unbedingt allein nach Hause kommen. Er wollte keine Schwäche zeigen. Nach dem Vorfall wurde die Spannung zwischen meiner Mutter und meiner Großmutter so unerträglich, bis schließlich meine Oma auszog und bei meinem vierten Onkel lebte. Das Gedicht, ein Lobgesang auf das Vaterland, war die einzige

Publikation meines Vaters, daher verstand ich seine Reaktion und schilderte sie auch im Roman *Mein Vater im Spiegel*. Seither ist das Drachenbootfest unzertrennlich mit dem Porzellan meines Vaters verbunden, und mit den Scherben.)

Der Dichtung und des Dichters zu gedenken, sind des Porzellans lauter
Krach und des Kükens zertretener Magen,
oder der fischförmige Klebreisknödel mit der Illusion eines schwimmenden
Lebewesens?
Ist es die Betrunkenheit mit den bäuchlings und rücklings herumliegenden
Weinflaschen, die
Niederlage und Enttäuschung verraten, Narben mit Schwielen, zu
unterbrochenen Versen geformt?
Flügel und Federn oder meines Vaters Lächeln
im irdischen Staub des Alltags?

李浩

那年端午,和父亲的瓷

北方的五月。炎热的气息已经渗入,它像一种不常见的易碎品挤在早晨的微凉之间,有些摇晃。那天的太阳也有些摇晃,至少在我的眼中如此,我追赶着骑车要去学校的父亲,可他把我丢在了半路上。他有他的理由,奶奶给出的理由是,我父亲有事儿。而且,他还要赶集,在集市上买碗。"别哭啦,哭什么哭!今天端午,给你包粽子吃!"

粽子并不能化解我的委屈,它变成鱼也不能。我的委屈如同是一根尖锐的鱼刺,卡在喉咙那里。那时,我还小。那时,我的母亲和奶奶都还在这个世上。

榆叶上有光,伸展开流淌在叶脉里的苦味儿。嗡嗡的蜜蜂
围绕着枣花,变幻的姿态让花影生动。
两株枣树,只有纷忙的蜜蜂可以交换,它们的斑点几乎相同。
四只奔跑的毛绒玩具在相互追逐,那样烂漫,幼稚——
奶奶的鸡雏太小,暂时,还不能成为她想象的银行。
榆叶上有光,光的下面是大片阴影,慵懒的黄狗只肯摇动尾巴
驱赶偶尔的苍蝇。

那只黄狗是柱哥哥家的。可它,天天都来我们家,懒懒地趴到树阴下面去,一待半天。我们并不喂它,这是我奶奶所禁止的,她说不是你家的狗你是喂

不熟的,而且所有的狗都是贼。它会乘你不备,叼走你养的小鸡。"你可给我看紧了它!"

那天我委屈着,奶奶的话根本进入不了我的耳朵。如果我没有记错,在奶奶说过之后,我甚至还故意凶恶,"把它们都咬死吧!癞皮狗!"我甚至丢了一块什么东西,朝着那四只玩具,明显,它们先是受到了惊吓,然后又兴致勃勃地冲向我丢过去的东西,一起去啄。"总想和我对着干,总是对着干,说你上东你偏上西!气死我这个老婆子你就安心啦!看你长的都是什么心眼!"奶奶的话里,有着指桑骂槐。前天,她刚和我母亲吵过架。一向,我母亲都不肯成为省油的灯,她的怀里揣着一本厚厚的"斗争哲学"——这可是她说的。

毕竟是端午。毕竟是节日。毕竟,是她们婆媳"战争"的间隙,那天的舌枪唇剑适可而止,没有继续。她们在忙碌,准备下枣、米、水和苇叶。在摆不摆供桌、是不是要烧纸的环节上两个人又有了分歧,我母亲坚持,这个节,就是吃粽子,这个节,原来是纪念一个叫屈原的诗人的,吃粽子就够了——"你懂什么!还烧纸,别烧香引出鬼来!"母亲的话语里有着故意的鄙夷,配合着轻微的摔打——奶奶做出妥协。她颠着小脚,去呼唤跑到柴堆下面的四只小鸡。它们隐藏着。一二三,四。

"它们怎么都像是公鸡?怎么挑来的?"母亲对着空气。她抖了抖空空的面袋,白色的粉尘纷纷扬扬。

时间有些漫长。主要是,我被按在家里不许出去,做作业,帮助她们干活儿。树哥哥来叫我,四叔来要水桶说是南河有很多鱼,守轩奶奶她们提着篮子来串门，她们要去赶集，想多叫几个伴儿……不行，不行，不能走，我被禁锢了起来，在这点上，母亲和奶奶竟然出奇一致。"你父亲跑了，不干活儿，他倒是有心眼！一家子，都是些好吃懒做的人！"母亲很是有些愤愤，而奶奶也当然有着不甘："就是就是，别学你爹！光知道躲，躲，屁也不放一个！快，看看苇叶泡好了没有。"

包粽子的过程……我所负责的是，烧水，为她们包好的粽子缠上线。时间过得太慢，而这些工序又那么枯燥。坐在有霉味的树阴下，我被越来越重的炎热晒出了细细的油儿。终于，最后一个。我的腿是麻的，腰都直不起来了——至少，我这样表演给她们俩看。可她们依然是漠视，她们，在做接下来的活儿。

柴有些潮，南风回旋，把烟塞回我们的鼻孔，
呛出的泪水和屈原无关，和端午的江水无关，和委屈无关，
和煮熟的粽子也无关，沸腾的热水断掉了它们成为鱼游走的幻想，
下面，则只有等待，等待有一股枣的甜味，端午应当
能够感觉。那时，我的父亲和他携带的瓷器，都还在路上。

是的，我的父亲和他携带的瓷都还在路上，柱哥哥带来消息，他中午不回来吃了，在街上遇到了熟人。"这个人，真是没心没肺！还等着他的碗呢，家里的碗，都让这孩子给摔光了……""我没摔，碗不是我摔的！"我过来插话，冲到院子里，但他们都没有注意到我。柱哥哥叫他的狗，那只软塌塌的狗终于立起了身子，它的背部又塞进了丰富的骨头。"走，回家去！""你就在这吃吧，饭也熟了，都是现成

的。我们包的粽子多。""不了,不了。""你家没包粽子吧,拿几个去,也给孩子尝尝。""不了不了,家里做好饭了。包饺子。今天是什么日子?"

又有了我的用武之地。"是端午节。今天,屈原跳江啦。"

我记得那个端午是因为那个端午的发生。我记得,大约下午三点,我父亲才回来,他喝醉了。他是骑车回的,而且没有忘记任务,在后车架上带回了六个盘、八个碗。它们也醉了,丁丁当当地响着,却还不碎不裂。父亲扭得厉害,然而他不肯下车,即使在即将进门的时候,即使在推开门路过门坎的时候——"作死啊,下来!碗都摔啦!看你喝得那样……"父亲并不恼,要在平时——他竟然还笑着,笑容把他的脸撑得通红,露着被烟熏黄的牙——"看我的。"

又一阵丁丁当当,他竟然真的把自行车骑进了院子,杂技一般,保持着危险的平衡——"没事儿。没事儿。"他拍拍车架上的碗,"很结实。"父亲还在笑,不知道,这个节气里怎么包含了那么多的喜庆,而且,几乎所有的喜庆都给了他。

"快把车子支好,把碗拿进来!"从另一扇门里,奶奶探出头来,"看你喝的,八辈子没见过酒啊!长点儿出息好不好!"

一向暴脾气的父亲依然不恼,这很不像他,不是他。端午那天回来的是另一个父亲,他的脸上堆着太多太厚的笑容,"不急不急,"他推开我母亲,不许她靠近自行车,"你知道,今天我遇到了谁?"

我母亲没有兴趣猜测。她关心的是碗和盘,她需要,把它们从危险中救出来,而我父亲则一遍遍阻止,这时,他从怀里拿出了一张报纸。"你看看,上面写的是什么!"

报纸上能写什么,母亲依然没有兴趣,不识字的奶奶当然更没兴趣。她们,关心的是碗,是瓷,是自行车上的易碎品,是花了钱的,奶奶的"银行"还实在太小现在指不上。"爱是啥是啥,"母亲竟然把父亲递来的报纸打在地上,"给我让开!把碗打了你就别再吃饭!被你糟蹋的还少么!"

突然有了好脾气的父亲依然笑着,只是,他有着莫名的固执,坚持不让我母亲、奶奶靠近他背后的自行车,"儿子,过来,我考考你。"

"过去,"奶奶使出眼色,"把绳子解开,把碗给我放屋里去。"

然而,我也被禁止靠近。"你不用管它!"好脾气的父亲看着我,"知道今天是什么日子么?"在得到回答之后,他又问,"为什么叫端午节?有什么讲究,你知道么?"——要在平时,他是绝对不会和我谈这些的,尽管他是教师。他有一个严格的理论,叫父不教子。平时,在他面前,通常只有两个字给我,一个是"滚",一个是"屁"。

我期期艾艾,无法得到他认可的回答,母亲和奶奶的补充也无法让他满意,"什么叫老祖宗传下来的,哪个节不是老祖宗传下来的?吃粽子,只是风俗,那你说,过年就是吃饺子,吃饺子就是过年?"那天,我收获了一个酒后的父亲,一个滔滔不绝的父亲,一个,旁若无人的父亲。这不同以往。分明,我的奶奶和母亲也被震慑住了,她们,竟然没再打断他,也没再试图靠近。

父亲说,纪念诗人屈原只是一种说法,当然,这是最重要的说法。屈原在五月初五那天投江。那条江叫什么？叫汨罗江。屈原为什么要投江？因为得不到楚王的信任，他可是个大忠臣。做人，要忠，要孝，要仁义（母亲突然插话，破四旧的时候你怎么不这么说，那时候，就你和老四起劲儿）。还有一说，端午是龙的节日。还有说法，说五月青黄不接，是恶月，而五日则是恶中之恶，所以这天要驱邪，吃粽子，喝黄酒。南方的粽子和我们不同，他们多是咸的（奶奶说，瞎说，咸的怎么吃！），而且还有肉粽。他们用的是竹子叶（这点儿，我母亲和奶奶都认同，她们很少如此一致）……

父亲说着，越说越多，话题也由节日、粽子脱离开去……他的口里，有一条倒悬的河。说着，父亲开始手舞足蹈，跳着难看的、摇摆的"舞步"，他的酒醉竟然引来邻居的围观——"看，你们看报纸！你们看，上面有我的……"

父亲伸着手，他端着自己的笑容向前，脚步有些踉跄——"看，看好我的小鸡！"奶奶的呼喊为时已晚，父亲的大脚落下去，踩在一只毛绒玩具上，那只玩具在他脚下只剩两条细细的腿。

父亲愣了一下，他盯着自己的鞋子，似乎想不出多出的那两条细腿是从哪里来的，它怎么就粘在了自己的鞋子上。"快，快抬起脚来！"奶奶还在喊，收敛起笑容的父亲真的抬起了脚，他甩了甩，甩了甩，试图把这两只多余的脚甩下去，试图，把一只小鸡的消失和自己撇干净——

然而，这一次，只有一支脚着地的他再也无法控制自己的危险平衡。何况，肚子里还有六两不停翻滚的酒。我的父亲，他摔倒了。

他摔倒了，随后是后面的自行车。随后是自行车后架上的瓷器们。那些瓷器，上面本来描绘着大体一致的花纹，然而随着我父亲的摔倒，它们不再一致。有的碎片上有花瓣，有的有一段茎，一两片叶子，更细小些的，只有一道淡蓝色的划痕，不知道它原来曾经是花瓣、枝干、叶子还是别的什么。我父亲，摔得一片狼籍。

他摔得一片狼籍，一侧的黄狗跳起来，叫着逃出了院子——不知道，它是什么时候来的。

"你自己看看，你自己看看，一天天事儿也不做光知道喝酒光知道玩儿让你干一点儿事儿都不够你拉脸子的都不够交你手工钱的，摔吧打吧都别过啦过得啥劲儿看看有什么能砸的都砸了吧……"

我们家的暴风雨又来了。它的到来，不受端午节气的影响，不受光线的影响。它，说来就来。

（后来，我知道，父亲那天遇到的是杨方亭和刘建国，他们一个在县文化馆工作一个在沧州市报社工作。那天的报纸上，发表了我父亲的一首诗。后来，我知道，我父亲那天表示答谢，他喝了太多的酒，并拒绝由别人送回。他总是要面子，一直如此。后来，在端午节的事件之后，我奶奶和我母亲之间的关系更为紧张，直到奶奶搬出我们的院子，和四叔一家住在一起——那首歌唱祖国的抒情诗也是我父亲一生中发表过的唯一一首诗，那天他的全部举动也就可以理解了。在我的长篇《镜子里的父亲》中，对这段情节也有描述。就这样，端午，和我父亲带回的瓷，紧紧地联系在了一起，当然，也和破碎。）

对诗和诗人的纪念，是瓷器的脆响，一只雏鸡被挤碎的腹腔和血
还是鱼形的粽子，带着游动的幻觉？
是一场宿醉，和摔倒的酒瓶们一起，趴着，躺着，袒露着
挫败，失意，结着茧的疤，并将它们想象成断行的诗？
是翅膀或羽毛，还是，像我父亲那样，堆起笑容
坐在日常的尘土里？

## Helwig BRUNNER

## »Der sendet Tau und Regen, und Sonn- und Mondenschein«[1]
Erntedank zwischen Kitsch und Kontemplation

I

Zu Beginn wollen wir eine Expertin zu Wort kommen lassen, die auf all dies einen unvoreingenommeneren Blick hat als wir. Erst unlängst hat sie ihr erstes Erntedankfest gefeiert. »Und dann haben wir den großen, runden Tisch in die Mitte gestellt und die Sessel rundherum aufgestellt, und dann hat jedes Kind sein Gemüse auf den Tisch gelegt.« »So, habt ihr gesehen, wie viele verschiedene Gemüsesorten es gibt?« »Ja. Und dann haben wir gesungen.« (Yolanda, viereinhalb Jahre)

II

*„If you understand life, you are misinformed",* heißt es bei Paulo Coelho. Der zählt zwar nicht zu meinen Lieblingsautoren, spricht aber mit diesem Satz eine Lebenserfahrung an, die ich zumindest ex negativo teilen und bestätigen kann. Denn um der Fehlinformiertheit vorzubeugen, pflege ich einen kritischen

---

[1] Das Kirchenlied *Wir pflügen und wir streuen*, das besonders zum Erntedankfest verwendet wird, geht auf *Das Bauernlied* des norddeutschen Dichters Matthias Claudius zurück, das als Teil seines Textes *Paul Erdmanns Fest* 1783 erstmals erschienen ist und dem der Titel dieses Textes entnommen ist. Um die Wende vom 18. zum 19. Jahrhundert erschien das Lied erstmals in offiziellen evangelischen Gesangsbüchern. Der Liedtext erfuhr wesentliche Umgestaltungen, er fand mit etwa zehn verschiedenen Melodien weite Verbreitung und Eingang in die Kirchengesangsbücher.

Umgang mit Informationen; und gleichzeitig verstehe ich, so will mir scheinen, das Leben oft tatsächlich nicht.

Zum Beispiel verstehe ich nicht, warum ich wertvolle Lebenszeit immer aufs Neue mit der Wiedererfüllung von Traditionsroutinen vergeuden soll, wie mir das von Kindesbeinen an nahegelegt worden ist. Damit will ich nicht sagen, dass ich keine Wertschätzung für Menschen hätte, die kenntnisreich und mit Hingabe Traditionen pflegen, aber ich für meinen Teil kann dem wenig Sinn abgewinnen. Und um Sinn geht es doch uns allen, nicht wahr?

Traditionen im Großen wie im Kleinen übernehmen bei uns Menschen, so erfuhr ich vor vielen Jahren in einer Vorlesung des 2003 verstorbenen Philosophen Ernst Topitsch, die Rolle abhanden gekommener Instinktfunktionen, sie ersparen uns, ständig neu über unser Verhalten nachdenken und Entscheidungen treffen zu müssen. Ich will aber ständig neu nachdenken und Entscheidungen treffen müssen, vielleicht nicht gerade über das Zubinden meiner Schuhe oder die Benützung von Messer und Gabel, aber sehr wohl über meine spirituelle Ausrichtung und zum Beispiel über meine Art, eine Haltung der Dankbarkeit einzunehmen, wenn ich das für angebracht halte. Offensichtlich zähle ich nicht zu der Zielgruppe, an die sich Traditionen in größerem Stil verkaufen lassen. Ich bin ein bekennender Kritiker dumber Traditionserfüllung und verbitte mir, seit ich als mündiger Mensch denken kann, jede Vereinnahmung durch traditionsbestimmte oder religiöse Verhaltensvorschriften. Man darf sich von mir also keine ungebrochene Würdigung des Erntedankfestes, kein Heile-Welt-Bild heimeliger Geborgenheit im festlichen Rahmen des Erntedanks erwarten. Ein solches Bild zu zeichnen, ist mir schon aus Gründen der ästhetischen Hygiene nicht möglich; es würde eine Autoimmunstörung in mir in Gang setzen, wenn ich mich dem Kitsch üppiger Erntefrüchte-Arrangements und dem begleitenden Festbrimborium vorbehaltlos aussetzte.

Kitsch, das lässt sich nicht leugnen, ist ein steter Begleiter, fallweise gar der zentrale Inhalt so manchen Erntedank-Begängnisses, sei es im Einzelfall mehr religiös, mehr kirchlich-institutionell, mehr heimattümelnd oder mehr tourismuswirtschaftlich motiviert. Vieles, was in unmittelbarem Erleben beeindruckend und schön ist, gerät zum Kitsch, wenn es in den Schablonen des Traditionellen abgebildet wird – man denke nur an die Faszination eines in natura erlebten farbenprächtigen Sonnenuntergangs und an den schalen Eindruck eines Bildes, das eben diesen Sonnenuntergang in konventioneller Weise darstellt. Kitsch benötigt und verkörpert eine Komponente billiger Sehnsucht, eine kalkulierte Gefühlsverlogenheit, ein Versprechen dümmlichen Trosts (Theodor W. Adorno), die allesamt dem unmittelbaren Erlebnis fehlen, dem unreflektiert und ungebrochen wiedergegebenen Abbild aber fast unweigerlich eingeschrieben sind. Ähnlich wie mit dem Erlebnis des Sonnenuntergangs verhält es sich auch mit dem der Dankbarkeit. Erntedank als traditionell ritualisiertes Abbild seiner selbst beschreitet alljährlich einen schmalen Grat zwischen Routinen heillosen Kitsches und der wichtigen Auffrischung einer Geisteshaltung, die wahrnimmt und schätzt, was uns an nicht Selbstverständlichem geschenkt ist. Die Tradition beschreibt den Grat – und stürzt, wie ich finde, häufig ab, ästhetisch wie auch in ihrem Mitteilungsgehalt.

Es gibt in der Tat trittsicherere Gangarten der Dankbarkeit als die, welche die kirchlich begründete, heimatideologisch und kommerziell verbrämte Tradition des Erntedankfestes uns anbietet. Lesen wir doch einfach bei dem Dichter Hans Magnus Enzensberger nach, der in seinem Gedicht *Empfänger unbekannt* Folgendes schreibt: »Vielen Dank für die Wolken. / Vielen Dank für das Wohltemperierte Klavier / und, warum nicht, für die warmen Winterstiefel. / Vielen Dank für mein sonderbares Gehirn / und für allerhand andere verborgene Organe, / für die Luft, und natürlich für den Bordeaux. / Herzlichen Dank dafür, dass mir das Feuerzeug nicht ausgeht, / und die Begierde, und das Bedauern, das inständige Bedauern. / Vielen Dank für die vier Jahreszeiten, / für die Zahl e und für das Koffein, / und natürlich für die Erdbeeren auf dem Teller, / gemalt von Chardin, sowie für den Schlaf, / für den Schlaf ganz besonders, / und, damit ich es nicht vergesse, / für den Anfang und das Ende / und die paar Minuten dazwischen inständigen Dank, / meinetwegen für die Wühlmäuse draußen im Garten auch.« Diese Verse drücken eine im Alltäglichen verwurzelte Dankbarkeit aus, die sich mit dem stilistisch überaus gekonnt eingesetzten Mittel der (Selbst-)Ironie frisch und beweglich hält. Bemerkenswert finde ich, dass auch die evangelische Kirche Deutschlands dieses Gedicht für sich entdeckt hat und es auf ihrer Website im Zusammenhang der spirituellen Dimension des Begriffs Dankbarkeit in voller Länge (wenn auch leider ohne die originalen Versumbrüche) wiedergibt. Poesie und

Ironie als Möglichkeiten, allzu glatt geschliffene Oberflächen aufzurauen und den lähmenden Tonfall des Salbungsvollen wirksam zu unterlaufen, wären in der katholischen Kirche, der ich als gelernter Österreicher entstamme und entflohen bin, wohl kaum denkbar.

III

Schaut man sich etwas eingehender im Internet um, so findet man in diversen Blogs, Google Groups, Web-Diskussionsforen und auf Werbeseiten allerlei Einträge, die das Erntedankfest betreffen. In diesen Texten kann man im je eigenen Stil (die nachfolgenden Beispiele wurden nur geringfügig redigiert) nachlesen, wie das Erntedankfest die Menschen auf ganz unterschiedliche Weise beschäftigt und sie zu Mitteilungen und Gedankenaustausch anregt. Von der volkskundlichen Hobbystudie über werbende Anpreisungen bis hin zu simplen organisatorischen Mitteilungen zeugen die Einträge zumindest von einer kommunikationsstiftenden Funktion, die das Erntedankfest – wie sicher auch andere traditionell-kirchliche Feste – zu erfüllen vermag. Das lässt mich ein wenig an meiner Rolle eines Traditionsverächters zweifeln. Surfen wir also gemeinsam eine Runde durch das weltweite Netz:

»In La Laguna [auf Teneriffa] fand ein Romero, ein Fest statt – in diesem Fall ein Erntedankfest. Der Stadtheilige wurde durch die Stadt geführt und hinter ihm gab es viele Ochsenkarren mit Menschen drauf, die ständig Essbares unter die Leute warfen (Bananen, Eier …) und Wein, den aber nicht warfen, sondern ausschenkten, sowie Folkloregruppen, die zu Fuß gehen mussten. Die Karren und die Tänzer, Trommler und Sänger stammten aus vielen Gemeinden von allen Inseln des Archipels, die Besoffenen danach wahrscheinlich auch. Ich hatte übrigens nicht den Eindruck, als ob das Fest für Touristen gemacht wurde – das schien authentisch zu sein.«

»Zum Erntedankfest wird die Kirche mit Feldfrüchten ausgeschmückt. Auch wenn dieser Brauch alt sein mag (wie alt?) – seit einigen Jahrzehnten wird dieser Schmuck immer reicher, obwohl tatsächlich immer weniger Gemeindeangehörige in der Landwirtschaft tätig sind. Mittlerweile sind einige Kirchen so berühmt für ihre Dekoration, dass sich bereits ein gewisser Tourismus entwickelt hat und Busfahrten dorthin angeboten werden. Berühmt für ihren Ernteschmuck ist die Kirche St. Martin in Gundelfingen an der Donau (Kreis Dillingen, Bayerisch Schwaben). Eine jüngere Art der Erntedankfest-Dekoration scheint in die 50er-Jahre zurückzugehen: die Körnerteppiche. Der erste soll 1956 in Hilzigen (Kreis Konstanz am Bodensee, Baden-Württemberg) entstanden sein auf Anregung des Pfarrers, den das Foto eines Blumenteppichs zu Fronleichnam auf den Gedanken brachte. 1972 gab es das erste Körnerbild in Otterswang, einem heute in Schussenried (Kreis Biberach, Baden-Württemberg) eingemeindeten Dorf. Seither verbreitet sich diese Sitte immer weiter, vor allem im schwäbischen Süddeutschland, aber auch schon darüber hinaus.«

»Liebe Triemligärten Freunde! Wir haben auf den 28. September ein Erntedankfest angelegt, das von Andi und von mir organisiert wird. Leider können wir die Organisation aus terminlichen Gründen nicht an diesem Tag durchführen. Gerne möchten wir euch vorschlagen, den Termin auf den 5. Oktober zu verschieben. Andi und ich würden das Fest nach wie vor organisieren und informieren euch bezüglich Eckdaten und ev. benötigter Hilfe demnächst. Sollte es Fragen oder Anmerkungen geben, könnt ihr mir jederzeit eine Mail schreiben. Ich wünsche euch ein schönes Wochenende und viel Spaß beim Knabenschiessen.« [2]

»Liebe StadtgartenMenschen, vergangene Woche ist zum Erntedankfest in UtopiaStadt eingeladen worden. Der darin genannte Termin war aufgrund eines sehr verständlichen Irrtums (wenn man weiß, wie es dazu gekommen ist) als bereits feststehend aufgefasst worden. Richtig ist jedoch, dass dieser Termin immer noch den Status ›Vorschlag‹ hat. Es gibt auch Gründe, eventuell einen anderen Termin zu wählen. Einer dieser Gründe ist zum Beispiel, dass wir uns zum Abschluss des Gartenjahres ein gemeinsames Fest der Wuppertaler Stadtgärtner wünschen. Und dazu gehört selbstverständlich auch, dass die Terminfindung gemeinschaftlich erfolgt. Meister in der Disziplin ›Gelungenes-gemeinsames-Fest-per-E-Mail-planen-und-organisieren‹ sind wir derzeit noch nicht. ;) (...)

---

[2] Anmerkung: Das Knabenschiessen (nur echt mit der schweizerischen Doppel-s-Schreibung) ist ein Volksfest, das am zweiten Septemberwochenende bzw. am Wochenende vor dem Bettag in Zürich auf dem Schießplatz Albisgüetli von Samstag bis Montag stattfindet. Um 1899 fand das erste moderne Knabenschiessen statt, bei dem etwa 5000 Knaben im Alter von 13 bis 17 Jahren um den Titel als Schützenkönig konkurrierten. Seit 1991 sind auch Mädchen zugelassen (Schützenköniginnen 1997, 2004, 2011 und 2012). Teilnahmeberechtigt sind alle Jugendlichen, die im Kanton Zürich wohnen und/ oder zur Schule gehen. Das Startgeld beträgt zwölf Schweizer Franken und beinhaltet Munition und eine Bratwurst. (nach Wikipedia, leicht verändert)

Auf gutes Planen und fröhliches Feiern unserer Ernte, unserer schönen und unserer frustrierenden Erfahrungen, dessen, was wir gelernt haben, und nicht zuletzt der Jahreszeit, die uns dabei unterstützt, der Gartenarbeit einen guten Abschluss zu geben, uns einander zuzuwenden und hoffentlich ein schönes Fest miteinander zu feiern.«

»Eine Leistungsschau und gute Unterhaltung – das bietet das traditionelle Erntedankfest am Wiener Heldenplatz. (…) Beim Erntedankfest am Heldenplatz bedanken sich Österreichs Land- und Forstwirte jährlich für die eingebrachte Ernte und präsentieren gleichzeitig die große Bandbreite ihrer täglichen Arbeit: die Produktion qualitativ hochwertiger Lebensmittel, die Pflege unserer unverwechselbaren Kulturlandschaft, aber auch den Erhalt von Tradition und Volkskultur. Nur wer heimisch kauft, sorgt dafür, dass diese wichtigen Aufgaben auch weiterhin erfüllt werden! Wir laden Sie ein, beim Erntedankfest die Vielfalt der österreichischen Landwirtschaft zu entdecken und eine herzhafte kulinarische Reise durch unser Land zu machen. Lassen Sie sich dazu verführen und tauchen Sie ein in ein Stück Heimat!«

»Beim Erntedankfest des ORF Salzburg am 20. Oktober ist das Team von salzburg.ORF.at natürlich mit der Kamera unterwegs. Zusätzlich steht vor dem Landesstudio eine Panoramakamera, die Sie selbst auslösen können. Die Programmhighlights reichen vom Bauernmarkt bis zur Volks- und Schlagermusik bis hin zu Führungen durch den ORF-Fernsehgarten.«

»Auf geht's zum Marchfelder Erntedankfest nach Schloss Hof! Österreichs größtes Schlossensemble auf dem

Lande ist der Schauplatz eines bunten Herbstreigens mit Musik & Tanz, kulinarischen Genüssen und Erlebnisprogramm für die ganze Familie. Der barocke Gutshof des kaiserlichen Landsitzes Schloss Hof bildet den perfekten Rahmen für das stimmungsvolle Herbstfest rund um Obst, Gemüse, Wein und Getreide. Um 9:30 Uhr wird in einer Feldmesse nach altem Brauch für die diesjährige Ernte gedankt. Schwungvoll geht es weiter, wenn die Volkstanzgruppe Marchfeld zum Tanz um die Erntekrone bittet. Zu zünftiger Musik genießen Sie beim Frühschoppen regionale Schmankerln aus Küche und Keller, die jedes Feinschmeckerherz höher schlagen lassen. Beim Bauernmarkt im Meierhof können Sie sich mit dem reichhaltigen Angebot aus süßen, herzhaften oder auch flüssigen Köstlichkeiten für Zuhause eindecken. Viel zu entdecken haben Sie an diesem Tag auch bei einer Ausstellung von Oldtimer-Traktoren, einer Trachtenmodenschau oder im riesigen Sonnenblumenlabyrinth. Die jüngsten Besucher kommen bei Ponyreiten, Bastelworkshop und Strohhüpfburg voll auf ihre Kosten. Im Streichelzoo freuen sich die tierischen Bewohner des Meierhofes, wie weiße Esel, Lamas, Vierhornziegen oder Brillenschafe, auf Ihren Besuch.«

Mit Brillenschafen also und in heimattümelnder Volksfest-Atmosphäre endet unser Exkurs in die virtuelle Welt des Erntedanks. Nichts gegen Brillenschafe und nichts gegen Volksfeste – man wird mir aber vermutlich zustimmen, dass die hier in den Vordergrund tretende Ebene einer Brot-und-Spiele-Unterhaltungskultur nicht mehr allzu viel mit dem zentralen Anliegen des Erntedanks zu tun hat.

IV

Es ist wohl meine persönliche Eigenart, dass ich mich mehr für elementare Begriffe interessiere als für ihre ritualisierten, kommerzialisierten oder sonstwie breittauglich gemachten Erscheinungsformen in einer Welt der Events und des Entertainments. Gemessen am gesunden Erwartungsprofil des geselligen, konsumfreudigen, erfolgsorientierten, allzu verstiegene Gedankengänge meidenden und ambivalenzfreie Gefühlslagen suchenden Mitteleuropäers liegt die Devianz, die Abweichung von der Norm, eindeutig auf meiner Seite.

Die grundlegende Frage, auf die dieser Text für mich hinausläuft, ist die nach der Bedeutung und Tragkraft des Begriffes Dankbarkeit. Tatsache ist, und darin liegt für mich der wichtigste Impuls der Erntedankidee, dass wir Nutznießer vieler Dinge sind, deren Verfügbarkeit wir uns nicht als unser eigenes Verdienst anzurechnen haben; wir schaffen und ermöglichen sie nicht, sondern nehmen sie im Gegenteil oft nicht einmal wahr oder gefährden sie sogar durch mangelnde Sorgfalt und Achtsamkeit. Wenn sich seit einigen Jahren oder Jahrzehnten berechtigte Sorgen über den Klimawandel und über die Versauerung der Niederschläge an Tau und Regen, Sonn- und Mondenschein knüpfen, wird deutlich, was dieser Mangel an Achtsamkeit – der auch ein Mangel an Dankbarkeit ist – im Großen bewirken kann. Was er im Kleinen bewirkt, zieht sich durch die Lebensgeschichte jedes und jeder Einzelnen.

Erntedank lässt sich für mich am sinnvollsten – denn um Sinn, so haben wir eingangs vermutet, geht es wohl – in kleinen, äußerlich kaum wahrnehmbaren Bewegungen des

Bewusstseins feiern, gewissermaßen in homöopathischen Dosen. Der augenscheinliche Vorteil daran ist, dass diese Art des Feierns Achtsamkeit implementiert beziehungsweise sogar zur Voraussetzung hat. Mag sein, dass ich darin nicht besonders gut bin, denn allzu oft entgleitet mir eine Grundhaltung der Dankbarkeit. Umso wichtiger erscheinen mir jene Augenblicke, in denen sie sich einstellt.

Ich feiere also im Frühsommer den Geschmack einer fingernagelgroßen Walderdbeere, die ich am Wegrand aufgesammelt habe. Ich feiere das herbstliche Gelb des mannshohen Reitgrases auf einer Lichtung. Mit einem leisen Fluch feiere ich die erstaunliche Glätte des Eises auf dem Gehweg, der wieder einmal unwegsamer ist als der weglose Waldboden rechts und links davon. Komme ich nach Hause, feiere ich, wenn nicht gerade der deviante Einzelgänger mit mir durchgeht, die ersten begrüßenden Blicke meiner Frau und meiner Tochter. Und ich glaube, ich feiere den Moment, in dem ich abends müde einschlafe. So ließe sich, wenn wir dies konsequent weiterdenken, wohl jeder Moment feiern als der, der er ist. Tau und Regen, Sonn- und Mondenschein sind dafür Grund genug.

海尔维希·布鲁纳
"它将雨露和日月的光辉洒向人间"[1]

媚俗与默观之间的感恩节


一

文章的开头我们让一位视角更为客观的小专家来谈一谈她对感恩节的理解。这个名叫尤兰达(Yolanda)的四岁半女孩不久前刚经历了人生的第一次感恩节。"然后我们把大圆桌放在中间,靠背椅放在桌子周围,每个孩子都把自己的蔬菜放在桌上。""喏,你们看到有多少种不同的蔬菜了吗?""看到了。然后我们唱了歌。"

二

巴西作家保罗·柯艾略(Paulo Coelho)曾说过你以为自己懂得生活,这其实是一种误导。柯艾略算不上我最喜欢的作家,但这句话却在某种程度上引起

---

[1] 《我们采摘,我们播种》是感恩节上经常演唱的一首圣歌。该圣歌的前身是北德诗人马蒂亚斯.克劳狄斯(Matthias Claudius)的《农民之歌》。《农民之歌》最早出现在诗人1783年写作的名为保罗.埃尔德曼的节日的文章中。而该文章名《保罗·埃尔德曼的节日》也摘自《农民之歌》。18世纪末19世纪初,新教教会第一次将《我们采摘,我们播种》收录讲圣歌集。随后,该歌曲经历了大幅度的改编并被谱以10种不同的曲调,成为了圣歌集中的经典歌曲。

[2] 默观,源自拉丁文contemplatio,意思是观看、持续的注目,引申为通过在沉静心态下持久而专注的观察来看清事物的本质。又作基督教术语,意思是通过祷告和冥想感受到来自上帝的力量。它是一种对上帝单纯的直觉凝视,因此能够看见上帝神圣的本质。

了我的共鸣，因为我的生活经历能够反证它的正确性：我既不容易被误导（因为习惯于批判地接收信息），又常常觉得自己真的不懂生活。

比如我就不能理解人们为什么要把宝贵的时间浪费在不断例行公事般地重复那些从孩童时起就被叮嘱要遵守的传统繁文缛节上。其实我挺欣赏那些精通传统习俗并用满腔热情将其发扬光大的人。只是对我而言，这样做没有多少意义。而意义对每个人都是很重要的，不是吗？

多年前我曾在艾昂斯特托庇迟[3]（Ernst Topitsch）的讲座上听他说起过，各种形式的传统，其意义就在于它们代替了我们已经丧失的直觉功能，帮我们省去了不断重新思考自己的行为和做出决定的麻烦。但我偏偏喜欢不断地思考和做决定，当然不是思考如何系鞋带或使用刀叉这样的事情，而是精神层面上的问题，比如如何在适当的时候用合适的方法表达自己的感激之情。很显然我不属于传统的盲从者，且毫不掩饰自己对单纯复制传统的行为所持的批判态度。自成年起，就没有人可以借传统或宗教之名来强行规范我的言行，所以也别指望我有什么感恩节情结，或是在感恩的节日气氛中描绘出一幅充满家的温馨的救世图景来。单就我有审美洁癖这一点来说，描绘此图景已是不可能，而媚俗的感恩节准备活动（如无聊的节前装饰、夸张的食物计划等）对我而言更是一种会引发我自体免疫功能障碍的折磨。

饱含宗教意义的感恩节、充满教会色彩的感恩节、营造家乡意识的感恩节、只为吸引游客的感恩

---

[3] 艾昂斯特·托庇迟（Ernst Topitsch），奥地利著名哲学家、社会学家，2003年在格拉茨去世。

节……每个感恩节都有自己的动机和侧重点，如今已很难说清这个节日究竟源起何处，但不可否认的是，发展至今，媚俗已与感恩节影形不离，有时甚至成为其节庆活动的核心内容。许多亲身体验时美丽而壮观的事物，一旦被人们用传统的陈规去描绘便会沦为媚俗之物，就像亲身经历大自然绚丽灿烂的日落和欣赏从常规视角拍出的日落照片所呈现出的强烈反差一样。媚俗需要并体现出一种廉价的渴望、一种深思熟虑的情感欺骗和一种给予傻傻安慰的承诺（狄奥多·阿多诺 Theodor W. Adorno）。这些渴望、欺骗和承诺在亲身体验中无处落脚，却成为了被盲目复制的映像的特性。体验感恩之情与体验日落其实是一个道理。感恩节作为一种其自身的、被传统仪式化了的映像年年都跨越那条横在遵从无可救药的媚俗规程与重温一种思想境界（即对我们并非理所当然获得之物的感知与珍惜）之间的细细分界线。在我看来，一旦传统跨过了这条界线，衰落便成为其常见的结局，无论是从审美上还是从思想内容上。

而事实是除了这些被宗教、家乡意识或是商业色彩包围的感恩节活动，还有另外一些更为实在的表达感恩之情的方式。比如德国当代著名诗人汉斯·马格努斯·安岑思贝格就在一首名为《无特定读者》的诗中写道："感谢天上的云啊。/感谢巴赫的《优律键盘曲集》。/为什么不感谢一下暖和的冬靴？/感谢我不同寻常的大脑，/以及所有其它藏在体内的器官。/感谢空气，当然还有波多尔红酒。/真心感谢我那还能用的打火机，/以及我的欲望和遗憾，那种刻

---

[4] 欧拉数e，数学常数，是自然对数函数的底数，以瑞士数学家欧拉命名，是数学领域非常重要的常数之一。

不容缓的遗憾。/感谢四季，/感谢欧拉数$e^4$和咖啡因，/当然还有夏尔丹 所画的盘中草莓。/还要感谢睡眠，/特别要感谢睡眠，/还有，以免我忘记，/要感谢开始与结束，/以及这中间几分钟迫切的感谢，/依我说要感谢的还有屋外院中的田鼠。"这些诗句所表达的是一种植根于日常生活的感激之情，作者巧妙地运用了（自我）讽刺的写作手法让诗句读来充满灵动的生活气息。值得一提的是，这首诗显然也打动了德国新教教会，虽然没有严格按照原文断句，但它被全文引用在教会的网页上，帮助人们思考"感恩"在精神层面上的意义。与之相对的天主教教会却不可能大度到允许人们用写诗与嘲讽的方式来有效应对来自教会的冠冕堂皇的思想控制，让已被传统陈规打磨光滑的思想表面再现个性与棱角。作为一名出身于天主教家庭并受过良好教育的奥地利人，一名后来用逃离的方式退出教会的曾经的天主教徒，这一点我非常清楚。

三

现在只要上网深入浏览一下就能发现，不管是博客里、还是谷歌网上论坛或是其它网络论坛上，又或是广告宣传页上，各式各样关于感恩节的帖子随处可见。以下略经修改的帖子节选向我们展示了人们各自不同的感恩节庆祝方式以及感恩节是如何为思想交流与情感联络提供平台的。从民俗兴趣研究到言辞华美的广告推销再到简单的公告通知，这些内容涵盖广泛的帖子无一不起着促进人与人之间交流的作用，而似乎所有的传统宗教节日都有这样的作用。这倒让我对自己传统蔑视者的身份有了些许质疑。下面就来看看网上人们都是怎么说的吧。

"在西班牙加那利群岛的拉拉古纳市(La Laguna)），我们遇上了感恩节庆祝活动。城市守护者被游行的人群簇拥着穿过城市，他的身后是许多辆载满人的牛车，车上的人不断向两边的人群抛吃的（香蕉、鸡蛋等食物），同时还给他们倒酒。还有一些民间团体光脚走在游行的队伍里。牛车、舞者、鼓手和歌手来自加那利群岛的各个乡镇，那些之后喝醉酒的估计也是各岛的都有。我不觉得这是专门为游客准备的庆祝活动，因为它看起来是真实的。"

"感恩节上一个很古老的习俗是用各式各样的农作物装饰教堂。（也不知这习俗到底有多古老。）过去的几十年里，用作装饰的农作物种类越来越多，数量也越来越大，与之成反比的是各乡镇逐年递减的农业人口。这期间感恩节的农作物装饰甚至让某些教堂名声远扬，成为了有公交专线到达的旅游景点，比如多瑙河畔古登分恩市 (Gundelfingen)的圣马丁教堂（位于德国拜仁州施瓦本行政区迪林恩地区）。感恩节时在教堂内铺谷粒地毯的习俗起源于上世纪50年代。1956年，（位于德国巴登符腾堡州康斯坦茨地区）博登湖畔希尔钦根市(Hilzigen)的神甫受到一张基督圣体节上鲜花地毯照片的启发，第一次在其教堂内铺设了谷粒地毯。而第一幅地毯式谷粒画像于1972年诞生于沃特斯文(Otterswang)，一个位于今天德国巴登符腾堡州比伯拉赫地区舒森里德市辖区内的村庄。自此以后地毯式谷粒画像便作为感恩节的一种装饰习俗开始流行，特别是在德国南部的施瓦本地区。"

"亲爱的特雷木里广场公园社团的伙伴们，原先我和安迪把我们组织的感恩节活动定在了9月28日，但由于期限原因现建议将活动改期至10月5日，组织者不变，还是我和安迪，我们会告知具体的活动时间，若活动准备过程中需要大家协助，我们也会一并通知。如有问题或建议欢迎大家随时与我邮件联系。祝大家周末愉快，尽情享受今年的少年射击赛！"

"亲爱的城市公园的同仁们，上星期我们出了通知邀请大家参加将在乌托邦之城举办的感恩节庆祝活动。通知里写的其实只是我们建议的活动日期，但因为一个若知缘由便非常容易理解的错误，大家把它当成是已经确定的日期了。因此在这里特别说明，这个日期仍旧只是建议日期，让活动改期的理由其实还有很多，比如借今年的园林年落幕之机，为我们武珀塔尔市(Wuppertal)的全体园艺师举办一个共同的庆祝活动，当然这个时间由参加者们集体选定。我们现还没有完全掌握通过邮件成功组织策划集体庆祝活动这项技能。……今年值得庆祝的事情太多，我们迎来了丰收年，不仅获得了许多成功的经验，还从失败中汲取了宝贵的教训，天公一直作美，我们的园艺工作即将顺利完成，希望此次活动能让我们在这美好的季节里走近彼此，分享节日的喜悦。"

"在维也纳英雄广场上举办的传统感恩节庆祝活动既是农民的成果展示会，同时也是一个大众娱乐的好去处。……每年奥地利的农民都借此节日表达自己对丰收的感恩之情，并向人们展示自己丰富多彩的日常工作内容，如生产高质量、高营养价值的食品，保护特色耕地资源，保护传统与民间文化等。传承特色农业文化，从买国产农产品开始！我们诚邀您加入穿越奥地利的感恩节探寻之旅，发现这里种类繁多的农产品，品尝这里的各色美食。此种诱惑无需抵挡，快来体验家乡风味吧!"

"由萨尔茨堡电视台主办的感恩节活动将于10月20日举行,届时电视台的摄制组将全程记录活动过程。此外主办方还在国家电视台萨尔茨堡分台楼前放置了可供行人自行拍摄的广角照相机。从举办农贸市场到分享民族、流行音乐再到参观萨尔茨堡电视台的花园演播厅,今年的活动亮点多多,不容错过。"

"玛谢菲尔德(Marchfeld)的感恩节庆祝活动就要开始啦!地点当然选在霍夫宫。这座奥地利最大的郊区庄园今年将会迎来一个充满欢声笑语,有歌有舞有美食的秋季盛会。想象一下,一座巴洛克风格的皇家庄园里蔬菜、水果、美酒、粮食一应俱全,面对这样美哉的场景怎能不心动?带着家人一起来吧,别让他们错过这美好时光。上午九点半,感恩丰收的传统露天礼拜仪式将拉开今年感恩节活动的序幕。接下来的内容精彩纷呈:玛谢菲尔德的民间舞团为得丰收王冠起舞而来;伴着悠扬的行会音乐,当地琳琅满目的小吃让喜爱早酒的美食爱好者们心跳加快;庄园管家农舍里的农贸市场是农产品选购者的天堂,品种、口味齐全的农产品中,总有一种是值得抱回家慢慢享用的;怀旧拖拉机展、时装秀也适时来凑热闹;巨大的向日葵迷宫中的乐趣只有亲身体验才会知道。孩子们当然也有自己的娱乐项目,骑小马、做手工、跳秸秆蹦床等等。还有温顺的白驴、美洲骆驼、四角山羊、熊猫眼绵羊等农舍的动物居民们乖乖地待在自己的小园地里等着您的爱抚。"

熊猫眼绵羊、浓郁的地方民间节日氛围,就在此处给我们的感恩节网络帖子之旅画个句号吧。完全没有对熊猫眼绵羊和民间节日不满的意思,但想必大家从所举的例子中也已看出，如今的感恩节活动，娱乐性是第一位的，在以吃喝玩乐为主的活动内容中早已难寻当年庆祝感恩节的初衷。

四

或许是个性使然，置身于这个充斥着娱乐和所谓大事件的时代，我对基础概念的兴趣要远远大于其仪式化、商业化、悦俗化了的外在表现形式。一个典型的中欧人往往善交际、喜消费、重成功、会有意识地避免非常规思维，有意识的寻找和谐的情感状态。若以这样一个中欧人对自己的正常期望和定位作为评判标准，那特立独行便是我的标签。

我写此文根本目的是想探讨"感恩"这个概念的意义和承重力。思考这个问题时我体会最深的一点便是，生活中，有很多东西是我们没有付出努力便得到的，这种坐享其成导致了我们对它们的存在视而不见，有时甚至因为疏忽大意而造成了对它们的破坏。如果将近几十年来人们对全球气候变化和酸雨现象的有根据的担忧与那句感恩节上常唱的"它将雨露与日月的光辉洒向人间"联系起来，就不难发现这种疏忽大意（同时也是缺乏感恩意识的表现）可以造成多么重大的影响。往小了说，感恩意识的缺乏也影响着我们每个人的生活。

正如文章开头所提到的，这是一个有关意义的话题。在我看来，感恩只有作为一种极其细微的不被外界所察觉的意识活动出现时才是最有意义的。它的优势就在于能让人们拥有一颗留意之心，留意身边值得感恩的点点滴滴。常常偏离感恩轨道的我其实并不擅长于此，所以那些感恩意识闪现的瞬间才显得更为重要。

  于是,初夏时节,我会惊喜于路边摘起的一颗指甲盖大小的野草莓的味道;秋色正浓,我会心动于林中空地上一人高的野青茅泛出的灿烂黄色;伴着低声的抱怨,我会惊叹于结冰后光滑无比,再次变得比两边无路的林中地更为难走的路面;推开家门,(如果这时那个边缘各色的我没有出现的话)我会感动于妻子和女儿在第一时间投来的迎接的目光。我相信,即使是每晚疲惫睡去的那一刻也会让我感到满足。以此类推下去,就像"雨露和日月的光辉"一样,生活的每个瞬间都因其本身的美好而有了让人庆祝的理由。

---

[5] 夏尔丹,法国18世纪著名静物画大师,他的画能赋予静物以生命,画风朴实,具有平和亲切之感,反映了新兴市民阶层的美学理想。

[6] 少年射击赛是瑞士的一个民间节日活动,通常于九月的第二个周末或祈祷日的前一个周末在苏黎世的Albisgüetli射击场上举行,活动通常从周六持续到周一。1899年,首届现代少年射击赛在苏黎世举办,大约5000名年龄在13-17岁的男孩参加了比赛,共同争夺射击王的称号。1991年以后,女孩也被允许参赛,其中在97年、04年、11年和12年的比赛中还诞生了射击女王。此项比赛,所有在苏黎世州居住或上学的少年都有资格参加,参赛费为12瑞士法郎,包括了弹药费和一根油煎香肠的费用。(引自维基百科,略有改动)

# FANG Fang

## Der Duft des Mondes

Zhizi stand auf, setzte sich wieder aufs Bett und starrte vor sich hin. Es war hell und die Vögel zwitscherten. Zhizi wusste aber nicht, ob im Gezwitscher Freude oder Trauer war.

Ihr Vater kam, sich eine Krawatte umbindend, herein und fragte Zhizi: »Was wünschst du dir zum morgigen Mondfest?«

»Was soll ich mir zum Mondfest wünschen? Es gibt doch immer nur Mondkuchen«, erwiderte Zhizi.

»Es ist immerhin ein Festtag. Du kannst dir auch etwas anderes wünschen.«

Seit ihre Mutter nach einem Streit von Zuhause wegging, behandelte der Vater sie betont liebevoll, als ob er Gewissensbisse hätte.

»Ich wünsche mir den Duft des Mondes. Kannst du mir den Wunsch erfüllen?« Zhizi starrte ihn spöttisch an.

Ihr Vater blickte verwundert auf: »Was meinst du mit dem Duft des Mondes?«

»Ich weiß, dass du es nicht weißt. Du verstehst es nicht einmal, wenn ich es dir erkläre«, erwiderte Zhizi.

Ihr Vater war ratlos, zuckte mit den Achseln und sagte: »Mein IQ ist nicht hoch genug. Ich komme aber heute früher nach Hause und koche dir etwas Besonderes.«

»Wie du meinst. Mir ist es aber sowieso egal«, gab sich Zhizi gelangweilt.

Mit dieser Bemerkung ging sich Zhizi umziehen und Zähne putzen. Ihr Vater rätselte aber noch im Gehen: »Der Duft des Mondes? Was ist damit gemeint? Trotz meines reifen Alters habe ich den Mond noch nie gerochen.«

Zhizi hörte den Monolog und fand ihren Vater lächerlich. Aus dem zahnpastavollen Mund schrie sie in seine Richtung: »Bei deinem IQ wirst du es nicht einmal in hundert Jahren wissen!«

»Kann sein«, antwortete ihr Vater und schlug die Tür zu. Gleich darauf hörte sie das Auto starten.

Sie lief ans Fenster und sah ihren Vater wegfahren. Er fuhr allein und hatte nicht wie sonst Auto putzend auf Frau Du von der Nachbarstiege gewartet, die bei derselben Firma arbeitete und sonst immer bei ihm mitfuhr. Frau Du lachte oft ungeniert mit ihrem Vater und verärgerte Zhizis Mutter damit sehr. Er sagte dann immer: »Wir sind doch Arbeitskollegen. Was ist daran, wenn sie mitfährt? Die Autobusse sind doch immer überfüllt.« Seine Frau widersprach: »Fährt sie nur mit?« Eines Abends stritt Zhizis Mutter heftig mit dem Vater und ging am nächsten Tag zu den eigenen Eltern. Zhizi hörte ihren Vater am Telefon über Scheidung sprechen und war deprimiert. Nun fuhr Frau Du nicht mit und Zhizi war erleichtert. Sollte sie es ihrer Mutter mitteilen?

Zhizi ging in die zweite Klasse eines Unterstufengymnasiums und war sehr widerspenstig. In ihren Augen war die Welt der Erwachsenen ein Wirrwarr und bar jeder Logik. Sie sah nicht ein, warum die Erwachsenen einfache Dinge verkomplizierten und nicht einmal die Fähigkeit besaßen, zu zweit in Ruhe zu sprechen und miteinander auszukommen, und war verzweifelt.

Das Mondfest stand bevor. Im Chinesisch-Unterricht sah der Lehrer Schüler einnicken und sagte: »Ihr seid am Unterricht nicht interessiert und ich fühle mich auch gelangweilt. Da morgen Mondfest ist, sprechen wir nun über den Festtag. Weiß jemand seine Entstehungsgeschichte?«

»Da die Mondkuchen Ladenhüter sind, feiert man das Mondfest«, antwortete ein Schüler träge.

Alle lachten, auch der Lehrer: »Du hast nicht ganz unrecht. Jedes Jahr esse ich Mondkuchen zum Überdruss.«

Wieder ein allgemeines Gelächter. Da wurden auch die Schläfrigen munter und es ging in der Klasse lebhaft zu. »Wenn der Herbst zur Hälfte vorbei ist, feiert man Mondfest, wie beim Fußballspiel die Halbzeitpause«, erklärte einer.

»Nicht schlecht«, nickte der Lehrer, »der 15. August ist die Mitte des Herbstes. Und weiter!«

Ein anderer darauf: »Die Krebse im See ärgern sich, da sie ohne das Mondfest nicht auf den Tisch kommen und im See krepieren und das Wasser verseuchen würden. Daher ist das Mondfest immens wichtig für den Umweltschutz.«

Alle lachten sich krumm, auch der Lehrer: »Gut, gut. Eine geniale Interpretation. Bitte weiter!«

Zhizis Sitznachbarin Yaqin meldete sich zu Wort: »Frauen brauchen Romanzen, Männer brauchen Freundinnen. Irgendwann ist es aber nicht mehr so interessant und da kommt ihnen das Mondfest sehr gelegen. Sie gehen dann nach Hause und erholen sich für den nächsten Seitensprung. So sind heute alle zu Hause.«

Alle klopften auf den Tisch und stampften mit den Füßen. Der Lehrer kommentierte: »Die Einleitung ist reiner

Quatsch. Der letzte Satz trifft hingegen ins Schwarze: Zum Mondfest kommen alle Angehörigen nach Hause.«

Zhizi versetzte Yaqin einen Fußtritt, ihr gefiel das Thema nicht. Der Professor sah es und sprach sie namentlich an: »Zhizi, welche Erklärung hast du für das Fest?«

Sie wollte an sich gar nicht reden und brach nun ihr Schweigen: »Die Dichter sind leer im Kopf und brauchen neue Inspirationen. Daher wurde das Mondfest ins Leben gerufen.«

Der Professor lächelte: »Ja, das lasse ich auch gelten. Es macht Sinn. Gut, dann sagt bitte, welche Gedichte handeln vom Mondfest?«

Ein Stimmentohuwabohu …

»Von SU Dongpo: Wann taucht der schöne Mond auf? Mit einem Glas Schnaps frage ich den blauen Himmel.«

»Der Tau glänzt heute Nacht weiß, der Mond über meiner Heimat ist besonders hell. Von DU Fu.«

»Der Mond geht im Meer auf und verbindet uns trotz der großen Entfernung. Von Herrn Zhang, ZHANG Jiuling.«

»Mit Wein lade ich den Mond zum Trinken ein, inklusive meines Schattens sind wir zu dritt. Von Herrn Li, LI Bai.«

»Schon wieder von Su: Hoffentlich währt unsere Verbindung lang, trotz tausend Kilometer Entfernung teilen wir dieselbe Silberne Scheibe.«

»Sehr gut«, lobte der Lehrer, »schade nur: Das waren ausschließlich Verse, die ich euch letztes Jahr erläutert habe. Es war keine schlechte Leistung, wenn ihr sie beherzigt habt. Aber kann jemand vielleicht ein neues Gedicht präsentieren, das wir nicht miteinander durchgenommen haben?«

Alle schauten Zhizi an, da ihre Schwäche für Lyrik allgemein bekannt war. Der Lehrer warf ihr ebenfalls einen erwartungsvollen Blick zu.

Zhizi stand auf: »Ich zitiere das Gedicht von WANG Jian *Der Mond* am 15. aus der Tang-Dynastie: Denselben Vollmond betrachten nun alle, die Sehnsucht gilt aber jeweils Anderen. Weiters XIN Qijis Die Sehnsucht beim Mondfest: Der Mond ist selten so voll wie heute, die Trennung muss nicht des Menschen Los sein.« Kaum war sie fertig, übermannte sie der Gedanke an die Mutter und die damit einhergehende Trauer.

Der Lehrer klatschte in die Hände, mit ihm die Klasse. Zhizi wurde aber nicht fröhlicher.

Der Lehrer fasste zusammen: »Ihr habt sehr gut über das Mondfest gesprochen. Eines möchte ich noch hinzufügen: Im chinesischen Altertum waren die Menschen sehr gefühlsbetont und beteten die Natur an. Im Frühling opferten sie der Sonne und im Herbst dem Mond. Durch die jahrhundertelange Entwicklung ist das Mondfest entstanden. Der Vollmond symbolisiert die Vollkommenheit. Die Menschen früher hatten einen edlen Lebenswandel, hingegen sind die Menschen heute nur mehr gefräßig und alles ist vulgär geworden.«

Yaqin stand auf und protestierte laut: »Sie haben nicht recht, Herr Professor! Die Menschen früher haben nichts als Essen und Trinken im Sinne gehabt. Von den Naturgesetzen hatten sie ebenfalls keine Kenntnis und opferten völlig unsinnig einmal der Sonne und einmal dem Mond. Sie hatten kein Internet, keine Blogs und schon gar keine Ahnung von Spielen, wie Schwert III. Sie waren zwar auch Menschen, unterschieden sich aber radikal von uns modernen Menschen und lebten kaum anders als Affen.«

Ein ungestümes Gelächter brach aus. Auch der Lehrer schmunzelte: »Ich stimme dir zwar nicht ganz zu, aber du hast auch nicht ganz unrecht. Du denkst über die Dinge nach, daher einmal Daumen hoch. Aber: Im Kern des Mondfestes stehen schließlich weder der Mondkuchen noch der Mond selbst noch die Mondlyrik, sondern vor allem die Zusammenkunft, die die Intaktheit der Familie und das Glück im Leben bedeutet. Daher wünsche ich euch allen ein fröhliches Mondfest und ein glückliches, ungestörtes Familienleben.«

Es läutete zur Pause. Yaqin war übermütig und schubste Zhizi: »Der Herr Professor ist zum Mondfest super gelaunt. Bestimmt hat er heute Abend ein Rendezvous.«

Zhizi zischte: »Quatsch. Du hast dich heute schön profiliert, einmal Daumen hoch vom Herrn Professor!«

Yaqin musterte sie: »Du warst heute ebenfalls im Rampenlicht. Warum bist du immer noch so betrübt?«

Zhizi darauf: »Ich bin tief besorgt.«

»Ich auch«, verzog Yaqin das Gesicht.

»Warum?«

»Das Sorgerecht für mich wurde meinem Vater zuerkannt. Ich muss also mit meiner Stiefmutter auskommen«, sagte Yaqin.

Zhizi fiel aus allen Wolken: »Was? Haben sich deine Eltern scheiden lassen?«

»Leider. Meine Mutter wollte mich nicht haben, mein Vater auch nicht. Das Gericht stellte mich vor die Wahl. Ich entschied mich für meinen Vater, da er immerhin mehr Geld verdient als meine Mutter. Außerdem kenne ich seine Freundin, sie ist nicht so stark wie ich. Hingegen: Wenn meine Mutter später einen Mann findet, der die Hosen anhat, dann kann ich nur kapitulieren, ich bin nicht einmal so kräftig wie er«, beteuerte Yaqin.

»Warum möchte deine Mama dich nicht haben?«

»Sie meint, ich wäre ein Hindernis für ihre neue Beziehung. Wie steht es mit dir? Lebt deine Mama immer noch bei deinen Großeltern?«, fragte Yaqin.

Zhizi nickte. »Ach, es ist doch alles Blödsinn. Sonst sagen sie doch immer Schatzi hin, Schatzi her, aber sobald ein Streit ausbricht, sind wir Kinder total überflüssig«, seufzte Yaqin.

Zhizi resignierte. Ja, natürlich, dachte sie. Wie wird denn ihre Wahl ausfallen, wenn es eines Tages so weit ist? Was ist, wenn beide sie nicht haben wollen? Wem soll sie sich dann aufhalsen? Sie sieht schwarz, pechschwarz.

»Für wen wirst du dich entscheiden, wenn deine Eltern sich scheiden lassen?«, stellte Yaqin die Frage.

»Für keinen. Ich gehe dann in den Süden arbeiten. Ich erhalte mich selbst«, antwortete Zhizi kategorisch.

»Wirklich? Ist das dein Ernst?«, zeigte sich Yaqin überrascht.

»Ja, das ist mein Ernst«, erwiderte Zhizi fest entschlossen.

Yaqin machte ihr wiederholte Verbeugungen: »Du bist wirklich meine beste Freundin. Das habe ich mir auch so überlegt und ich habe eigentlich auch schon die Entscheidung getroffen. Mir fehlte nur noch eine Gefährtin. Gehen wir doch zusammen!«

Zhizi strahlte: »Wirklich wahr? Ist das auch deine Entscheidung?«

»Eine gute Nachbarin von mir lebt in Shenzhen und sagte mir, wenn ich möchte, kann sie mir einen Job in einer Spielzeugfabrik dort vermitteln. Wer hat schon heutzutage Angst vor wem? Wenn ich arbeite, kann ich mich erhalten. Papachen und Mamichen, geht doch beide zum Teufel!«, triumphierte Yaqin beinahe.

Auch Zhizi fühlte sich auf einmal sehr stark. Ich bin schon groß, dachte sie, und brauche gar nicht ihre Obsorge. Ich kann mich selbst ernähren. Ja, »Papachen und Mamichen, geht doch beide zum Teufel!«, wiederholte sie Yaqins Worte.

Beide lachten und sprachen den ganzen Mittag vergnügt über ihr Abhauen und das Leben im Süden, als ob der Weg dorthin der leuchtendste Pfad schlechthin wäre, der sie direkt in ihre Traumwelt führen würde. Am Nachmittag schwänzten sie die Schule, es hätte ohnehin keinen Sinn gehabt, noch einige Stunden Unterricht zu besuchen. Sie saßen in einer Bar, genossen in vollen Zügen den Kaffee, ganz wie die Erwachsenen, und tauften ihren großen Plan anlässlich des Festtages „Unternehmen Mondschein". Der Barbesuch verging wie im Fluge und kostete sie ihr ganzes Taschengeld.

Hocherfreut ging Zhizi nach Hause.

Kaum war sie zu Hause, verdüsterte sich ihre Stimmung. Niemand war da, auch ihr Vater nicht, obwohl er morgens noch hoch und heilig versprochen hatte, früher heimzukehren, ihr Gutes zu kochen und Geschenke zu machen. Es war schon Abend, wo steckte er denn? Vielleicht feierte er gerade mit Frau Du das Mondfest, dachte sie vergrämt und hielt es für umso notwendiger abzuhauen.

Sie aß einen Mondkuchen, setzte sich an den Schreibtisch und schmiedete einen Zukunftsplan. Der Mond war hell, dem Fest absolut würdig. Die Familie gegenüber schaute eine TV-Mondfestsendung an, der Mondschein trug die harmonische Musik zusammen mit dem vergnügten Lachen herüber. Su Dongpos Verse »Hoffentlich währt unsere Verbindung lang, trotz tausend Kilometer Entfernung teilen wir dieselbe Silberne Scheibe« kamen ihr zusammen mit der Frage, ob ihre Mutter jetzt nicht doch auch den Vollmond betrachtete, in den Sinn. Sie legte den Stift weg und vermisste die Mutter sehr.

Es wurde finster, trotz des Vollmondes. Ihre beiden Eltern waren nicht zu Hause, während andere Familien an diesem mondhellen Abend fröhlich zusammensaßen, war sie mutterseelenallein. Wut stieg in ihr auf, sie wollte sofort durchbrennen und rief Yaqin an, die gerade in einen Streit mit der Freundin ihres Vaters verwickelt war und berichtete: »Ich bin wütend. Diese Frau möchte, dass mein Vater mit ihr im Mondschein rudern geht und ich allein zu Hause am Computer spiele. Ich möchte auf der Stelle ausreißen!« »Ich auch. Ich möchte keine Minute mehr zu Hause bleiben«, pflichtete ihr Zhizi fast schluchzend bei.

Im selben Augenblick hörte Zhizi das Auto, dessen vertrautes Geräusch sie gleichermaßen beruhigte und anekelte. »Mein Vater kommt anscheinend, ich rufe dich wieder an«, hörte Zhizi auf und Yaqin kündigte an: »Ja. Morgen werden sie staunen!«

Zhizi legte auf und ging schnell ins Bett, ihre Wut legte sich aber nicht: Heute ist Mondfest und ihr vergesst einfach, dass ich allein zu Hause bin; wenn sich keiner um mich kümmert, dann gut, ich kann auch alleine überleben; ihr werdet sehen.

Die Tür öffnete sich, herein kam tatsächlich ihr Vater und sprach leicht beschwingt: »Zhizi, ich bin da!«

Zhizi stellte sich schlafend und reagierte nicht. Ihr Vater fuhr aber glückselig fort: »Zhizi, ich habe dir das gewünschte Geschenk besorgt: den Duft des Mondes.«

Zhizi grinste insgeheim: Was erzählst du da für einen Quatsch!

Ihr Vater kam in ihr Zimmer, setzte sich zu ihr und schüttelte sie leicht: »Wach auf, Zhizi, schau mal her: Ich habe dir den Duft des Mondes mitgebracht. Riechst du ihn?«

Sie machte die Augen auf und konnte es kaum glauben: Hinter Papa stand Mama, die ihr zulächelte. Das war aber eine Überraschung! Sie richtete sich sofort auf und rief unwillkürlich: »Mami!«

Ihre Mutter trat näher und schloss sie in die Arme: »Verzeihung, mein Kind, bitte um Verzeihung! Ich hätte nicht so einfach gehen dürfen. Jetzt bin ich wieder da und wir feiern gemeinsam das Mondfest.«

Tränen der Rührung traten in Zhizis Augen.

Ihr Vater triumphierte ein wenig: »Na, meine Tochter, wie steht es denn um meinen IQ?«

»Mami, wie hat dich Papi heimgeholt?«, wollte sie wissen.

Ihre Mutter erzählte: »Gleich morgens rief mich dein Papa an, dass du dir für das bevorstehende Mondfest den Duft des Mondes als Geschenk wünschst, und wollte wissen, was das ist. Ich wusste es sofort.«

Ihr Vater fügte hinzu: »Nach der Information von deiner Mami bin ich nicht einmal mehr zur Arbeit gefahren, sondern schnurstracks in die alte Heimat. Um dir das Geschenk zu besorgen, war ich acht Stunden mit dem Auto unterwegs. Nun sag, bin ich nicht ein mustergültiger Papa?«

Zhizi antwortete ihm mit Augenzwinkern und rief kokett: »Ich habe Hunger! Ich möchte etwas Gutes essen!«

Ihr Vater rief laut mit: »Ich habe auch Hunger und möchte auch etwas Gutes essen!«, lachte mit der Mutter und brachte es auf den Punkt: »Nimmersatte kommen angesichts der Köchin immer gleich zur Sache!«

An diesem Abend stellte ihr Vater den kleinen Esstisch auf den Balkon und schlug vor, im Mondschein das Familienbankett vorzuverlegen. Ihre Mutter hatte aus der alten Heimat Krabben mitgebracht und würzte sie nach dem Ankochen. Das war Zhizis Lieblingsspeise! Ihr Vater schnitt einige Mondkuchen auf: Doppeldotter mit weißen Lotuskernen sowie Fünfkorn. Sie tranken dazu französischen Rotwein, denn mit seinem Vorschlag, den gelben Reisschnaps zu trinken, kam der Vater einfach nicht durch und wurde 2:1 überstimmt. Sie aßen, sprachen und lachten. Ein alter Lorbeer vor dem Balkon duftete intensiv und durch seine Blätter schien der Mond sanft auf die Familie. Ihre Mutter sagte: »Der Mond duftet, ich mag ihn sehr.«

Ihr Vater freute sich: »Ich habe dazugelernt. Der Duft des Mondes ist in der Tat der Duft deiner Mutter!«

»Jawohl, so ist es!«, rief Zhizi aus.

Dabei schaute sie ihre Mutter an, die sie ebenfalls beseelt anlächelte. Zhizi lachte mit. Als sie fünf war, ging sie beim Mondfest, während der Vater dienstlich verreist war, mit der Mutter zu einer Laternenschau in den Park. Der Mond schien durch die Bäume und beschattete den Boden. Ein Wind ging, am Boden bewegte sich der Schatten wie rollende Silbermünzen. Ihre Mutter sagte: »Der Mond duftet.« »Wie ist sein Duft?«, fragte Zhizi. Ihre Mutter lachte: »Was meinst du?« Sie dachte nach. »Er duftet wie Mami!«, sagte sie und wurde von ihrer Mutter geherzt.

Es war ein beglückender Abend, der Zhizi große Geborgenheit bot. In der Nacht träumte sie: Sie lag in den Armen des Mondes, dessen Duft ihr Zimmer überflutete: intensiv und erfrischend.

Morgens wachte sie auf, ihr fiel etwas ein. Sie schickte Yaqin eine SMS: Das Unternehmen Mondschein ist abgeblasen, stattdessen gehen wir am Nachmittag ins Kino.

Das heurige Mondfest war erfüllt von Glück und Freude.

方方

月亮的味道

枝子早上起来,坐在床上,发呆。窗外阳光已经很明亮了。鸟也在长一声短一声地叫着。枝子听不出来,那是欢乐的叫声还是悲伤的叫声。

父亲一边系着领带,一边走进来问枝子:"明天中秋节,你想要什么?"

枝子说:"中秋节能有什么好要的?不就是月饼吗?"

父亲说:"怎么也是个节呀,你还可以提点别的要求。"

自从母亲与父亲吵架离开家后,父亲对枝子总是特别迁就。仿佛自己心有愧疚而拼命讨好枝子。

枝子白了他一眼,说:"我想要月亮的味道,你有吗?"

父亲怔了怔,说:"月亮味道是什么味道?"

枝子说:"我就知道你不懂。说了你也不懂。"

父亲没奈何,耸耸肩说:"我智商不够。那我今天早点回来,给你做好吃的怎么样?"

枝子说:"随你便。反正我是无所谓的。"

枝子说着自顾自地去更衣洗漱。父亲一边走一边自语:"月亮的味道?月亮是什么味道呢?我长这么大也没尝过呀?"

枝子听到这里,觉得父亲可笑,含着满嘴的牙膏沫,大声顶了他一句:"就你这智商,你八辈子也不知道！"

父亲说："也许吧。"他的话音后，是"怦"地一下关门声。然后枝子很快听到了汽车发动的声音。

枝子跑到窗口，看着父亲驱车离开家。父亲是一个人开车走的。他没有像平常那样，一边擦着车，一边等人。隔壁单元的小杜阿姨，跟父亲同一间公司。她每天来搭便车和父亲一起上班。她在父亲面前经常大笑，无拘无束，惹得母亲十分生气。父亲却说："都是同事嘛，搭下便车算什么？公车那么挤。"母亲说："只是搭便车吗？"有天晚上，母亲和父亲大吵一架，然后第二天回了老家。枝子听到她跟父亲在电话里谈离婚的事。枝子的心情很压抑。现在，父亲没有载小杜阿姨上班了。枝子心里轻松了一点，她想要不要告诉妈妈呢？

枝子是一个正上初中二年级的学生。她心里充满着抵抗的精神。她觉得大人的世界里乱糟糟的，毫无章法。她弄不明白，为什么他们总是把很简单的事弄得很复杂。为什么他们连好好说话都做不到。为什么连两个人相处都处不好。所以她经常很烦。

因为中秋节的缘故，这天的语文课，老师讲完课，见有人瞌睡，便说："你们听课听得无趣，我讲课也讲得无趣。那好吧，明天中秋节。我来跟你们讨论一下中秋。有没有人知道，为什么要过中秋？"

一个同学懒懒洋洋地说："因为月饼没地方推销，所以要过中秋。"

这一说，引起教室哄堂大笑，老师也笑了起来，说："嗯，你说得也不是没道理哦。每年中秋，我吃月饼都吃到腻。"

大家便又笑。这一通笑，打瞌睡的人似乎都醒了，教室里就活跃了起来。有人说："秋天过了一半，就是中秋。这跟球赛的中场休息一样。"

老师说："比喻不错。八月十五，为秋之居中。继续。"

又有人说："湖里的螃蟹着急了，不过中秋节就没人吃它。没人吃它，它就会死，死在湖里，湖水会臭，湖水臭了，就污染环境。所以，过中秋是有关环保的大事。"

课堂上又爆大笑。老师也大笑，说："好好好，好思路。大家继续。"

枝子的邻座亚琴说："女人要艳遇，男人要外遇。玩腻了，扯个什么中秋节，各自回家休整，以待重新出发。所以今天各家团聚。"

同学们拍桌跌脚地笑。老师说："前面大半是胡说八道，最后一句画龙点睛。中秋重要的是亲人团聚。"

枝子踢了亚琴一脚，她很不喜欢这个说法。老师看到了枝子在动，便点名说："枝子，你有什么说法？"

枝子原本不想发言，这下只好说："中秋节，就是诗人空虚，写不出东西来，就找个由头来写诗。"

老师笑道："嗯，也算一说，不是没谱。好，大家说说有哪些诗写的是中秋？"

教室里响起七嘴八舌的声音：

"苏东坡的——明月几时有，把酒问青天。"

"露从今夜白，月是故乡明。杜甫写的——。"

"海上生明月，天涯共此时。老张——张九龄的。"

"举杯邀明月，对影成三人。老李——李白的。"

"还是老苏的——但愿人长久,千里共婵娟。"

老师说:"很好,但可惜,这些都是我去年讲给你们听的诗句。能记住也算不错。有没有人能提供新的?比方,我没有讲过的?"

大家便把目光投向枝子。同学都知道,枝子喜欢诗歌。老师也再一次把目光投向她。

枝子便站起来说:"我提供唐朝诗人王建写的《十五夜望月》:今夜月明人尽望,不知秋思落谁家。还有辛弃疾的《满江红·中秋寄远》:难得长圆如此夜,人情未必看承别。"枝子念完,突然想起了母亲,心里竟是一酸。

老师鼓起掌来,大家也跟着鼓了起来。大家的掌声,竟也没有让枝子高兴起来。

老师说:"大家谈中秋谈得非常好。我要再补充一点。中国古人感情相当丰富,对自然充满崇拜。他们春天时候要祭日,秋天的时候要祭月。延续到现在,有过许多演变,于是就有了中秋。圆月,意味着圆满。古人生活得多么有雅兴呀,不像我们今天,光知道吃喝,日子越来越粗鄙。"

亚琴站起来大声说:"老师错!古人才是除了吃喝,没别的事。又不懂自然规律,才会没事找事祭什么太阳月亮。他们没有网络,不懂博客,网游'剑三'听都没听说过。虽然都是人,但他们跟我们不是相同的人。在我眼里,他们跟猿差不多。"

同学们都起哄起来。老师再次笑了,说:"虽然不完全赞同你,但也得说,你不是完全没道理。显然你也是在想问题。我要赞一个先。不过,中秋最重要的内容,不只是吃月饼,不只赏月,不只是对着月亮写诗,它最重要的意义是团圆。这个团圆,就是家人的团聚，是生活的圆满。好，我在这里要祝一下大家中秋愉快，合家幸福团圆。"

这时候下课铃响了。亚琴很得意，推了一下枝子，说："明天中秋节，老师好像挺高兴。看来晚上有约会。"

枝子说："就你会瞎扯。你今天风头出大了，老师给了你赞呀。"

亚琴打量着枝子，说："你今天风头也挺大呀，怎么还不高兴呢？"

枝子说："我烦着哩。"

亚琴也作一副苦脸，说："我也烦啦。"

枝子说："为什么？""

亚琴说："我判给我爸了。以后我得跟后妈过。"

枝子大惊，说："啊？你爸妈离了？"

亚琴说："是呀。我妈不要我，我爸也不想要我。法院让我选，我想怎么说我爸挣的钱也比我妈多，就选了我爸。再说了，我爸的女朋友我认识，她斗不过我。而我妈，万一将来找个厉害男人，我打又打不过。那就惨了。"

枝子说："你妈为什么不要你？"

亚琴说："她嫌拖着我不好再嫁。你家呢？你妈还在老家？"

枝子点点头。亚琴说："哎呀，说穿了真没意思。平常都是宝贝长宝贝短的，一吵起来，我们都是多余的。"

枝子苦笑了一下。她想，可不是？如果有一天，她需要在爸爸和妈妈之间选择，她应该跟谁呢？如果他们俩人都不想要她呢？她该赖到谁那里？这么想着,她的心情不觉更加黯然。

亚琴说:"如果你爸妈离了,你跟谁?"

枝子突然脱口而出:"我谁都不跟。我出去打工,到南方去。我自己养活自己。"

亚琴惊喜道:"真的吗?你真的这样想的。"

枝子坚定道:"是的,我就是这样想。"

亚琴朝着她连连作揖,说:"你真是我的知音呀。我也这样想过呀。我什么都想好了,就是差一个伴。不然我们俩一起走。

枝子的眼睛亮了,她说:"真的?你也这样想。""

亚琴说:"我邻居家姐姐就在深圳,说了如果我愿意,她可以介绍我去他们玩具厂工作。谁怕谁呀!我有工作,就能养活自己。爹呀妈呀,都去他的。"

枝子的心里突然有了一种力量,她想,是呀,我长大了,不稀罕他们养我,我自己可以养自己。她重复着亚琴的话:"是呀,爹呀妈呀,都去他的!"

两人说着笑了起来。于是整个中午,她们都在商量,怎么离开家,怎么到南方去的事。仿佛越说越兴奋,仿佛去南方的路是世上最美丽的阳光大道,是通向她们理想的地方。下午,她们甚至没有上课。既然要离开,再多上几节课也没有意义。她们找了一个酒吧,坐在那里慢慢喝咖啡,像成年人一样享受生活。她们把自己的出走命名为"月光行动"。因为,决定这个伟大行动的日子是中秋节。两人坐在酒吧里,觉得时间过得飞快。她们把自己口袋里的零花钱花了个精光。

枝子心里充满了愉快。她带着这份愉悦之心回家。

只是她一进家门,心情就立即黯淡。家里空无一人,父亲还没有回来。早上信誓旦旦说会早点回来,要给她做好吃的,要给她带礼物。而现在,天已昏黑,他却连人影都没见到。枝子想,说不定跟那个小杜阿姨一起过节去了。想着,心里有些恨恨的,更觉得自己必须离开这个家。

枝子吃了一个月饼,然后坐在桌前。她开始写一份自己未来的计划书。月亮已经很亮了,这是一个月光明媚的中秋。对面人家的电视正播放着中秋晚会,歌舞升平的音乐在月光下流动,间或有笑声夹杂其间。苏东坡怎么说的:"但愿人长久,千里共婵娟"。不知道此时此刻,母亲是否也在望着月亮。枝子放下了笔,她真的有些想念母亲了。

天已经黑得有些深沉了。尽管有一轮明月在头上照着,但天毕竟还是黑的。母亲不在家,父亲没回来。这样的日子,家家都在团聚着赏月,而自己却是孤单的一个人。枝子越想越恼怒,恨不得即刻就离家而去。她给亚琴打了个电话。亚琴正在跟她父亲的女友吵架。亚琴说:"我正烦着哩。那女人要我爸陪她去游湖赏月,居然让我自己在家玩电脑。我恨不得马上就走!"枝子说:"我也是。我一分钟都不想在这个家里呆了。"说话间,她的声音竟有些哽咽。

突然,枝子听到了窗下汽车的声音。那熟悉的声音让她既感亲切,也感愤怒。枝子说:"好像我爸回来了,我晚上跟你联系。"亚琴说:"好。明天让他们好看!"。

枝子放下电话,赶紧躺到床上。她心里的愤怒似乎更甚。今天是中秋节,居然都不记得我一个人在家,居然都不管我。你们都不想要我,那好吧,我一个人也照样能活下去。你们看着吧。

门开了,果然是父亲的声音。父亲用一种轻快的声音叫道:"枝子,我回来了。"

枝子佯装睡着了,不理睬他。父亲继续用一种快乐不过的声音说:"枝子,你要的礼物,那个月亮的味道我带回来了。"

枝子心里冷笑了一下,暗想你知道什么?

父亲进了她的房间,坐在床边,摇着她,说:"枝子,睁开眼睛,看看哦。我把月亮的味道送到你跟前了,你难道没有闻到?"

枝子睁开眼睛,她大惊:站在父亲背后的居然是笑盈盈的母亲。她心里涌出惊喜,一咕噜翻身坐起,情不自禁叫了一声:"妈!"

母亲走过来,一把搂着她,喃喃道:"对不起,枝子对不起。妈妈不该不管你就走了。现在,妈妈回来陪你过中秋节。"

枝子的眼泪一下子就流了出来。

父亲此时有点得意,说:"枝子,怎么样?我的智商还可以吧?"

枝子说:"妈,你怎么跟爸爸一起回来了?"

母亲说:"你爸爸早上给我电话,说明天中秋,枝子要的礼物是月亮的味道,问我那是什么。我一下就明白了。"

父亲说:"我听你妈一说,今天连班都没上,直接开车去了老家。枝子,我为了你这个礼物,来回开了八个小时的车。怎么样?爸爸的表现还可以吧?"

枝子白了他一眼,大声叫道:"我——饿——了!我要吃好吃的东西。"

父亲也叫了起来:"我也饿了,我也要吃好吃的东西。"叫完,他和母亲一起都笑了起来。父亲说:"吃货们见到大厨全都原形毕露。"

这天的晚上,父亲把小桌子摆上了阳台,说是一边赏月一边提前吃团圆饭。母亲从老家带回了螃蟹。她把螃蟹用清水煮了一下,然后拌上调料,枝子觉得天下的美味也不过如此。父亲切了月饼,是双黄白莲和五仁的。然后他们一起喝了酒,是法国的红葡萄酒。父亲说,这时候喝黄酒最合适,可是枝子和母亲一致反对喝黄酒。父亲说,二比一,红酒胜。他们就这样一边吃一边说笑。阳台的旁边有一棵桂花树,桂花的香气洋溢得到处都是。月光透过桂花树的影子落在他们身上。母亲说:"啊,这月亮太有味道,我喜欢。"

父亲笑道:"这回我长知识了,原来月亮的味道就是妈妈的味道。"

枝子说:"就是的,怎么样?"

她说这话时,望着母亲,母亲亦望着她,脸上浮出幸福的笑。枝子便也笑了起来。那是她五岁的时候,父亲出差了,中秋那天,她跟母亲去公园看灯。月亮透过树叶照得一地斑斓,风一吹,像是一地的碎银子在晃动。母亲说:"这个月亮有味道。"枝子问:"月亮的味道是什么味道?"母亲笑了,说:"你说呢?"枝子想了一下说:"嗯,是妈妈的味道。"母亲听她这一说,高兴得使劲亲了她一下。

这是一个愉快的夜晚,是让枝子充满了幸福的夜晚。这天夜里,枝子做了梦。她梦见自己躺在月光的杯抱,整个屋子里,都是月亮的味道,芬芳甘甜。

早上醒来,她突然想起一件事,立即给亚琴发了一个短信:月光行动取消,下午一起看电影。

这年的中秋节就以愉悦的方式到来。

# LONG Yi

## Kuchen zum Doppelneunfest

4. Oktober 1973, Donnerstag, zugleich 9. September im Bauernkalender, Doppelneunfest. Dongsijing-Straße / Siedlung Juan 9, Bezirk Hebei, Stadt Tianjin. Da war ich zwölf.

Eine Siedlung hatte den Vorteil: Es war immer etwas los. Wenn ich mich morgens auf den Schulweg machte, ging es im Hof schon lebhaft zu. Herr Zhang vom Südtrakt kletterte auf das Dach und harrte dort aus. Er sagte, seine Kinder seien Verbrecher und er wolle nicht weiterleben. Seine Frau schimpfte aufgeregt über die Schwiegertochter, die erst vor einem Jahr eingeheiratet hatte: »Ein Sprichwort sagt: Geht eine frischgebackene Ehefrau innerhalb von drei Jahren zum Doppelneunfest zu den eigenen Eltern, dann stirbt die Schwiegermutter. Willst du, dass ich sterbe?« Die Schwiegertochter gab nicht nach: »Ich habe gerade einen Anruf bekommen und muss meine Mutter ins Spital bringen. In welchem Jahrhundert leben wir denn, warum bist du immer noch so abergläubisch? Willst du dafür öffentlich angeprangert werden?« Der älteste Enkel von Herrn Zhang, der Hassliche, sprang ebenfalls herum und hatte alle Hände voll zu tun.

Herr Zheng vom Osttrakt, Balladenerzähler von Beruf, tröstete Herrn Zhang: »Du Baustellenleiter bist ein Lakai der Kapitalisten, selbst wenn du jetzt in den Himmel steigst, wird aus dir immer noch kein Werktätiger. Hör bitte auf, komm runter und verbringe ein schönes Fest.« Zhang erwiderte: »Doppelneun ist ein Tag des Bösen, in der Höhe kann ich ihm leichter ausweichen; mein Schatz, am Nachmittag gehe ich in die Firma und steigere die Produktivität, indem ich kritisiert werde. Dämpfe mir bitte Doppelneunkuchen.« Meister He, ein LKW-Fahrer, lehnte mit verschränkten Armen an der Tür und schaute zu: »Was, es gibt sogar Doppelneunkuchen mit Braunzucker? Euch geht's gut!«

Als ich das Wort Doppelneunkuchen hörte, lief ich schnell zu Herrn Professor Jin in den Nebenhof, der gerade mit seiner Frau herauskam. Professor Jin trug eine blaue Arbeitsuniform und hielt in den kohlenschwarzen Händen einen Proviantbehälter aus Aluminium. Als Rechtsabweichler wurde er in die Fabrik geschickt und arbeitete dort als Kesselheizer. Bei ihm lernte ich gerade malen. Seine Frau trug hellgraue Wollkleidung und blanke Lederschuhe, die Haare waren sorgfältig gekämmt. Ich sagte zu ihr: »Ich kann Ihnen das Ding wohl heute Nachmittag vorbeibringen, wovon Sie zuletzt sprachen.« Sie nickte. Professor Jin seufzte: »Meine Brüder steigen in die Höhe und stecken Kornelkirschen in die Haare, dabei fehlt doch einer.« Ich lachte: »Sie sagten, Kornelkirschen aus Zhejiang sind die besten, wir haben keine hier in Tianjin und können für das Fest nur welche aus der Apotheke besorgen.«

Ich eilte nach Hause, Familie Zhang stritt sich noch immer. Ich fragte Meister He: »Soll ich Ihnen den emaillierten Kupferdraht heute Abend vorbeibringen?« Der fesche He lachte verschmitzt: »Was du brauchst, habe ich in Hülle und

Fülle. Du kannst jederzeit vorbeikommen.« Herr Zheng sah das Professoren-Ehepaar Jin vorbeigehen und grüßte: »Ein frohes Fest! Gehen Sie Chrysanthemen anschauen? Es ist schön, Feiertage zu begehen.« Darauf Professor Jin: »Gestern Abend kam per Telegramm die Nachricht vom Tod meines Bruders in der Kaderschule 7. Mai. Meine Frau besorgt nun am Bahnhof Nord Fahrkarten, ich gehe arbeiten und werde um drei Tage Freistellung bitten.« Herr Zheng zeigte sich betroffen und antwortete ehrerbietig: »Deswegen hörte ich gestern Abend das Postmotorrad kommen. Es tut mir leid.« Er zog an meiner Kleidung: »Warte kurz, wir gehen miteinander.«

Das Theater bei Herrn Zhang erfuhr keine neue Eskalation, gelangweilt gingen die Nachbarn auseinander. Herr Zhang und seine Schwiegertochter verharrten unentwegt in ihrer Pattstellung: er am Dach, sie auf dem Boden. Herr Zheng hielt einen schmiedeeisernen Kübel und ging mit mir die Gasse entlang. Aus seinem Taschenradio tönte Shi Luns Abrechnung mit dem Konfuzianismus und Antilegalismus mit einem Ernst in der Stimme, der töten könnte: »Der Konfuzianismus verficht die reaktionären Interessen der untergehenden Sklavenhalter- und Adelsklasse, während der Legalismus die fortschrittlichen Anforderungen der aufsteigenden Grundbesitzerklasse vertritt.« »Wo gehen Sie denn hin?«, fragte ich Herrn Zheng, der zur Modelloper wechselte: »Das Taschenradio ist nicht so gut wie das Tischradio, es verbraucht viel Batterie. Ich gehe nach Shengfang auf den Markt. Zum Doppelneunfest gehören Bergsteigen, Chrysanthemenanschauen, Schnapstrinken und Flusskrabbenessen. Mir fehlt die Muße, Chrysanthemen anzuschauen, aber nicht das Interesse für Flusskrabben aus dem Baiyangsee.« Mir war klar: Er ging auf den Markt, um mit Kabaretts Geld aus den Taschen der Bauernmarktbesucher zu locken. Wegen dieser Straftaten wurde er schon mehrmals festgenommen. Besorgt fragte ich ihn, ob seine Frau von seinem Vorhaben Bescheid wusste. Er lächelte: »Sie ist aus Shandong, betrachtet das Doppelneunfest als den Geburtstag des Geldgottes und röstet gerade eifrig Knusperfladen. Woher soll sie die großen Ambitionen von uns Männern aus Tianjin verstehen?«

Auch ich war ein heranwachsender Mann aus Tianjin und hatte ebenfalls große Ambitionen. Der Hässliche holte mich vor der Schule ein: »Hast du das Buch besorgt?« Ich fragte zurück: »Hast du das Eisen schätzen lassen?« Darauf der Hässliche: »Gestern habe ich in der Altwarensammelstelle nachgefragt, die Preisschätzung liegt bei 25 Fen.« Ich schaute ihn böse an: »Du bist zu gierig.« Der Hässliche erwiderte: »Daher gebe ich es dir für viel weniger Geld.« Ich nickte: »Am Nachmittag.«

Am Vormittag hatten wir vier Stunden Unterricht in der Schule, zuerst Chinesisch, dann Mathematik. Ich fragte meine Tischnachbarin Xia leise: »Treffen wir uns am Sonntag vor dem Park?« Sie war die Tochter einer verlassenen Nebenfrau eines Kapitalisten und lebte von der Arbeit ihrer Mutter als Heim-Schachtelkleberin. Sie war arm, aber gut in der Schule. Als Enkel eines Grundbesitzers war ich ebenfalls schlechter Abstammung, wollte nichts lernen, hatte aber viele Streiche im Kopf und war auch sonst gewieft. Xia berührte den Gummiring am Zopf: »Dort sind aber viele Bekannte.«

Und ich: »Dann treffen wir uns bei der Blumenausstellung.« Im vergangenen Monat errang mein Vater beim Wettbewerb der Handelsangestellten, bei dem die Teilnehmer mit Papierschnüren vier Flaschen Schnaps fest zubinden sollten, den zweiten Platz und bekam als Belohnung zwei Eintrittskarten für den Park Beining am Nationalfeiertag. Eine Karte reichte ich Xia, die sie zusammenfaltete und vorsichtig ins Federpennal legte.

Die letzten zwei Stunden am Vormittag waren einer Kundgebung am Sportplatz zum Thema „Unglück früher und Glück jetzt" gewidmet. Ein alter Arbeiter erzählte, begleitet von unserem Schuldirektor, über das unglückliche Leben im präkommunistischen China: »In meinen jungen Jahren diente ich dem verdammten Grundbesitzer als Tagelöhner. Im Sommer wurde Weizen geerntet, der Grundbesitzer war aber sehr geizig und aß mit seiner Familie das ganze Jahr hindurch nur billiges Maisbrot und eingelegtes Gemüse, während wir Tagelöhner schneeweißes Weizenbrot mit gebratenen Eiern essen konnten, soviel wir wollten.« Ein ungestümes Gelächter brach aus. Der Schuldirektor stoppte den Arbeiter, der sich kein Blatt vor den Mund nahm, sofort und wechselte das Thema. Der Arbeiter sollte nun erzählen, wie er im Eisenwerk Tianjin von den Kapitalisten ausgebeutet wurde.

Ich saß mit angewinkelten Beinen auf dem Boden, starrte in den Himmel und dachte über meinen großen Plan nach. Dem Arbeiter schenkte ich keine Beachtung mehr. Fünf Tage zuvor hatte ich den Warenplatz am Nordbahnhof ausgekundschaftet und war fündig geworden: Es wurden viele gelbe Leinensäcke mit der roten Aufschrift „Zucker aus

Kuba" ausgeladen und unter Planen als Regenschutz gelagert. Das ausländische Zeug war schon früher in Lebensmittelgeschäften verkauft worden, bittersüß vom Geschmack und gar nicht lecker, aber Braunzucker war es allemal, daher gut genug für den Doppelneunkuchen von Frau Jin. Sie wollte sich eigentlich über mich zwei Zuckerkarten von meinem Vater ausleihen und ich wollte hingegen den Comic-Zyklus *Die drei streitenden Reiche* von ihr borgen, den ihr Mann mitgezeichnet hatte. Der ganze Zyklus bestand aus mehr als 60 Heften, die im Comic-Verleih anzuschauen pro Heft einen Fen kostete, aber es war nur ein Teil vorhanden. Mein Plan war, Frau Jin ohne Umwege Braunzucker zu verschaffen und die Zuckerkarten an meine in Umerziehung befindliche Mutter in die Kaderschule 5. Juli zu schicken.

Zu Mittag übergab ich dem Hässlichen meine Schultasche und ging mit meinem Schulfreund Bukharin zum Warenplatz am Nordbahnhof. Bukharin war sein Spitzname, er war klein, schmächtig, hatte gelbliche Haare, verdrehte oft seine Augen und konnte Lenin in der Gestik sehr gut imitieren. Die Klasse verpasste ihm ohne viel Logik den Namen des Bösen im Sowjet-Film Lenin im Jahr 1918, er fand nichts dabei. Ich sagte ihm: »Du stehst Wache für mich und kriegst dann eine Handvoll Zucker.« Bukharin kletterte auf den Bahnschwellenhaufen und sollte mich warnen, falls jemand kommen sollte. »Mit was für einem Zeichen?«, fragte Bukharin. »Sing die Modelloper, und zwar die Strophe ›Sei stark wie die Fichte am Berggipfel Tai‹«, antwortete ich.

Das Warenlager zu Mittag aufzusuchen, ging auf die Erfahrung mehrerer Kindergenerationen zurück, da alle

Lageristen zu dieser Zeit bei Tisch waren. Ich tastete nach meinem Taschenmesser in der Hosentasche, gegen das weder die Leinensäcke noch das Innenplastik gewachsen wären. Wie falsch ich lag: Unter den Planen waren die Berge von Kubazucker weg, stattdessen standen dort schön geschlichtet Holzfässer mit je einem schwarzen Eisenring an beiden Enden. Alles aus! Der Braunzucker wäre nur der erste Schritt meines großen Plans gewesen, der nun mit einem Schlag ins Wasser fiel.

Plötzlich hörte ich Bukharin singen, am Ende fast kreischen. Ich lag am Bauch und spähte vorsichtig, ein Lagerarbeiter fuhr mit dem Fahrrad gemütlich vorbei, an der Lenkstange hing ein Speisebehälter aus Aluminium. Bukharin sang nicht weiter und ich wandte mich den Holzfässern zu: Aha! »Wildchrysanthemen-Bienenhonig« stach mir ins Auge. Ich war versiert im Honignehmen, hatte aber keinen Behälter mit. Was tun? Von Zuhause abholen würde zu lange dauern. Eine Handbreite von der Fass-Oberkante entfernt schnitt ich Messerstich für Messerstich ein quadratisches Loch heraus. Eine Öffnung am unteren Ende wäre Unsinn gewesen, denn der restliche Honig wäre ausgeronnen und vergeudet – ebenfalls eine wertvolle Erfahrung mehrerer Kindergenerationen. Ich nahm das freigeschnittene Holzstück mit einer Seitenlänge von sechs bis sieben Zentimetern vorsichtig heraus, der Plastiksack voll Honig schwoll gleich hervor. Ich legte meine gelbe Wolljacke ab, zog das Leibchen aus. Dann zog ich die Wolljacke wieder an und faltete das Leibchen zu einem Sack, indem ich seine vier Enden zuknotete. Der entscheidende Moment stand bevor. Ich lugte noch einmal aus meinem

Versteck: Bukharin steckte seine Daumen in die Weste und schlenderte in seiner Leninschen Gangart auf dem Bahnschwellenhügel. Die Luft war rein.

Ich schlitzte den Plastiksack vorsichtig auf und Honig quoll mit einem süßen Kräuterduft hervor. Tatsächlich roch er nach Feldchrysanthemen. Ein Wind ging und die Plane klapperte heftig. Ein Zug donnerte vorbei. Nach einer Weile war mein Unterhemdsack voll. Mit dem Holzstück drückte ich das Loch wieder zu, damit der restliche dickflüssige Honig schön erhalten bleiben konnte. Herr Zheng hatte mit seinen lehrreichen Worten recht: »Auch ein Edelmann liebt den Reichtum und verschafft sich ihn auf eine vornehme Art.« Als gut erzogenes Kind konnte ich wertvolle Sachen nicht vergeuden.

Als ich aber mit den Zähnen meinen Honigsack schleppend unter der Plane hervorkroch, sah ich, dass zwei Lagerarbeiter Bukharin an den Armen fassten und knebelten. Sein Warnzeichen war offenbar vom vorbeisausenden Zug übertönt worden. Ein grobschlächtiger Lagerist kam aggressiv auf mich zu, in der Ferne hörte ich das Glockenläuten am Bahnübergang, ein Zug fuhr südwärts aus dem Bahnhof. Bukharin schrie heiser in meine Richtung: »Lauf schnell weg.« Ich rannte Hals über Kopf und überquerte Dutzende Gleise, während der Express Beijing – Moskau hinter mir vorbeiraste.

Ich machte mir keine Sorgen um Bukharin. Es gehörte zu einer solchen Operation, angehalten oder gar verprügelt zu werden. Zu Hause schabte ich den Honig vom Hemd und verteilte ihn gleichmäßig in zwei Schüsseln. Eine davon brachte ich zu Frau Jin und rührte sie damit fast zu Tränen. Sie ließ meinem Vater ihren Dank ausrichten. Als Nachkommin des Hochadels der Qing-Dynastie konnte sie nicht einmal im Traum auf die Herkunft des Honigs kommen. Sie bot mir die Comic-Sammlung ihres Mannes an, aus der ich *Die acht Diagramme*, Volksverlag Shanghai für die bildende Kunst, Mai 1958, Preis 0,16 Yuan, aussuchte.

Bukharin kam zurück und gab an, nicht geschlagen worden zu sein. Er nahm seine Schüssel Honig entgegen und ging zufrieden nach Hause. Der Hässliche brachte meine Schultasche zurück und ich zeigte ihm *Die acht Diagramme*. Er sammelte die gut dreißigteilige Comic-Reihe *Die drei streitenden Reiche* und hatte dieses Heft nicht, wie ich wusste. »Tauschen wir?«, fragte ich ihn. Der Hässliche stürmte nach Hause und war im Handumdrehen mit einem Fahrraddynamo wieder bei mir. Er riss mir das Comic-Heft aus der Hand und streckte feierlich seinen kleinen Finger aus: Der Deal sollte besiegelt werden. Ich streckte auch meinen kleinen Finger aus. Der Deal war fix. Er jubelte: »*Die acht Diagramme*, Ausgabe 1958, Schwarzmarkt-Preis mindestens zwei Yuan!« Meine Mutter verdiente 20 Yuan im Monat, zwei Yuan reichte mir für 20 Mal Frühstücken. Aber mir machte das nichts aus, meine ambitionierten Ziele konnte so ein einfacher Bursche wie der Hässliche sowieso nicht verstehen.

Am Abend brachte mir Frau Jin zwei Stück gedämpften runden Doppelneunkuchen aus Mehl und Honig, verziert mit Pfirsichkernen, Mandeln und grüngestreiften Rosen, und dankte mir damit für den Honig. Die Schwiegertochter von Herrn Zhang kam zurück, sie war zwar im Krankenhaus gewesen, aber nicht bei den Eltern zu Hause. Frau Zhang verzog das Gesicht und sprach nicht mit ihr. Herr Zhang begaffte meinen Kuchen und sagte: »Die alten Weiber bei mir zu Hause sind lauter Taugenichtse und haben keinen Doppelneunkuchen gedämpft. Das Fest war umsonst.«

Herr Zheng lud mich zum Abendessen ein, seine Flusskrabben waren fett: »Du kannst so viel essen wie du willst. Ich habe den ganzen Kübel voll.« »Was haben Sie heute gemacht?«, fragte ich ihn augenzwinkernd. Herr Zheng schmunzelte: »Auf dem Land darf man nicht mit einem Dialekt-Kabarett aufwarten, auf dem Programm stand heute ‚Der Intelligenzwettbewerb zwischen dem Kaiser und dem Gelehrten.'« Das Kabarett kannte ich von ihm, es ging darum, wie der Großgelehrte Liu Yong den Kaiser Qianlong zum Narren hielt. Darüber konnte man sich krumm lachen. »Hat dich die Polizei erwischt?«, erkundigte sich seine Frau, und er erwiderte stolz: »Wie kann ich denn hier sitzen und meine Flusskrabben genießen?«

Meister He kehrte erst spät heim. Ihm reichte ich meinen Dynamo. He war verblüfft: »Das ist doch ein Walzdynamo vom englischen BSP-Fahrrad. Willst du Kretin nur den Kupferdraht herauslösen?« »Wir haben doch vereinbart: Ich bringe dir Kupferdraht, du reparierst Herrn Zhengs Tischradio und schenkst mir außerdem eine halbe Flasche Benzin«, entgegnete ich. »Das Ding ist sehr wertvoll. Du machst große Verluste«, gab er zu verstehen, worauf ich in der Diktion von Herrn Zheng erwiderte: »Verluste zu machen bringt Glück!«

Am Sonntag, dem 7. Oktober, verlautbarte das Radio, Israel kämpfe am Tag der Sühne gegen Ägypten und in Syrien drohe eine neue Erdölkrise auszubrechen. Meister He reparierte Herrn Zhengs altes Tischradio, erhielt einige Tianjin-Birnen und gab mir eine im Vorbeigehen, die ich in die Tasche steckte. »Eine Erdölkrise ist greifbar nah«, verkündete ich und wurde von He ausgelacht: »Du Besserwisser hast Weltblick und hast schon gestern bei mir Benzin eingetauscht.« Herr Zheng lachte Tränen.

Nach soviel mühevollen Umwegen war ich nahe am Ziel.

Da cs Sonntag war, war der Park Beining zum Bersten voll. Im Garten des Blumenhauses gab es eine eigene Chrysanthemenausstellung. Hunderte wertvolle Sorten mit Dutzenden entzückenden Farben. Eine saubere blaue Jacke trug ich, die ich von meinem älteren Bruder mit einem Ölfleck an der Brust geerbt hatte, der wie die arabische Halbinsel aussah und von mir mit einer halben Flasche Benzin und einem halben Stück Seife beseitigt wurde. Meine Turnschuhe wiesen zwar bei den großen Zehen zwei Löcher auf, waren aber gründlich gereinigt.

Heute vor einem Jahr gestand mir Xia, die unter ihrer üblen Abstammung sehr litt, dass ihr Geburtstag noch nie gefeiert wurde. Ich schlug sofort auf meine Brust und versprach ihr hoch und heilig: »Nächstes Jahr feiere ich mit dir deinen Geburtstag!« Ein Mann, ein Wort. Nun stand ich adrett gekleidet mit zwei Stück Doppelneunkuchen in der Hand und einer Tianjin-Birne in der Tasche vor den Chrysanthemen und wartete auf Xia. »Alles Gute zum Geburtstag!«, übte ich leise.

龙一

重阳糕

1973年10月4日星期四,农历九月初九重阳节,天津市河北区东四经路居安里9号。我12岁。

住大杂院有一个好处,就是热闹。我早晨出门上学,院子里已乱作一团,南屋张爷爷爬到屋顶不肯下来,说家出忤逆,他不活了。张奶奶则跳着脚骂去年新娶的小儿媳:老话说"新媳妇过门三年里,重阳节回娘家死婆婆",你这是咒我呀。儿媳理直气壮:刚打来传呼电话,我得送我妈去医院,都什么年月了您还封建迷信,不怕开您的批斗会?而张爷爷的长孙张丑儿则跟着上窜下跳,不够他忙活的。

东屋曲艺团说评书的郑爷爷劝解张爷爷:你这"工头儿"是资本家的帮凶,就算是飞上天也变不成工人阶级,别闹了,下来过节吧。张爷爷:九九重阳,大凶之日,我这是登高避邪;丑儿他奶奶,下午我去厂里挨批斗促生产,晚上给我蒸重阳糕。货车司机何大拿抱肩倚在大门边看热闹:家里居然还有红糖蒸重阳糕,您老口福不浅哪。

说到重阳糕,我赶紧跑到邻院金教授家,他们老俩口恰巧走出门来。金教授穿一身蓝色劳动布工作服,两手乌黑提着铝饭盒,他是下放到工厂烧锅炉的"右派",平日里我跟他学绘画。金奶奶穿一身浅灰色毛料衣裤,皮鞋晶亮,头发梳得一丝不乱。我对金奶奶道:前几天您说的东西,今儿下午我也许能送来。金奶奶点点头。金教授感叹："遥知兄弟登高处，遍插茱萸少一人。" 我笑道：郑爷爷说茱萸浙江产的最好，天津没有新鲜的，过节要用得去中药房买。

我又跑回自家院里，张爷爷一家还在吵个不停。我对何大拿道："漆包线"今天晚上我给您送来？何大拿年轻英俊，坏模坏样笑道：你要的东西我那现成，随来随换。这时郑爷爷看见院门外走过的金教授夫妇：哟，贝子爷、福晋，您这是出门赏菊呀，有年似节，好兴致啊。金教授：昨晚来电报，我兄弟在"五七干校"殁了，太太去北站买火车票，我去上班，顺便请三天假。郑爷爷满面歉然，抱拳拱手：怪不得昨晚听见邮电局的摩托车来，给您道烦恼。然后他拉了我一把：稍待片刻，咱爷儿俩一道走。

张爷爷家的戏没翻出新花样来，邻居们看着没趣便散了，只剩下张爷爷和儿媳一个房上一个房下僵在那里。郑爷爷提只马口铁水桶跟我一起往胡同外走，他衣袋里的晶体管小收音机正播放石仑的文章《论尊儒反法》，播音员的声音严厉得能杀人："儒家是维护没落的奴隶主贵族的反动学派，法家是代表新兴的地主阶级利益的进步学派"。我问郑爷爷：您这是要去哪？郑爷爷调整收音机改播"样板戏"：这玩意儿比不了电匣子，费电池；我去胜坊镇赶趟集，重阳节登高赏菊饮酒吃河蟹，咱没有赏菊化的风雅，但白洋淀的河蟹不能错过。我知道他是去那里给赶集的农民说相声挣钱，干这种违法的事，他已经被警察抓了好几回。我担心道：郑奶奶知道您又去闯祸吗？郑爷爷笑道：她是山东人，把重阳节当财神爷的生日，正在家忙活烙焦饼哪，不明白天津卫老爷们儿的雄心壮志。

我是天津卫的小老爷们儿，今天我也有雄心壮志。张丑儿在学校门口追上我：那本书你弄来了吗？我：你那铁疙瘩估价了吗？张丑儿：昨儿我去废品收购站问价，人家说值两毛五。我翻了他一眼：你想瞎了心啦。张丑儿：所以才便宜给你嘛。我点点头：今天下午。

学校上午四节课，前两节语文数学。我悄声问同桌小夏：星期天咱们公园大门口见？小夏是被遗弃的资本家小老婆的女儿，靠寡母糊纸盒过日子，家里穷，但学习好。我是地主的孙子，出身差，学习不上心，但能打能闹心眼活。小夏手抚扎小辫的橡皮筋：大门口怕遇见熟人。我：那就花展馆见。上个月我父亲参加商业系统技术大练兵，比赛用纸绳捆扎四瓶白酒得了第二名，奖品是两张北宁公园国庆游园会的门票。我递给小夏一张游园票，她仔细折好放在铅笔盒里。

上午后两节课在操场开"忆苦思甜"大会，校长陪着一位老工人给学生讲旧社会的苦日子。老工人：我年轻时给万恶的地主打短工，夏天收麦子，地主吝啬，全家一年四季吃窝头咸菜，我们干活的白面馒头摊鸡蛋管够。这话引得全场大笑，校长连忙阻止老工人的口无遮拦，让他改说在天津铁工厂受资本家剥削的故事。

我抱膝坐在地上，两眼望天盘算着今天要实施的复杂计划，没心思听老工人的回忆。此前五天，我一直在铁路北站的货场里侦察，昨天终于发现，工人们卸下了大批黄色麻袋，袋子上用红漆写着"古巴糖"三个字，最后用帆布盖住麻袋垛防雨。这种外国进口的玩意儿副食店卖过，又甜又苦，不好吃，但毕竟是红糖，送给金奶奶蒸重阳糕保证没问题。金奶奶原本是让我帮她向我父亲借两张购糖票，而我则是想找金奶奶要一本《三国演义》的连环画。金教授当年参与了这套连环画的设计，总共六十多本，小人书铺里一分钱看一本，但不成套。我打的算盘是，如果我直接弄到红糖给金奶奶，家里的购糖票也就省下来，可以寄给在"五七干校"劳动改造的母亲。

中午我将书包交给张丑儿，拉上同学布哈林一起来到北站货场。布哈林是他的绰号，因为他又瘦又小，头发枯黄，两眼乱转，擅长摩仿电影中的列宁演讲，同学们便给他硬安上苏联电影《列宁在1918》里那个坏人的名字，他倒是全不介怀。我：你给我放哨，弄到糖分给你一把。布哈林爬上高高的枕木垛，我：看见有人来给个暗号。布哈林：什么暗号？我："样板戏"，就唱"要学那泰山顶上一青松"。

选在中午的时间偷袭货场，是因为保管员都去吃午饭了，这是从有了铁路货场开始，几代孩子积累下来的宝贵经验。我摸了摸裤袋里的铅笔刀，装古巴糖的麻袋里边还有一层塑料袋，用铅笔刀割开很容易。然而我错了，钻到帆布里边我才发现，成垛的古巴糖不见了，变成了胶合板的圆桶，两头各有一只黑漆铁箍，竖着码放。这下子完了，弄到红糖只是我整个计划的第一步，没有糖，再伟大的计划也得报废。

这时，外边传来布哈林唱戏的声音，最后的高腔声嘶力竭。我伏在地上扭头向外看，一位保管员骑着自行车慢慢过去，车把上挂着铝饭盒。布哈林不唱了，我回头一看，哈哈，木桶上清清楚楚印着黑字——野菊花蜂蜜。取蜂蜜我有经验，只是今天没带容器，怎么办？回家取容器肯定来不及。我从木桶上沿往下一掌的地方下手，用铅笔刀一点一点地在胶合板上刻出一个方孔。绝不能从木桶下沿挖洞，因为没被取走的蜂蜜会流出来浪费掉，这也是几代孩子的经验。我轻轻取下两寸见方的胶合板，装满蜂蜜的塑料袋一下子从洞中鼓了出来。我脱掉上身的黄绒衣，脱掉贴身的背心，再将黄绒衣穿上，然后将背心折叠，四角相系变成一只布袋。关键时刻到了，我再次伏下身向外张望，见布哈林将大拇指插在坎肩里，学着列宁的样子在枕木垛上踱步，不像有危险。

我小心翼翼地在塑料袋上竖着划了一道小口，蜂蜜立刻涌了出来，有股甜甜的药香，确是野菊花味道。外边起风了，吹得帆布拍拍作响；一列火车驶过，其声也如雷。过了好一阵子，布袋里装满了蜂蜜，我将挖下的那块胶合板按回木桶，并让它错开一点卡住洞口。蜂蜜粘稠，这样就能阻止蜂蜜外流。郑爷爷常常教导我的话没错："君子爱财，取之有道"。我是正经人家的孩子，糟踏东西的事不能干。

然而，等我用牙齿咬着装满蜂蜜的布袋从帆布下爬出来的时候，这才发现，布哈林已经被两名保管员抓住胳膊捂住嘴。刚才火车驶过的声音太大，一定是盖过了布哈林向我报警的声音。一名身材粗壮的保管员大张双臂向我逼进，远处铁路道口叮铃铃传来电铃声，道杆放下，一列火车出站南下。布哈林沙哑着嗓子冲我大叫：快跑。我连窜带跳，横穿几十条铁轨，身后隆隆而过的是"北京——莫斯科"特快列车。

我不担心布哈林，偷袭货场被抓是常事，最多挨顿打。我回到家里，从背心上刮下蜂蜜，平均分到两只碗中。我将半碗蜂蜜给金奶奶送去，她像是感动得要流泪，让我一定向我父亲转达她的谢意。她是清朝贵族家的大小姐，想破脑袋也不会想到这蜂蜜的来历。她让我自己挑选金教授收藏的连环画，我选了其中的《八卦阵》，上海人民美术出版社1958年5月版，定价：0.16元。

　　布哈林回来了，说没挨打，笑嘻嘻地接过半碗蜂蜜回家了。张丑儿带回我的书包，我给他看《八卦阵》。这家伙收集《三国演义》连环画，我看过，只有三十几种，其中没有这一册。我：怎么样，换吗？张丑儿飞奔回家，转眼间拿来一个给自行车灯供电的磨电滚，一把将《八卦阵》抢去，然后绷着脸伸出小指：拉勾。我伸出小指与他拉勾确认交易成功，他大叫一声，狂喜道：五八年版的《八卦阵》，黑市上最少值两块钱。我母亲月薪二十元，两元钱够我吃二十天早餐，但我毫不在意，因为我的雄心壮志不是张丑儿这种俗人能够理解的。

　　傍晚，金奶奶给我送来两块面粉调和蜂蜜，蒸成扁圆形状的重阳糕，上边点缀着核桃仁、杏仁和青丝玫瑰，说我替她找蜂蜜费心了，让我也尝尝。张爷爷的儿媳回来了，说是只去了医院，没敢回娘家。张奶奶拉着脸没理她，张爷爷则盯着我手里这两块糕说：家里的老娘儿们都是废物，过节不蒸重阳糕，这节白过了。

　　郑爷爷叫我去他家里吃晚饭，重阳节的河蟹顶盖肥，郑爷爷：你放开肚皮吃，我弄回来一桶。我：今天您使的什么活？郑爷爷笑：在乡下不能使"怯口活"，说了几段《君臣斗智》。这个相声段子郑爷爷给我说过，是大学士刘墉戏弄乾隆皇帝的故事，能让人笑破肚皮。郑奶奶：没让警察把你抓住？郑爷爷：要给抓住还能坐这吃螃蟹？

何大拿很晚才回家，我将换来的磨电滚交给他。何大拿大惊：这是英国三枪牌自行车的磨电滚，你小子要拆里边的漆包线，这不是败家子吗？我：咱说好的，我给你弄来漆包线，你拿去修好郑爷爷的电匣子，再给我半瓶汽油。何大拿：这玩意儿挺值钱，你可吃亏了。我学着郑爷爷的腔调："吃亏是福"。

10月7日星期天，收音机里说，以色列和埃及、叙利亚在"赎罪日"打起来了，新一轮"石油危机"马上暴发。何大拿过来给郑爷爷修理那只老旧的电子管收音机，手上拿着几只"天津鸭梨"，顺手给了我一只。我把梨塞在衣袋里："石油危机"要暴发了。何大拿笑：你小子有世界眼光，知道昨天跟我换汽油。郑爷爷闻之大笑不止。

费了这么大的周折和心力，我的目标眼看就要实现了。

因为是休息日，北宁公园的游园会人山人海，花展馆的院子里正在举办菊花展，几百种花样，几十种颜色，都是珍贵品种。我身上穿了件干净的蓝色上衣，这是我哥哥身材长高之后替换下来给我的，前襟上原本沾了一大片油污，形状好似阿拉伯半岛，被我花费半瓶汽油和半块肥皂洗干净了。我的球鞋虽然大脚趾处破了个洞，但被我用鞋粉刷得雪白。

去年今日小夏告诉我，因为出身不好，也因为母女过日子艰难，从来没有人为她庆祝过生日。我当即把胸脯拍得啪啪响，对她发誓：明年我给你过生日。天津卫的老爷们儿，一句话一颗钉，说到办到。就这样，今天我手上捧着两块"重阳糕"，衣袋里塞着一只"天津鸭梨"，衣服干净整齐地站在菊花丛中，等待小夏的到来。生日快乐，我先练习一声。

# Milena Michiko FLAŠAR

## Allerseelen

Er weiß nicht, warum er hier ist. Er hat hier niemanden zu betrauern. Die Namen, die er im Vorübergehen liest, wecken in ihm keine Erinnerung und trotzdem liest er sie, einen nach dem anderen, als ob es gelte, jemanden wiederzufinden.

Die kalte Luft treibt ihm Tränen in die Augen. Man könnte meinen, er weint. Und tatsächlich ist ihm zum Weinen zumute. Danach, um irgendeinen Menschen zu weinen, den er nicht kennt. Sein Schritt ist langsam, hier und dort bleibt er stehen. Aus der Ferne gleicht er einem Grabmal, einem weinenden Engel.

Er hat Blumen gekauft. Goldgelbe Astern. Und wenn man ihn fragen würde, für wen, er wüsste darauf keine Antwort zu geben. Er trägt sie vor sich her wie eine leuchtende Fackel, und es tut gut, denkt er, etwas in der Hand zu halten, sich an etwas festzuhalten, was lebendiger ist als er. Denn wozu es verschweigen, an einem solch stillen, stillen Ort? Dass ihn beinahe nichts mehr am Leben hält, beinahe alles in ihm gestorben ist. Inmitten der Stille möchte er es hinausrufen. Dass er der Tod ist, der leibhaftige. Der letzte Atemzug. Das letzte Röcheln. Zum Rufen aber fehlt ihm die Kraft. Er flüstert es bloß.

Seine Stimme. Wie Papier, schwarz umrandet.

Er versucht, sich an seine Stimme zu erinnern, so wie sie damals war, als Kind. Aber mit welcher Anstrengung auch immer, es mag ihm nicht gelingen. Was er von ihr behalten hat, sind tonlose Bilder. Wohl hat er vor Freude geschrien, ist klagend aus manchem Traum erwacht, hat gejubelt, gewimmert, getobt und gelacht, doch der jeweilige Klang ist vor Langem verhallt, und was geblieben ist – wenigstens das – ist eben dieses Verhallen. Dem nachzulauschen, vielleicht ist er deshalb hierhergekommen, an diesem Tag, welcher alle Seelen noch einmal zum Klingen bringt. Hier auf dem Friedhof will er wieder Kind sein, unsterblich. Sich erinnern und wieder vergessen. Von einem Augenblick zum nächsten. Nichts wissen. Nur ahnen. Von einem Jetzt hin zum anderen. Wenn er das könnte – er schaut in den Himmel – er würde leichteren Schrittes von dannen gehen. Sich kein einziges Mal mehr umdrehen ---

--- und gehen.

Er glaubt, sich an seinen ersten Schrei zu erinnern, so oft hat man ihm davon erzählt, wie er mit blauem Gesicht, noch blutverschmiert, nach einer Ewigkeit, endlich, losgebrüllt hätte. Und er glaubt, sich an die warme Brust seiner Mutter zu erinnern, an den süßlichen Geschmack von Milch. Wie sie ihn hochgenommen hat, ihren Sohn, den Erstgeborenen. Sich gewünscht hat, es möge ihm nur Gutes widerfahren. Auf diese Art, denkt er, bekommt ein jeder seine Geschichte erzählt, die Geschichte, die ihn für den Rest seines Lebens ausmachen wird. Noch hört er seine Mutter raunen, sie, die schon lange unter der Erde liegt, hört sie wieder und wieder und von Neuem die Geschichte seiner Geburt erzählen. Wie sie ihn hochgenommen hat, ihren Sohn, den Erstgeborenen. Sich gewünscht hat, es möge ihm nur Gutes widerfahren. Und je öfter sie ihm davon erzählt, desto unwirklicher erscheint ihm der Tod, so als ob sie selbst dann noch davon erzählen würde, wenn auch er längst unter der Erde liegt, ein Häuflein hautloser Knochen. Ob diese Geschichte ihn nicht überdauern wird? Die ewig gleiche Geschichte vom ersten Schrei. Es kommt ihm seltsam vor, hier, unter den Toten, dass ein jeder, der da liegt, einmal aus Leibeskräften geschrien hat. Ob sie es nicht alle irgendwann einmal wieder tun werden?

Denn daran klammert er sich. So wie jetzt an den Baum, an den er sich lehnt, und dessen nackte Äste wie Arme in die Höhe ragen. Es kann nicht sein, denkt er, dass es vorüber ist. Aus seinen Lungen kommt ein rasselnder Laut, er schnappt nach Luft. Jemand fragt, ob er ihm helfen könne. Nein, ihm sei nicht zu helfen. Nun denn. Ja denn. »Passen Sie auf!« Die Warnung trifft ihn wie ein herabwirbelndes Blatt, fast nicht spürbar und doch: Welch ein Trost. Dass hier irgendjemand, wenn auch nur im Vorbeigehen, einen Gedanken an ihn verschwendet. Gerade so, wie er Martha Beerenbaum liest oder Richard Lehmke, und sich von ganzem Herzen wünscht, sie hätten es nicht allzu schwer gehabt.

Sein erstes Wort. Da-da. Und damit meint er allerhand. In diesem einen sinnlosen Wort ist bereits die ganze Welt enthalten. Er sagt Da-da und zeigt auf Menschen. Er sagt Da-da und zeigt auf Häuser. Er sagt Da-da und zeigt auf Autos. Ganz gleich, ganz egal. Hauptsache, es ist da. Nie wieder wird er so ein Wort haben, so eins, in dem alles zusammenkommt. In ihm treffen sich die kleinen und großen Dinge, sind sie doch gleichermaßen von Bedeutung für ihn, der sie benennt, und er findet es schade, es durch andere Wörter ersetzt zu haben, findet es schade, dass ihm alles auseinandergefallen ist, so sehr, dass er es manchmal, wenn er alleine ist, vor sich her sagt, sich darin übt, es genauso zu sagen, wie er es damals gemeint hat, bloß um festzustellen, dass er es endgültig verlernt hat, es niemals wird neu erlernen können. Sowie das Stehen. Das Sitzen. Das Gehen. Wenn er heute etwas sagt, dann steckt immer irgendein Wollen dahinter, ein wenn auch noch so verstecktes Wollen, und davor graust ihm, weil er doch nichts mehr wollen kann, weil dieses beständige Wollen ihm letztlich nichts eingebracht hat. Er wird trotzdem gegangen sein. An einem gar nicht so fernen Tag. Und es wird ein Tag sein wie jeder andere, die schwarzen Vögel werden mit glänzenden Flügeln über die Dächer fliegen, ringsherum der Geruch von Schnee, der bald fallen wird. Da-da. Ein Flöckchen Weiß, eine ganze Wehe aus weißen Flöckchen, die ihn nicht mehr berühren werden.

Es gibt so vieles, woran er sich nicht mehr erinnern kann, und wenn er es dennoch tut, dann nur deshalb, weil ihm die Erinnerung daran aus zweiter Hand überliefert wurde. Die Stimme der Mutter: Damals hattest du blondes Haar. Oder: Fieberkrämpfe, dann und dort, haben dich nächtelang hin und her geschüttelt. Die ersten Zähnchen. Rote Backen. Und so weiter und so fort. In ihrem Gedächtnis schien unendlich viel Platz für derlei Erinnerungen zu sein. Er selbst hat nur wenig behalten. Ein gewisses Lichtspiel schräg an der Wand. Das verblichene Muster der Tapeten. Beim Einschlafen kratzt er mit dem Finger an der immer gleichen Stelle, dort, wo eine kleine Unebenheit ist, und noch heute überkommt ihn, wenn er daran denkt, ein wohliger Schauer. Das Gefühl, zu Hause zu sein, in eben dieser Unebenheit. Nebenan hantiert die Mutter in der Küche. Leises Klirren von Geschirr. Das Wasser läuft. Er würde ihr gerne von seinen Erinnerungen erzählen, davon, wie sie in jeder Nacht noch über seinen löchrigen Sachen sitzt, sich hernach hereinschleicht, in ihrem Rücken fahles Licht, wie sie die geflickten Hosen und Socken und Hemden über die Stuhllehne hängt, sich nochmals über ihn beugt, so müde. Und er wagt es nicht, seine Augen aufzuschlagen, wagt gerade einmal zu blinzeln, so schön ist sie in ihrer Müdigkeit.

Ein stechender Schmerz in seiner Brust, wieder bleibt er stehen, um Luft zu holen, die goldgelben Astern im Gesicht. Ernst Raabe, liest er durch die Blüten hindurch, geboren 1920. Theresa Friedmann, gestorben 1970. So viele Namen, so viele Geschichten. An manchen Gräbern brennt eine Kerze, an manchen keine. Und doch strahlen sie, die darunter begraben liegen, alle gleichermaßen eine stille Gewissheit aus, nämlich, dass es einen Ort gibt, fern dieses Ortes, einen Ort, außerhalb aller Orte dieser Welt, an dem sie, enthoben aller Gesetzmäßigkeiten von Ort und Zeit, ihre Ruhe gefunden haben, nicht unähnlich dem Ort ihrer allerersten Kindheit, wo es noch keine Wörter gab, die andere Wörter nach sich zogen, noch keine Unterscheidungen in hüben und drüben, wo man, zugedeckt und mit guten Wünschen bedacht, in die Dunkelheit der Nacht entglitt, wohlwissend, dass man am nächsten Morgen wieder aufstehen, wieder Bauklotz auf Bauklotz schlichten würde.

»Es kann nicht sein, dass es vorüber ist.« Er spricht es aus. Er, der in einem Alter ist, in dem er sich an den Gedanken daran gewöhnt haben sollte. Aber es ist wie kurz vor dem Einschlafen, kurz vor dem letzten klaren Bild, an dem man sich festklammert, und man denkt, man merkt es sich und klammert sich tatsächlich daran fest, aber spätestens dann, im Festklammern, hat man es verloren, gerät ins Schleudern, biegt schlingernd um die Ecke. Und sooft es einen auch dort hineinwuchtet, man ist doch jedes Mal aufs Neue überrascht, kann nicht sagen, wie es dazu kam, dass man den Fuß nicht auf der Bremse behalten hat.

Ob er Angehörige habe? Freunde? Bekannte? Der junge Arzt meint es sichtlich gut mit ihm. Nein, er habe niemanden. Betretenes Schweigen. Es dauert eine ganze Weile, bis sie sich beide davon erholt haben. »Es tut mir leid«, sagt der Arzt. Er: »Mir auch.« Es gelingt ihnen beiden zu lächeln.

Und dann hat er sich diesen einen Tag ausbedungen, Allerseelen. Er wolle irgendwohin gehen, noch einmal gehen. Vielleicht ins Kaffeehaus, eine Zeitung lesen, ins Kino, einen Film schauen. An den Fluss, die wilden Enten füttern, ehe sie ihren Flug gegen Süden antreten. Oder ---

--- auf den Friedhof, aber das sagt er ihm nicht. Der Arzt nickt.

Er ist so jung, denkt er, er soll sich sein Lächeln bewahren.

Es ist spät geworden, die Besucher lichten sich. Der Schmerz hat ein wenig nachgelassen, gerade so weit, dass er wieder gehen kann. Einen Schritt vor den anderen setzen, den Boden unter den Füßen spüren. Ihm scheint, er geht für alle, die hier liegen, und doch geht er gleichzeitig für sich, geht seinen Erinnerungen nach. Zurück! Zurück! Dorthin, wo noch kein Sterben ist! Noch einmal anfangen dürfen. Ganz von vorn. Nicht um einer Wiederholung willen, sondern um es besser zu machen. Den ersten Schrei nicht verklingen lassen. Durchschreien, bis alle Welt erwacht. Aber er ist so müde, er kann kaum noch denken. Nur noch dieses, auch wenn es all seine Anstrengung kostet, dieses eine Letzte, bevor er sich fügen wird.

Die ersten Fragen. Was er nicht alles wissen möchte. Er fragt in dem unbedingten Glauben, dass es auf all seine Fragen eine Antwort gäbe, und auf die meisten erhält er tatsächlich eine, die ihn zufrieden stellt. Erst später beginnt er nachzubohren, aber das fällt schon in eine Zeit, um die es ihm hier, inmitten der hereinbrechenden Dunkelheit, nicht geht. Nicht um die Zeit, die er schon bemessen kann, geht es ihm, nicht um das Alter, in dem er sich zum ersten Mal fragt, wohin denn sein Vater verschwunden ist, und mit ihm, fast zeitgleich, die Nachbarn, mit denen er ein schemenhaftes Bild verbindet: Das von Händen, die ihm die eine oder andere Süßigkeit hinhalten. Das von alten, zittrigen Händen. Wohin sie verschwunden seien, möchte er später wissen, und seine Mutter zuckt mit den Achseln, fragt zurück: »Von wem redest du?« Als ob in ihrem Gedächtnis kein Platz für sie wäre. Und er wird sich zum ersten und nicht zum letzten Mal fragen, ob sie nicht lügt, womit seine Kindheit, das Stück Unsterblichkeit in ihm, ein jähes Ende nimmt. Erst viel, viel später wird er begreifen, dass sie ihn vor etwas bewahren wollte, als sein Vater, grau und mager, aus dem Krieg heimkehrt. Es sind dieselben Hände, denkt er, dieselben fleckigen Hände, die ihm ein Stück Schokolade zustecken. Wie das zusammenhängt, fragt er sich, ohne Hoffnung auf Antwort. Wie der eine geht, der andere kommt, und wie sich das alles am Ende dividieren soll, sodass etwas Rundes dabei herauskommt. Wohl kaum.

Und damit lässt er es gut sein und legt die Astern nieder, auf das nächstbeste Grab. Robert Seelig, liest er da, unvergessen. Und er kniet sich hin auf die feuchte Erde und beginnt, ihm, den er nicht kennt, die Geschichte von seinem ersten Schrei zu erzählen, den er zweifellos, so wie sie alle, einst von sich gegeben hat.

米连娜 密西可·弗拉瑟

万灵节

他不知道自己为什么会在这儿，这里没有他要悼念的人。从一个个人名旁边走过，这些人名不能唤起他的任何记忆，尽管如此，他还是一个接一个地读着，仿佛在等待某个熟悉的名字映入眼帘。

寒冷的空气冻出了他的眼泪，看起来像是哭了，而他也确实想哭，为某个陌生人。他步伐缓慢，走走停停，远远看去好似一块墓碑，又像是一个哭泣的天使。

他买了花，金黄色的紫苑，别问他花为谁买，因为他不知道答案。把花举在胸前，像举着一只燃烧的火炬。这种感觉很好，他想，手里握着比自己更鲜活的东西。在这个万籁俱寂的地方没有什么好隐瞒的，他想在这寂静中大声呼喊：他的生命即将远去，生命的气息正在他体内消失殆尽，他就是死亡，是死亡的肉身。还剩最后一口气，喉咙里再发出最后一声声响。然而他却无力呼喊，只能轻声低语。

他的声音，像框了黑边的纸片。

他试图忆起自己孩提时代的声音，无论多么努力，最终徒劳而已。

对自己那时声音的记忆只是一些无声的画面：因高兴而呼喊，因噩梦而惊醒，欢呼、呜咽、怒吼、大笑，这些画面中的声音早已散去，留下的，是关于声音散去的记忆。或许是为了追寻这散去的轨迹，他选择了万灵节，一个让所有灵魂再度发出声响的日子来到这里。置身于墓地，重回童年的愿望油然而起。童年是永生的，从这一瞬到下一瞬，忆起又忘记；从此时到下一个此时，没有已知只有估计。他抬头望向天空，若能如他所愿，他会从此头也不回地迈着轻快的步伐一直走下去，走下去。

他似乎是忆起了自己的第一声啼哭，当时的情景在别人的描述中出现过太多次。浑身是血的他小脸憋得青紫，过了很久很久才终于"哇"的一声哭了出来。他仿佛忆起了母亲温暖的胸膛和香甜的乳汁，看见了母亲将他高高抱起，她的第一个孩子，她的儿子，并祈求上天从此降福一生于这个孩子。每个人所听到的有关自己出生的故事都大同小异，他想，而这样的故事对每个人今后的人生又都至关重要。尽管母亲早已深埋地下，但他似乎还能听见母亲的低语，听见她一遍又一遍地从头讲述着自己出生的故事，那个被她高高抱起的自己，她的第一个孩子，她的儿子；那个赐福一生的祈求。耳边母亲的讲述越频繁，死亡在他看来就越显得不真实，仿佛母亲会把这个故事永远不停地讲下去，即使他早已化作一堆白骨长埋地下。这个故事会比他的生命更经久吗？这个永远相同的关于第一声啼哭的故事。他突然有了一种怪异的想法，每一个躺在这里的人都曾经有过一次用尽全力的哭喊。将来的某个时刻，这样的哭喊声会不会在这里再次响起？

他抓着这个念头不放，就像现在抓着这棵树不放一样。靠在树上，看着它光秃秃的枝桠像手臂一样伸向空中。这不可能，他想，人生最初的美好就这样一去不复返了。肺里发出一声刺耳的声响，他有些气短。有人问他是否需要帮忙,不,他说道,不需要,那好,"您自己小心!"。这句好心的劝告如同一片轻飘飘的树叶,落在身上几乎没有任何感觉的同时也让他感到了极大的安慰:因为这种关心来自一个陌生的路人。就像他路过玛塔·贝亨褒姆或理查德·雷姆克的名字时真心希望他们生前没有受太多的罪一样。

嗒-嗒,他人生中的第一个词。这个词大到包罗万象,大到装得下整个世界。他指着人说嗒-嗒,指着房子说嗒-嗒,指着汽车说嗒-嗒,所有的事物都有一样的名字,无所谓区别。他所指的东西在那儿,这才是最关键的。他再也不会拥有这样一个无所不指的词了。尽管大小不一,那些被嗒-嗒指代的事物对于当时的他而言没有任何意义的区别。然而这个词汇终究被其它的词汇所代替了,这让他觉得可惜,更重要的是随着词汇的分化,他的世界也变得复杂起来。他是如此想念单纯的一个词的世界,以至于某些独处的时刻他会自言自语地练习这个词,只为找到当初说它时的感觉。然而这样的练习只会让他更清醒地认识到自己已将它彻底荒疏,而且再也不可能重新学会,如同找不回当年学习站、坐、走的感觉一样。今天的他总是话有所图,即使隐藏得再深,意图总是存在的,这让他感到害怕,因为他再也不能有所图了,因为持续的意图并未给自己带来任何好处。他终究要离去,就在不远的某天,那将是很平常的一天,黑色的鸟儿挥动着泛光的翅膀飞过屋顶,四周充满了即将飘落的雪的气息。嗒-嗒,一小片雪花,一整堆雪,雪花再也无法触碰他的身体。

有太多的东西他已根本记不起,如果说他对那些东西有印象的话,那也是二手记忆的功劳。母亲的声音：那会儿你的头发是金黄色的。或者：发烧性抽搐，小身子来回不停地抖，折腾了好几夜。长了第一排小牙齿，红红的脸蛋，等等等等。他的记忆库里似乎有无穷无尽的空间用来存放这类回忆，而自己真正能记起的东西却很少：斜投在墙上的光影，墙纸上褪了色的花纹。当年的他睡觉时总是喜欢用手指去抠墙上一小块不平的地方，今天，只要想起这个画面，一股暖流就流遍全身，因为那一小块不平里藏着家的感觉。母亲在隔壁的厨房里忙碌着，时不时能听到餐具发出的轻微碰撞声和水流声。他很想告诉母亲关于那时的记忆。那时母亲深夜还没有睡，坐在外屋一摊满是窟窿的"破烂"上，他的"破烂"。之后母亲悄声走进来，背后亮起一片苍白的光。母亲把缝补过的裤子、袜子和汗衫搭在椅背上，疲惫不堪地再一次俯身望着他。他不敢睁眼，只敢稍稍眨一下眼睛，疲惫中的母亲是如此美丽。

胸口一阵刺痛，他站住身慢慢吸气，金黄色的紫苑挡在眼前。透过花束看去，埃尔斯特·哈勃，1920年生，特雷萨·弗雷德曼，1970年去世，这许多名字，这许多故事。有些墓上燃着一支蜡烛，有些则没有。不管有没有蜡烛，从躺在这儿的所有人身上都同样辐射出一种静静的确信感，确信在远离这里的地方，在世间所有地方之外，有一片不存在时空规则的乐土，那是他们的安息之所。那里的生活很像他们曾经经历过的最初的童年时光，所有的词汇都只有本义，对生死还毫无概念。晚上，盖好被子，伴着祝愿入眠，确信黑夜之后会在第二天的黎明醒来，继续一块一块垒昨天没有搭完的积木。

"不可能美好的童年就这样一去不复返了"，他说出了这句话。其实以他的年纪早就该对童年已逝的想法习以为常，但这是一个每次想到都会让他觉得不可思议的念头。就好比临睡着前看见的最后一幅清晰的画面，伸手想抓住它，而且确确实实感觉到自己已经牢牢抓住了它，但最迟就在抓住它的那个瞬间却弄丢了它，因为就在此时意识开始打滑，开始摇摇晃晃失去控制，我们由此进入了梦乡。无论这样的情景重复出现多少次，人们总是会一次又一次地惊讶于自己为什么没有一直把脚踩在意识的刹车上。

他是否有亲人？朋友？或是熟人？医生显然是为他好。没有，他谁也没有。尴尬的沉默。过了好一会儿两人才从刚才的问答中缓过神来。"我很抱歉"，医生说。"我也很抱歉"，他说。两人相视而笑。

作为住院的条件，他向医生提出想在万灵节这天出去走走，再用脚走一次。也许去咖啡屋，在里面读读报纸，也许去电影院看场电影，或者在野鸭子南飞之前去河边喂喂它们，再或者——到墓地去，不过这个他没跟医生说。医生点点头。

医生还这么年轻，他想，应该让他的微笑保持下去。

天渐渐黑了，扫墓的人们开始使用照明工具。胸口的疼痛稍稍减轻了一些，刚好减轻到重又可以行走。一步一步，他感受着脚下的土地，仿佛是在替所有躺在这儿的人迈步，又同时是在为自己而行走，跟随着记忆的脚步。回去！回去！回到没有死亡、一切可以再次从头开始的地方去。不为重复，只为比前次做得更好。第一声啼哭怎么可以越来越弱，它应该响彻云霄，直至震醒世界。但是他太累了，累到几乎无法思考。再最后思考一回吧，即便会让自己精疲力尽，就这最后一回，之后便向命运低头。

　　人生的第一串问题。没有什么是他不想知道的。小小年纪的他总是深信所问的每一个问题都有答案，而大多数时候他得到的回答也确实令人满意。此刻，在夜幕降临的墓地上，他最留恋的还是这段无忧无虑的童年时光。但是人终究要长大，他开始了追问，开始对时间有了概念，开始好奇好久不见的父亲去哪儿了，开始留意几乎就在父亲失踪的同时出现的邻居叔叔们，留意他们那一双双给他塞各种糖果的苍老而颤抖的双手。他想从母亲那儿知道他们后来去哪儿了，"你说谁？"母亲耸耸肩反问道，就好像她的记忆中根本没有他们的位置。他觉得，而且日后不止一次地觉得，母亲在说谎。而童年，那个他生命中永生的部分就在这样的怀疑和追问中戛然而止了。直到很久以后，当从战争中归来的阴郁瘦弱的父亲站在他的面前时，他才明白，母亲当时的谎言是出于对他的保护。父亲有一双和他们一样的手，那些曾悄悄塞给他巧克力块的污迹斑斑的手。生命中的人来人往究竟有怎样的规律？他自问道，不指望有任何答案。　这画不圆除不尽的人生。

　　思路就此打住，他把紫苑花放在了离自己最近的墓碑上——上面刻着"永远的罗伯特·瑟里希"。膝下是湿润的泥土，他开始向这个陌生人讲述有关自己第一声啼哭的故事，这是他确确实实曾发出过的声音，就像所有躺在这儿的人一样。

# TANG Yiming

## Fest der Hungergeister: Gedanken und Erinnerungen

Heute ist das Fest Zhongyuan, der 15. Juli im Bauernkalender, das Neujahr der Geister im Volksmund.

Als Kind hörte ich die Erwachsenen in meiner alten Heimat Folgendes erzählen: An diesem Tag öffnet sich wohl früh morgens das Tor der Unterwelt, der Gott des Jenseits beurlaubt alle Geister für einen Tagesausflug ins Diesseits zwecks Geld- und Geschenkbeschaffung. Daher sollen wir lebenden Menschen Geschenke und Geld bereithalten, damit die Geister, unsere verstorbenen Verwandten also, sie jederzeit abholen können. Da wir zahllose tote Verwandte haben und sie alle zu beschenken uns überfordern würde, beschenken wir nur mehr die engsten Verwandten im Jenseits: die seligen Eltern, Großeltern und höchstens noch die Urgroßeltern, dazu kommen noch unsere minderjährig verstorbenen Geschwister, denn sind diese erst volljährig von uns gegangen, obliegt es ihren eigenen Kindern, sie zu beschenken.

Die Bauern sind anständig oder bieder beziehungsweise dumm. Es ist alles dasselbe. Jedenfalls glauben sie an Götter und Geister. »Ein Meter über dem Kopf des Menschen wachen schon die Götter«, sagen sie oft. »Fürchtest du bei solchen Sünden nicht etwa, dass dir Kinder verwehrt werden?«, belehren sie die Jugendlichen. »Ach, das darf ich nicht machen, denn ein Meter über dem Kopf des Menschen wachen schon die Götter«, warnen sie sich selbst. Deshalb sind die Bauern mit diesem Fest voller Ehrfurcht beschäftigt. Fromm bereiten sie Imbisse und Obst vor, vor allem aber Geld natürlich, das Totengeld heißt und aus rauem Papier gemacht wird.

Beim Herstellen von Totengeld sind die Bauern voller Pietät. Ich kann mich bis heute erinnern, wie mein Onkel Totengeld erzeugte. Ja, die Bauern erhielten das Geld nicht von der Bank, die es auf dem Land damals nicht gab, auch nicht aus Geschäften, sondern sie machten es selbst: Sie legten einen Stapel raues Papier auf einen Holzhacktisch, der sehr robust und stabil war und keine Schnitte fürchtete, und schnitten mit einem halbrunden Meißel Muster heraus, fertig war das Totengeld. Dabei durfte man nicht trödeln, sondern musste mit einem Hammer fest auf den Schaft des Meißels schlagen, um ihn ganz durchzubekommen. Das heißt, der ganze Stapel musste durchgemeißelt werden, damit aus jedem Blatt Geld wurde. Papier ohne durchlochtes Muster war nur Papier und wertlos für die Geister, unsere verstorbenen Verwandten.

Die Bauern sind anständig oder bieder beziehungsweise dumm. Es ist alles dasselbe, wie gesagt. Ich weiß noch, sie machten das Geld ohne Wertangaben, natürlich kümmerte es sie auch nicht, ob es sich um die chinesische oder die amerikanische Währung handelte. Im Vergleich zu ihnen sind die Zeitgenossen in Wuhan viel klüger, die ich gestern Abend bei der Totengeld-Opferung im Jiangtan-Park beobachtet habe. Auf dem modernen Totengeld werden Werte, wie

Zigtausend, Millionen oder gar Milliarden ausdrücklich angegeben, es mangelt an Währungsangaben wie RMB, Dollar oder Euro. Auch Goldbarren aus Papier werden geopfert, die es auf dem Land ebenfalls nicht gab, allerdings nur damals nicht. Durch die Politik der Öffnung und Reformen hat wohl auch dort der Luxus Einzug gehalten. Die Zeitgenossen wollen in Saus und Braus leben, sorgen gleichermaßen für die verblichenen Ahnen und bedenken sie nicht nur mit Totengeld, sondern auch mit Papiervillen oder gar -nebenfrauen. So weit werden die Bauern trotz allem nicht gekommen sein.

Aber die Bauern übertreffen die Stadtbewohner in ihrer Pietät und Sorgfalt. Als Kind hatte ich beim Zhongyuan-Fest immer die Aufgabe, Kuverts zu schreiben, die Geld an die verstorbenen Verwandten beinhalteten. Auch wenn die Adresse fehlte, durfte die Anrede keinesfalls falsch sein, z.B. Seliger Großvater Herr XY, und dann der Absender: Ehrfürchtiger Enkel XY. Ich war damals zwar noch keine zehn Jahre alt, war allerdings Schüler, konnte mit dem Pinsel schreiben, war also für diese Aufgabe prädestiniert. Da diktierte mir mein Onkel immer daneben stehend, um meine Schrift zu kontrollieren. Bei Fehlern musste ich mit Schlägen rechnen. In meinen Augen war das Kuvertschreiben eine absolut wichtige Aufgabe, ohne die das Geld unmöglich meine Verwandten im Jenseits erreichen konnte. Gestern ist mir aber aufgefallen, dass die opfernden Städter diesen unerlässlichen Punkt einfach außer Acht lassen. In der heutigen Zeit gelangt nicht einmal eine genau adressierte Sendung zum richtigen Empfänger, oder wird einfach abgefangen. Ohne Empfänger ist doch alles umsonst. Vor zwei Wochen erhielten meine

Freunde eine Nachricht von mir aus Großbritannien, wonach mir mein Gepäck, Brieftasche, Handy und Kreditkarte gestohlen wurden und ich daher in großer Not in der Fremde dringend Geld benötigte. Als ich dann Anrufe von Dutzenden besorgter Freunde erhielt, war mir klar, dass mein Mailkonto gehackt wurde. Betrug und Diebstahl gab es schon immer, aber dass diese Fälle so ausufern und so skrupellos begangen werden wie in der heutigen chinesischen Gesellschaft, ist wohl beispiellos. Wenn es im Diesseits schon so wild zugeht, kann das Jenseits besser organisiert sein?

Freilich: Unsere Stadtbewohner und Zeitgenossen sind klüger oder gerissener beziehungsweise durchtriebener. Es ist alles dasselbe. Sie denken, Gottes- und Geisteranbetung ist bloß eine Zeremonie, die man nicht so ernst nehmen muss wie die Bauern oder früheren Menschen. Nach jahrzehntelanger Gehirnwäsche durch den Atheismus können Chinesen bei neuerlichen Buddhaanbetungen oder Geisteropferungen kaum festen Glaubens und voller Pietät sein, sondern höchstens nur halbherzig und halbgläubig. Sie meinen, es sei besser, daran zu glauben, als gar nicht zu glauben, vorsichtshalber; denn was wäre, wenn es Geister doch gibt?

Es ist schwer zu konstatieren, ob es Geister gibt oder nicht. Während die Gläubigen keinen Geist oder Gott heraufbeschwören und herzeigen können, schaffen es die Ungläubigen auch nicht, die Nichtexistenz zu beweisen. In der sichtbaren dreidimensionalen Welt gibt es zwar keinen Gott oder Geist, aber was ist mit der vier-, oder fünf- oder sechsdimensionalen Welt? Wie kann man das sicher ausschließen?

Als Kind hörte ich Bauern erzählen: Es gibt nicht nur Geister, sondern man kann sie auch sehen, nur nicht jeder, sondern nur die mit den kleinen Flammen, während die mit den großen Flammen blind sind. Wer sind denn die mit den kleinen Flammen? Das sind Kinder, Kranke, Alte und Gebrechliche; und die mit den großen Flammen sind hingegen Erwachsene, Gesunde, insbesondere Starke und Jähzornige. Offenbar nehmen es auch die Geister lieber mit den Schwächeren auf. Daher ist es für Kinder, Kranke und Geschwächte sehr ratsam, am 15. Juli, besonders nach Mitternacht, zu Hause zu bleiben, auch die Gesunden sollten am besten nichts riskieren. Denn dann steht das Tor des Jenseits weit offen und alle Geister tauchen im Diesseits auf. Es wird wohl nicht so lustig sein, ihnen zu begegnen.

Die Menschen im Altertum – ich meine damit hauptsächlich Chinesen, bei Ausländern kenne ich mich nicht aus – glaubten in der Regel an Götter und Geister. Es gab auch Ausnahmen. In den Dynastien Wei und Jin war das Theoretisieren weit verbreitet. Ein beliebtes Thema stellte dabei die Existenz oder Nichtexistenz von Göttern beziehungsweise Geistern dar. Ein solcher Diskurs konnte unmöglich ein alle überzeugendes Resultat hervorbringen, genausowenig der moderne und endlose Streit zwischen Materialismus und Idealismus, aus dem ebenfalls kein Sieger hervorgegangen ist; die Gläubigen glauben felsenfest weiter, und die Ungläubigen verharren nach wie vor im Unglauben. Ich erzähle nun abschließend eine Geschichte aus der Wei-Jin-Zeit über den Diskurs zwischen einem Menschen und einem Geist:

Ruan Zhan alias Qianli war ein Geister-Verneiner und nie um eine Antwort verlegen. Er behauptete stolz, durch

Diskussionen immer die Wahrheit finden zu können. Eines Tages bekam er Besuch, sie grüßten sich und philosophierten. Der Gast war sehr wortgewandt. Nach langen Diskussionen kamen sie auf das Thema „Götter und Geister". Es war ein hartes Wortgefecht, bei dem der Gast schließlich nachgab und sagte: »In der Vergangenheit wie heute haben alle Weisen über Götter und Geister gesprochen. Woher wisst Ihr allein, dass es keine gibt? Ich bin nämlich einer«. Dabei verwandelte er sich und verschwand. Zhan verstummte, wurde krank und verstarb ein Jahr später.

Diese Geschichte ist Gan Baos Göttersuche entnommen und fand genauso Niederschlag im amtlichen Geschichtsbuch Buch *Jin*: Ruan Ji, eine Biografie. Daraus wird ersichtlich, dass die Menschen damals an Geister geglaubt haben.

唐翼明

中元节忆旧说鬼

今天是中元节,农历七月十五,俗称"鬼过年"。

小时候听乡下老家的大人说,这一天——想来应该是凌晨,鬼门关打开,阎王爷给鬼们放假,把他们从阴间放出来,到阳间来耍一回,弄些礼品、钱财回去享用。因此阳间的人就要准备好礼品、钱财,以便给自己的鬼亲戚来取。鬼亲戚很多,一一馈赠,恐怕没有几家人送得起,所以一般的人家通常也就只送跟自己很亲的鬼,父母啦,祖父母啦,最多到曾祖父母;还有夭殇的兄弟姐妹啦——如果是成年的,他们有自己的子女,当然就不必送了。

乡下人很淳朴,或者说很老实,或者说不聪明——总之都一样,他们还真信鬼神是有的,"举头三尺有神明",是他们常常挂在嘴边的话。"举头三尺有神明,做这种缺德事,你就不怕断子绝孙!"这是教训青年后生的。"哎,这种事我不能做,举头三尺有神明。"这是儆戒自己的。所以到了中元节,乡下人便都恭恭敬敬地忙碌起来,恭恭敬敬地准备一些点心瓜果之类,当然尤其重要的是准备一些钱财——乡下人叫"冥钱"或"纸钱",是用一种很粗的草纸做的。

乡下人做冥钱时是很认真很恭敬的。我还记得我伯父打钱的样子,我说"打钱",是因为这钱不是从银行拿的(那时乡下也没有银行),也不是从店铺里买现成的，而是自己打的。把一叠粗草纸放在柴凳上——柴凳是劈柴时用的凳，粗厚稳当，不怕刀砍斧劈，用一把刀口成半圆形的凿在纸上凿出一排排的花纹，这纸钱就算打好了。凿花纹时不能偷懒，要用一把锤子在凿柄上使劲地敲，每一凿都要凿到底，就是说，凿口要穿透那一厚叠纸，一直凿到柴凳上，这样才能把每一张纸都变成钱——没有凿花的纸只是纸，不算钱，祖先或鬼亲们拿到是不能用的。

乡下人很淳朴，或者说很老实，或者说不聪明——总之都一样，我前面已经说过，我记得他们做的纸钱竟然没有标明每一张币值是多少，当然更没有标明是人民币还是美金。我昨天晚上看到在江滩公园烧冥纸的武汉市的朋友们就聪明多了，那纸钱上明明白白地标着几万元、几百万元乃至几亿元，人民币美金欧元应有尽有。还有烧纸元宝的，我记得乡下人好像也没有——当然是那时候的乡下人，如今改革开放风气大开，应该不会像从前那么简陋了吧。听说现在人都想过好生活所以替祖先也想得很周到，有人烧纸钱的同时，还有烧一栋纸糊的大房子的，更周到的则是连纸做的二奶都准备了，这当然更是乡下人想不到的。

但我以为乡下人的诚意和细心其实都超过城里人。我记得小时候每逢中元节我便有一个任务，是写信封——给祖先和鬼亲们寄钱的信封，虽然没有地址，但名字和称呼是不能搞错的，如"先祖父某某公"，还要落款，如"孝孙某某"。我那时虽然不到十岁，但已经进了学校，会用毛笔写字，所以这件事责无旁贷。每当这时候伯父便站在旁边口述，亲眼看我写上去，还不能写错，写错了头上是要挨"栗凿"

（或"栗啄"？）的。我觉得写信封这事的确很重要，不然怎么能保证这些纸钱能送到祖先或鬼亲们的手上呢？昨晚我看那些烧钱的城里人便都疏忽了这件事，今天这个社会就算信封上写得明明白白还会送错或被人拦截，那不写信封岂不是白寄了吗？半月前我的朋友们都从电脑邮箱里收到了一封我从英国寄出的信，说我被人窃去了行李皮包手机信用卡，现在被困异乡急需朋友们汇钱救急云云，结果我接二连三收到几十位朋友的关切电话，才知道我的邮箱被人盗用了。诈骗偷窃，自古不免，但像今天中国社会如此之多如牛毛且肆行无忌，则也真可说是空前了。阳间如此，难道阴间会比阳间治理得更好吗？

当然，城里人和现代人比较聪明，或说比较滑头，或说比较懂得变通——总之都一样，他们想，敬鬼神不过是尽心而已，何必像乡下人和从前人那样较真呢？经过了几十年无神论洗脑的中国人，现在回过头来烧香拜佛敬祖先，很难做到正心诚意，顶多是半信半疑，他们想，宁可信其有，不可信其无，以防万一——万一真有鬼神呢？

鬼神之有无这件事实在是很难断定的，说有的固不能找一个鬼或神来给大家看看，说无的也无法证明鬼神一定不存在。在可感可见的三维空间里没有鬼神，但四维空间呢？五维六维呢？你敢断定就没有？我小时候就听乡里人讲，鬼不仅是有的，而且是可见的，但不是人人都会见到鬼，"火焰低"的人才会见到，"火焰高"的人则见不到。什么人"火焰低"呢？小孩、病人、年老体弱的人；什么人"火焰高"呢？成年人、健康人、尤其是体魄强壮脾气大的人。看来鬼也欺软怕硬。所以七月十五那一天尤其是半夜以后，小孩病人体弱的人千万不能出门，就是一般人也最好不要去冒险，因为那时候鬼门关开了，阴间的鬼都跑到阳间晃荡，万一撞到总不是好玩的。

古人——我说的主要是中国古人，洋人则未细考——多半信鬼，但也有不信的。魏晋时代流行清谈，清谈中有个论题就是辩鬼神之有无。这场辩论当然也没有得出什么众人一致信服的结论，就像今天的唯心唯物之辩，辩来辩去，还是信者恒信，不信者恒不信，谁也不能把对方辩倒。下面一则有趣的魏晋清谈故事，是记鬼和人辩论鬼神之有无的，录供朋友们欣赏：

阮瞻字千里，素执无鬼论，物莫能难。每自谓此理足以辨正幽明。忽有客通名诣瞻，寒温毕，聊谈名理。客甚有才辨。瞻与之言良久，及鬼神之事，反复甚苦。客遂屈，乃作色曰："鬼神古今圣贤所共传，君何得独言无？即仆便是鬼。"于是变为异形，须臾消灭。瞻默然，意色大恶。岁余，病卒。

这个故事见于干宝的《搜神记》，但正史《晋书·阮瞻传》也载了这件事，可见当时的人是真信有鬼的。

Thomas STANGL

Ich fürchte, ich bin geboren
(Der Martinsumzug)


Ich werde also vom Hermannslied erzählen und von den Tieren, von den Tieren im Lied, die wie Kinder sind, aber vor allem natürlich von den Kindern, in dieser oder jener Zeit.

Für die meisten hat der Martinsumzug keine Bedeutung, Jahre oder Jahrzehnte lang habe ich nichts von diesem Fest gemerkt; oder beinahe nichts: Wenn ich mich zufällig rund um den 11. November am späten Nachmittag, wenn es, um diese Jahreszeit, schon dunkel ist, auf die Straße verirrte, waren mir sicherlich die Zwerge und die Lichter aufgefallen, sicherlich habe ich die alten und niemals ganz vergessenen Melodien wahrgenommen, die für mich immer die eines einzigen Liedes waren: *Sonne, Mond und Sterne, ich geh mit meiner Laterne und meine Laterne mit mir.* Manchmal hat sich in seinen letzten Jahren mein Vater, wahrscheinlich im November, wenn er vom Balkon aus auf die an der Kirche vorbeimarschierenden Kindergartenkinder schaute, daran erinnert, dass ich, dreißig, fünfunddreißig Jahre davor, eines dieser Kindergartenkinder war, vielleicht in einem Wunsch, damals wäre die Zeit stehen geblieben. Der Sohn auf immer das kleine Kind mit leuchtenden Augen, und nicht irgendein Erwachsener. Ein einziges Mal ist dieses Kind beim Umzug mitgegangen: Ganz vage habe ich selbst die Aufregung von damals noch im Gedächtnis, die Verwirrung, das Leuchten, das Herumstehen und das Gehen zwischen den anderen Kindern (oder ist es längst die Erinnerung meines Vaters, die jede eigene Erinnerung ersetzt hat?). Zwerge mit ihren Mützen, kleine Kinderstimmen: *Oben leuchten die Sterne und unten, da leuchten wir. Ich geh mit meiner Laterne und meine Laterne mit mir.*

Die Zeiten, in denen die Tage Heiligen zugeordnet waren, sind längst vergangen. Auf den Kalendern sind diese Namen noch eingezeichnet, aus den Köpfen längst verschwunden, mit ganz wenigen Ausnahmen wie gerade noch, der Kinder und eines traditionellen Gänseessens wegen, der 11. November. Der Martinstag markiert sicherlich den Winteranfang, den Beginn der dunklen Jahreszeit; und markierte über Jahrhunderte auch den mit einem letzten Festmahl begangenen Beginn einer Fastenzeit. Der Zusammenhang mit dem Heiligen Martin von Tours, der, wie ich in Wikipedia lese, am 11. November 397 begraben wurde, ist den verschiedenen mit diesem Tag verbundenen Festen nicht mehr allzu deutlich anzumerken, und – so wie beim Weihnachtsfest und allen anderen einst christlich geprägten Festen – ist dieser Verlust in Wahrheit auch egal, weil es immer um etwas anderes geht, das Fest an sich das Wichtige ist, nicht das religiöse Rundherum. Angeblich aber wurde der Leichnam des Heiligen Martin mit dem Boot in einer Lichterprozession von Candes, wo er verstorben war, über die Loire nach Tours überführt. Dieses Totenbegängnis wiederholen also in den Straßen und Gassen der deutschen und österreichischen Städte seit Jahrhunderten die kleinen Kinder.

Es geht um die Wiederholung, nicht darum, was wiederholt wird. Feste geben der Zeit einen Rhythmus, mit dem Rhythmus einen Halt; der Schwindel der linearen Zeit, in der wir zu leben glauben, wird aufgehoben in einer anderen, älteren und, wie es scheint, unverzichtbaren Illusion, jener der Wiederkehr: Eine kreisförmige Zeit, ein Spiel von Wiederholung und Erwartung. Kinder leben in einer solchen kreisförmigen Zeit; vor allem für Kinder (oder für unser Bild von Kindern und vom Kindsein) ist diese Illusion, dieser Halt unverzichtbar.

Vom Ritual, dessen ferne Quelle eine Bootsfahrt mit totem Bischof war, sind Papierlaternen mit kleinen Lichtern in einer (von Jahr zu Jahr mehr) von Kamerablitzen durchzuckten Finsternis geblieben, ein halb verwirrter, halb glücklicher Kinderblick, das Durcheinanderwuseln stolzer Eltern, ein kleiner Demonstrationszug, der nichts fordert und nichts bekämpft, Zweierreihen (eine Hand, die in einer anderen Hand liegt), das in Nichts gegründete Vertrauen der Kinder, dass ein solcher Tag, mit seiner ihnen unbekannten oder höchstens halb bekannten Bedeutung, immer wieder kommen wird (oder ist es nur ein begründetes Vertrauen in das Wunder dieses Festes, dieser Lichter, dieses ganz besonderen Moments?).

Im Kindergarten wird der Martinsumzug wochenlang vorbereitet, Laternen werden gebastelt, Lieder und kleine Tanzeinlagen gelernt. Die Echos dieser Aktivitäten, die in die Elternhäuser dringen, sind manchmal verwirrend. »Und dann haben wir das Hermannslied gesungen, da muss man sagen: ich fürchte, ich bin geboren.« Den Eltern erscheint etwas rätselhaft, was die Dreijährige nach dem Heimkommen vom Kindergarten erzählt. Von einem Hermannslied haben sie noch nie gehört, sie erinnern sich nur vage an die Hermannsschlacht, die ihnen schwerlich für Kinderfeste (falls überhaupt für irgendwelche Gelegenheiten) geeignet erscheint. An den nächsten Tagen verändert sich der Text langsam: *Ich fürcht mich so im Dunkeln.* Diese Zeile hat sich im Kopf des kleinen Mädchens offenbar mit dem *Wie schön, dass du geboren bist* aus einem Geburtstagslied vermischt. Erst als ein kleines Heftchen mit dem ganzen Text des Hermannslieds gebracht wird, verstehen die Eltern wirklich, worum es geht: Hermann, das ist ein Zoowärter, der abends eingeschlafen ist, ohne Licht zu machen, und die Tiere versuchen nacheinander, ihn zu wecken. Der Elefant trompetet, der Löwe brüllt: »Komm doch, Hermann, zünd die Lichter an. Es ist schon so finster, dass man nichts sehen kann. Ich fürcht mich so im Dunkeln, ohne jedes Licht. Komm doch, Hermann, vergiss die Tiere nicht.« Hermann verschläft das Trompeten des Elefanten und das Brüllen des Löwen, erst der Maus, die ihm ins Ohr flüstert, gelingt es, ihn zu wecken. Am Tag des Martinsumzugs singen die versammelten Kindergartenkinder, ob drei- oder sechsjährig, dieses Lied mit ganz besonderer Begeisterung, lieber noch als die berühmten Laternenlieder. Auch den Eltern geht es in seltsamer Weise nahe. Vielleicht gerade wegen der ersten Verwirrung, vielleicht gerade weil man, durch diese einzelnen aus Liedern herausgerissenen Zeilen, die sich mit Zeilen aus anderen Liedern vermengen, glaubt, eine Ahnung von etwas anderem zu bekommen, etwas im Hintergrund, einem Dunkel unter der Harmlosigkeit der Kinderlieder.

Um fünf Uhr nachmittags treffen sich in einem Park nahe dem Kindergarten Kinder, Betreuerinnen, Eltern, einige Großeltern. Es ist kälter, als man gedacht hat, und man beginnt an den Füßen zu frieren, schon am Anfang, während alle herumstehen, die Lichter in den Laternen noch nicht angezündet sind, es dunkler ist als man, hier in der Großstadt, gewohnt ist, das eigene, gleich bei einer Betreuerin abgegebene Kind aus der Ferne kaum noch unter den anderen Kindern herauszukennen ist. Sie hatte doch eine rote Mütze auf. Man tritt von einem Bein auf das andere, niemals würde man zugeben, dass man sich etwas langweilt. Welche der anderen Eltern müsste man eigentlich erkennen, nicht leicht zu sagen im ersten Kindergartenherbst. Eine Betreuerin hat eine Gitarre auf dem Schoß, die Lichter gehen an, die Kameras heben sich, Blitze lassen Gesichter aufleuchten, die auf den Fotos (soll man sie gleich löschen?) verschreckt und unnatürlich grell ausschauen werden. Die kleinsten Kinder (das eigene) tanzen, in einer nicht ganz leicht zu erkennenden Choreographie, mit an Stöcke gebundenen Papierbändern zu einer Gitarrenmelodie einen Blättertanz; dann tanzen die größeren Kinder (das interessiert nicht) in etwas leichter zu erkennender Choreographie irgendeinen anderen Tanz. Dann singen alle Kinder das Hermannslied, mit schmetterndem Refrain, die Kameras nehmen Filme auf, mit schemenhaften Gestalten im Dunkel des Parks, den sanft schaukelnden Lichtvierecken der Laternen, dem fröhlich geschrienen *Komm doch, Hermann* auf der Tonspur. Dann werden die Kinder mühsam zu Zweierreihen versammelt, eine Kinderhand, die in der anderen liegt, ein türkischer Junge mit Brille an der Seite des kleinen Mädchens, dahinter, mit Kopftuch und iPhone, die dicke Mutter des Jungen; endlich setzt sich der Zug in Bewegung, verlässt den Park, die Eltern hüpfen am Rand, ihre Kameras in der Hand, mit und versuchen, an den Engstellen am Ausgang des Parks und in den schmäleren Gassen auf Höhe des eigenen Kindes zu bleiben. Sie ziehen durch eine Fußgängerzone und erinnern sich an frühere Zeiten, als sie hier oder anderswo für und gegen dieses und jenes demonstrierten, in ganz dem gleichen Tempo dahingehend, es wird gesungen: *Sonne, Mond und Sterne, ich geh mit meiner Laterne,* warum gehen keine Mäuse mit, keine Löwen, Elefanten, man friert an den Füßen, aber nicht zu sehr, denn gleich wird es vorbei sein, die Menge wird sich zerstreuen, gleich wird man Pizza holen, das Kind, das nicht mehr gehen will, auf den Schultern, eine Zeit lang leuchtet das Licht in der Laterne noch vor sich hin, oben die Sterne sieht man nicht, hier in der Stadt, hier unter der Hochnebeldecke. Man wird sich immer an diesen Tag erinnern, an irgendein Nichts, das diesen Tag ausgemacht hat, darauf vertraut man. Ich möchte, dass die Tiere mit mir sprechen, und ich möchte, so wie meine Tochter, mit Kuscheltieren sprechen können. *Maus, komm her, Maus, du bist das Kind und ich bin die Eltern. Und jetzt bin ich das Kind und du die Eltern.*

Wie bei Weihnachten und bei allen Festen, die in erster Linie zu Kinderfesten geworden sind, weiß man nicht genau, ob sie wirklich für die Kinder da sind oder nicht eher einem Bedürfnis der Eltern folgen; dem Bedürfnis gerührt zu sein, jetzt vor diesen kleinen Laternen und kleinen Stimmen oder später, wenn sie sich erinnern werden, wie klein die Kleinen einmal waren und wie sie als kleine Lichter, die doch irgendwie immer noch da sind, durchs Dunkel zogen. Wenn sie die Augen schließen, sind diese Lichter jedenfalls noch da. Und dann versuchen sie, mit zitternder Greisenstimme (oder mit täuschend voller Stimme) das Martinslied zu singen, vielleicht schaut und hört ein Kind (ihr Kind, jemand, der ein Kind war und es längst nicht mehr ist) gerührt zu und denkt (oder versucht den Gedanken zu verdrängen), dass es sich an dieses Singen erinnern wird, einmal, bald, wenn diese Greisenstimme, diese täuschend volle Stimme nicht mehr da sein wird, es wird sich erinnern, und wenn es die Augen schließt, im Dunkeln noch diese Stimme hören. *Mein Licht ist aus, ich geh nach Haus, rabimmel-rabammel-rabumm.* Immer möchte man so Dinge sagen können, wie Rabimmel-rabammel-rabumm, Dinge, die überhaupt nichts bedeuten, ein kindlicher, glücklicher Singsang; immerzu diesen Singsang hören, während man frierend dasteht in einem Park und dann in einem Zug, wie in einer Demonstration (aber einer Demonstration für nichts, einer Demonstration ohne Bedeutung, beinah einer Demonstration für die Bedeutungslosigkeit) durch die Straßen zieht; immer dastehen wird, immer zuhören, immer weiterziehen wird und am Ende, wenn das Licht aus ist, zu Hause ankommen.

托马斯·斯坦格

我害怕出生
（圣马丁节游行）


我要讲述的是关于海尔曼之歌，关于动物、那些歌里像孩子一样的动物，当然最主要的还是关于这个或那个年代的孩子的故事。

  对大多数人而言圣马丁节的游行没有什么意义，几年或几十年来我不曾留意这个节日，或者说几乎没有：若我曾偶然于十一月十一日的傍晚在街上迷了路，而且这个季节这个时候天也已经黑了，那我肯定注意到了小矮人和灯笼，我也肯定听到了那个古老的、从不曾完全被遗忘的旋律，这旋律在我的印象中永远只属于一首歌："太阳、月亮、星星，我和我的灯笼一起走，我的灯笼跟我一起走。"父亲在最后几年中，有时，大约是十一月，当他从阳台上看到列队路过教堂的幼儿园孩子时，会想起三十或三十五年前我也曾是这些孩子中的一员，或许还会希望时间就停止在那时，儿子永远是有着明亮眼睛的孩子，而不是某个成年人。这个孩子只参加过一次圣马丁节游行：我对当时的兴奋只有模糊的记忆，混乱、闪耀、闲站着、挨着其他孩子走动。（或许很久以来这就是父亲的记忆，而他的记忆已经代替了我自己的？）戴着帽子的小矮人，稚嫩的童声："天上星星发光，地上我们闪亮，我和我的灯笼一起走，我的灯笼跟我一起走。"

以圣人命名日子的时代早已远去，虽然挂历上还写着他们的名字，但这些名字早已从我们的意识中消失。只有极少数是例外，比如刚刚提到的十一月十一日，也是因为孩子和鹅肉宴的缘故。毫无疑问，圣马丁节是进入冬季这个阴暗季节的标志，数百年来它的到来也标志着斋戒期的开始，节日上人们还能享用斋戒前最后一顿盛宴。若干与这一天有关的节日与我在维基百科里读到的葬于公元397年11月11日的都尔的圣人马丁之间的联系已经不再一目了然。但是就像圣诞节和其它所有曾经的基督教节日所经历的演变发展一样，这种损失其实无伤大雅，因为一直以来庆祝这些节日都是醉翁之意不在酒，重要的是节日本身而非外围的宗教色彩。据称，圣马丁的遗体是在一场灯光游行中用船从康代，即他去世的地方，经卢瓦尔河运往都尔的。这个安葬仪式被德国和奥地利的孩童们在城市的大街小巷已经重复了数百年。

重点是重复本身而不是重复的内容。节日赋予时间节奏，有了节奏就有了停顿和落脚点。我们以为自己生活在直线式延伸的时间里，这种一往直前带来的眩晕感被另一种更古老的、看似不可或缺的幻想所消除，——关于再现的幻想：圆形的时间，重复与期待交织而成的游戏。孩子们生活在圆形的时间里，特别对孩子（或是对我们所定义的孩子和童年）而言，这种幻想是必不可少的。

起源于遥远年代用船运送主教遗体的节日仪式如今只剩下年复一年被越来越多照相机闪光灯划亮的黑暗中泛着盈盈灯光的纸灯笼了，伴随着孩子们半是困惑半是幸福的目光，自豪的家长们慌乱忙碌的身影，一条人数不多的游行队伍，一场无所为无所求的游行，手拉手排成两队的孩子们无端地相信这一天会再度来临，尽管这个节日的含义他们并不知晓或最多只是一知半解。（又或许这只是对这个节日、这些灯光、这个特殊时刻的奇迹效应的一种有缘由的相信？）

　　幼儿园里圣马丁节游行的准备工作要持续数星期之久。孩子们制作灯笼，学习歌曲和简短的舞蹈。这些活动透进家中的回声有时是令人困惑的。"然后我们唱了海尔曼之歌，这个时候必须要说：我害怕出生。"一个三岁小女孩从幼儿园回来后说的话让家长有些摸不着头脑。他们从没听说过什么海尔曼之歌，只是对海尔曼战役有模糊的印象，但这（如果非要适合一个场合的话）也太不适合孩子们的节日了。后面的几天歌词慢慢有了改动："黑暗中我是如此害怕"。小女孩显然把这句歌词和某首生日歌里的一句"你的出生是多么美好混淆了"。直到她把一本印有整首《海尔曼之歌》歌词的小册子带回家后，家长们才明白歌中所唱的到底是什么：海尔曼是一位动物园看守人，晚上没有点灯就睡着了，动物们一个接一个地尝试把他叫醒。大象吹着喇叭，狮子吼叫道："快醒来，海尔曼，把灯点上，天已经黑到什么也看不见了。黑暗中我是如此害怕，没有一点光亮。快醒来，海尔曼，别把动物们忘了。"看守人没有被大象的喇叭声和狮子的吼叫声叫醒，倒是被一只对他窃窃私语的老鼠叫醒了。圣马丁节游行当天，集合在一起的幼儿园孩子们，不管是三岁还是六岁，都带着一种特殊的热情唱着这首歌，相比那些灯笼歌谣孩子们似乎更偏爱这首。家长们却会感到不同寻常的伤心，也许恰恰是因为孩子最初的话带给他们的困惑，也许恰恰是因为家长们相信从截取自不同歌曲并拼接而成的歌词中捕捉到了另外的东西，一种背景深处的东西，一种隐藏在单纯儿童歌曲下的阴暗。

　　下午五点，在幼儿园附近的公园里，孩子们、老师们、爸妈们以及一些爷爷奶奶外公外婆们聚在了一起。天气比想象中的冷。脚开始冰凉，而活动才刚拉开序幕。大家都闲站着，灯笼还没有点亮，周围是一片大城市的人们不太习惯的黑暗，从远处几乎很难在一群孩子中辨认出刚刚托付给老师的自家的孩子。她是戴了一顶红帽子的。家长们来回跺着脚，怎么都不会承认自己其实感觉有些无聊。其他家长的孩子也应该认识几个了，但刚入园的第一个秋天要做到这点还是有些困难。其中一个老师腿上有把吉他。灯笼被点亮了，家长们纷纷举起相机。闪光灯照亮了孩子们的脸庞，只是照片上（是不是应该马上删掉？）这些强光下的脸会显得有些胆怯，而且亮得也不自然。年龄最小的孩子们（自己的孩子就在其中）开始随着吉他的旋律挥动绑着纸带的小棍，跳不太辨认得出动作的树叶舞；然后是大一些的孩子们（跟自己没什么关系）跳一支比较容易看清动作的舞蹈；随后所有的孩子以重唱的形式的一起高唱《海尔曼之歌》。这一幕幕被家长们用相机录了下来：黑暗中公园里朦胧的身影，温柔晃动的灯笼的四边形光亮，那声欢乐的呼喊"快醒来，海尔曼"。随后老师们费劲地把孩子们集合成两队，并排的两个孩子手拉着手。一个戴眼镜的土耳其小男孩和一个小女孩并排，他们身后是男孩胖胖的、裹着头巾举着苹果手机的母亲。终于队列开始移动并离开了公园，手持相机的家长们拥在队列周围跟着一同蹦跳，并试图在狭窄的公园出口处或是小巷中与自己的孩子保持同步。穿过步行区时他们想起了自己曾在这里或其它地方参加过各种名目的游行，曾走在匀速行进的游行队伍中。孩子们唱到："太阳、月亮、星星，我和我的灯笼一起走"，为什么一起走的不是老鼠、不是狮子和大象？脚冷，但还可以忍受，因为游行马上就要结束，人群也马上就要散开。然后就可以去吃披萨，谁家的孩子若是不愿继续走会被家长扛在肩头。灯笼里的灯还会再亮一段时间。在这样的城市里，在厚厚的雾层之下，人们是看不见天上的星星的。人们总是会回忆起这一天，回忆起一种虚无，而虚无正是这一天的意义所在。我想让动物们跟我说话，我和我的女儿都希望能和毛绒玩具动物们说话。"老鼠，过来，老鼠，你是孩子我是家长。现在我是孩子你是家长。"

  对圣诞节以及所有主要成为了儿童节日的节日而言，我们不清楚它们的存在是否真的是为了孩子，还是为了满足家长的某种需求，一种被什么东西感动的需求。现在被这些小灯笼、这些稚嫩的声音感动，又或是日后被一种对当年的回忆感动。当年孩子们多小啊，就像那些穿过黑暗的小小的灯光。不知怎么地总感觉这些灯光还在，一闭上眼就能看见它们。然后家长们试着用颤抖而苍老的声音（或故作饱满的声音）唱上一曲《马丁之歌》，或许有一个孩子（他们的孩子，曾经是孩子，如今早已长大成人）正动容地看着听着，想着（或是试图打消这个想法）自己有朝一日会忆起这歌声，就在再也听不见这颤抖苍老的、或故作饱满的声音之时。是的，他会忆起的。闭上双眼，黑暗中，这个声音仍在耳边回响："我的灯灭了，我回家去了，呼啦啦哦呼啦啦"。"呼啦啦哦呼啦啦"，人们都爱说这样毫无意义的词，一种天真而欢乐的哼唱。这哼唱在耳边不断响起,就在人们先是冻得发抖地站在公园里,继而随着游行队伍般的(一场无目的、无意义、几乎以无意义为名义的游行)队列穿过大街小巷时。永远会站在那儿,会倾听,会继续前行。最后,当灯光熄灭的时候,回到了家中。

# HAO Yuxiang

# Eine Nacht in den Bergen

Ich kann nicht mehr sagen, wie lange es her ist. Es war wohl um das Jahr 1990, als die Beziehungen zwischen Taiwan und Festlandchina wieder aufgenommen wurden, auch die Landreformen waren eine jung beschlossene Sache und der Wandel steckte noch in den Kinderschuhen. Alles war neu und nur vage erkennbar. Rückblickend staune ich sehr über die unaufhaltsame Vergänglichkeit dieser bewegenden Zeit.

Ich war mitten im Masterstudium an der Universität Taiwan und just im Alter der Neugier und des fehlenden Durchblicks. Meine Masterarbeit behandelte das Nuo-Theater, ein auf dem Land, insbesondere an der Südgrenze Chinas weit verbreitetes Volkstheater mit Masken. Recherchen zeigten, das Nuo-Theater existierte schon zu Konfuzius' Lebzeiten, stand oft in enger Verbindung mit religiösen Riten, kam bei den sozialen Unterschichten sehr gut an und galt als lebendes Fossil der chinesischen Theaterkunst. Im Rahmen meiner Masterarbeit machte ich mit meinem Professor in den Dörfern der Provinzen Guangxi, Yunnan, Guizhou und Zhejiang Feldstudien, am längsten und intensivsten aber in Fujian wegen seiner geografischen und kulturellen Nähe zu Taiwan.

Um das Frühlingsfest herum bereisten wir Fujian einen ganzen Monat lang von Süd bis Nord, nutzten die Theatersaison aus und untersuchten 13 Regionaltheatergattungen vor Ort, die in verwandter Form auch in Taiwan existierten. Tag und Nacht schauten wir Theateraufführungen an, bis uns die Augen schmerzten und wir nur mehr Lichter sahen, die auf der dunklen Bühne herumflitzten. Den Inhalt weiß ich heute nicht mehr, die einzige Ausnahme bildete die Aufführung beim Laternenfest, die ein nachtschwarzes Loch in mein Gedächtnis grub und mich nach so vielen Jahren immer noch erschaudern lässt.

Es trug sich wohl in einem kleinen Dorf der Region Putian in Fujian zu, an dessen Berge und steinige Serpentinen wir längst gewöhnt waren. Unser Kleinbus schaukelte so, als wäre er ein kleines Boot im endlosen Sog der rauen See. Wir Mitreisenden schlummerten fest, um uns herrschte strenge Einöde und Finsternis, die Fenster waren wie mit einem schwarzen Tuch verhüllt. Ohne Sicht hatte man umso mehr das Gefühl: Das Auto war wie von Geistern gebannt und konnte sich nicht von der Stelle rühren.

Beim Abendessen hatte ich besonders viel mit den Funktionären von Putian getrunken und konnte den Alkohol kaum vertragen. Es stieß mir sauer auf und ich wälzte mich am Sitz. Plötzlich rief einer: »Wir sind da!« Ich sprang auf und sah einige dunkelrote Laternen in der rabenschwarzen Nacht auftauchen und wie Irrlichter schnell auf uns zukommen. In der Nähe nahm ich unter den Lampions erst Kindergesichter wahr, die rot leuchteten und uns schüchtern zulächelten. Sie hatten schon lange gewartet.

Die Tür ging auf, ein Mann, wohl der Dorfvorsteher, stieg zu uns in den Bus, rieb sich die Hände und lachte mit seinen verfärbten Zähnen. »Tüchtig seid ihr! Unser Dorf ist schwer zu finden, eine so trostlose Gegend«, sagte er selbstironisch. Die Laternenfest-Feierlichkeiten, die die größten seit 20 Jahren waren und in ihrer Darstellung ihresgleichen in ganz Fujian suchten, hatten noch nicht richtig angefangen. Wir waren zum Glück rechtzeitig da.

Wir stiegen aus, folgten ihm auf einem schlammigen Pfad durch den Wald, machten eine Kurve und trauten unseren Augen nicht: Wir standen auf dem Dorfplatz, auf dem sich ein Tempel majestätisch erhob, mit einem für Süd-Fujian typischen Vordach, das sich überschwänglich nach oben bog und mit Drachen und Phönixen verziert den Himmel zu berühren schien. An der Dachrinne waren bunte Lampen angebracht, auch die Bäume am Straßenrand waren von Lichtern übersät. Das matte Licht übergoss das Dorf wie mit dunklem Blut.

Kaum konnte ich mich orientieren, entdeckte ich einen merkwürdigen Umzug. Es waren als Muschelgeister verkleidete fünf- oder sechsjährige Kinder, immer mit zwei schneeweißen und saphirumrandeten Muscheln auf dem Rücken, die in der Dunkelheit auf- und zuschlugen. Unmittelbar vor mir verschwanden die Kinder auf einmal in die Muscheln, aus denen sie anschließend ihre weißgepuderten und -gecremten Gesichter zeigten. Ich schreckte zurück, währenddessen bewegte sich der Umzug schon wieder weiter und verlor sich in der Ferne.

Eine Gruppe alter Damen wurde von der Finsternis wie ein riesiger Tausendfüßler herausgespuckt. Trotz ihres Alters wollten sie jung erscheinen und schminkten die Wangen pfirsichrot. In ihren Haaren steckten Blumen und am Gürtel zierliche Trommeln. Sie stolzierten lärmend daher und verblüfften uns alle. Endlich krabbelten sie gänzlich vorbei und es folgten als Pfirsichknaben verkleidete Kinder mit raketenartig stehenden Zöpfen. Als ich dem Umzug in Gedanken versunken nachsah, wurde eine Kommilitonin ungeduldig und zerrte mich in Richtung Bühne vor den Tempel. Die Aufführung hatte schon begonnen.

Es gab eine Puxian-Oper, die als Regionalkunst die alte Theaterform aus den Dynastien Song und Yuan insbesondere in musikalischer und sprachlicher Hinsicht bewahrte. Für das normale Publikum war diese Oper wohl nichts Besonderes: Es handelte sich um die Geschichte zwischen einem talentierten jungen Mann und einer schönen attraktiven Frau, gewürzt mit ein wenig Flirten, einer Portion Clownerie, etwas Tapferkeit und Kung Fu. Vor der Bühne war eine Reihe roter Hocker als VIP-Plätze für uns reserviert. Ich nahm dort Platz und fand kaum Interesse an den stark geschminkten Gesichtern auf der Bühne. Stattdessen fühlte ich mich von der Schönheit des Publikums angezogen, vor allem von den natürlichen Dorfmädchen.

Sie hatten durch ihre jahrelange Feldarbeit einen festen Körperbau und ein sonnengebräuntes Gesicht, die Augen leuchteten hell von den wasserreichen, grünen Bergen. Zum Laternenfest putzten sie sich wie selten heraus und kicherten unter den farbenfrohen Lampions. Das Laternenfest kam früher immer einem Schönheitswettbewerb gleich, verlor diesen Charakter aber im zeitgenössischen städtischen Treiben. Nun sah ich die alte Tradition neu aufleben: Die

Mädchen saßen zwar still vor der Bühne, wollten es aber unbedingt mit den Schauspielerinnen auf der Bühne aufnehmen, sie mit Jugend und Schönheit übertrumpfen und die Nacht zum Glühen bringen.

Mein Blick durchdrang die Masse und galt unweigerlich einem Mädchen schräg hinter mir, das einen langen Zopf trug, nicht wegschaute, sondern meinen Blick voller Neugier erwiderte, als ob es wissen wollte, woher ich, ein eben so junges Mädchen, käme, warum ich mich in so einem kleinen Bergdorf aufhielte und wohin ich anschließend ziehen würde.

Ihr ungenierter Blick erinnerte mich an Gong Li aus dem Film *Das rote Kornfeld*, die damals noch nicht – wie später durch den großen Ruhm – verdorben war. Im selben Augenblick war mir, als hätten wir uns schon das Herz ausgeschüttet und uns über Jugend, Liebe und das Leben ausgetauscht. Dann ergriff mich aber die Wut: So eine Schönheit sollte doch wie Gong Li große Filmrollen spielen und nicht auf einem roten Plastikschemel das fossilierte Puxian-Theater anschauen! Mich erschauderte der Gedanke an ihre Zukunft: Sie würde einen Bauern heiraten, Kinder kriegen und ihr Leben lang das Feld bestellen; ihr frecher Blick würde ermatten und Schmerzen würde sie wegen der schweren Feldarbeit schon in den besten Jahren erdulden müssen. Ich konnte nicht mehr ruhig sitzen bleiben, sehnte mich nach frischer Luft und entfernte mich mit einem Vorwand.

Ich wollte das Mädchen vergessen und folgte dem Umzug. Ich fasste Mut und ging ins Dorfinnere. Die Einöde nahm zu und die Nacht verfinsterte sich. Die seit sieben oder acht Jahrhunderten tradierten Klänge wurden immer spärlicher, nur mehr ein leises Miauen blieb über, und dann war Totenstille. Einige Hütten standen ohne erkennbare Ordnung am Straßenrand, die Türen halb offen und keine Menschenseele war zu sehen. An einer Tür leuchtete träge eine Lampe, unter der das Mao-Porträt herabschaute und mich angrinste.

Unwillkürlich ging ich schneller und ein Schatten sprang auf mich zu. Es war ein kichernder Greis, der mit Händen und Füßen ein Kauderwelsch zu mir sprach. Der Putian-Dialekt war zwar wie der Taiwan-Dialekt eine Südfujian-Mundart, aber ich verstand kein Wort. Der alte Mann gab aber nicht auf und wollte unbedingt, dass ich ihm folgte. So kamen wir zu einem Tempel, den er mit erwartungsvoller Miene betrat. Was wollte er mir zeigen? Selbst in der Dunkelheit konnte ich den starken Verfall des Tempels klar erkennen: Abgerissene Balken lagen neben der Tür und Spinnennetze, wohin man schaute. Ich drückte die Tür leicht und wurde sofort von einer dicken Staubschicht überzogen. Ich zögerte, traute mich nicht mehr nach vorne. Der alte Mann verschwand allein hinter die Tür und hob einen großen Tuchfetzen auf.

Bei dämmrigem Licht schaute ich genau hin und sah eine über drei Meter hohe Holzschnitzerei, reichlich verziert mit Drachen und Phönixen. Ihre Funktion war nicht erkennbar. Der alte Herr versuchte nun, Hochchinesisch zu sprechen, und stotterte mühevoll: »Antiquität, Ming-Dynastie; nein, noch älter: Song-Dynastie. Ein Schatz aus der Song-Zeit!« Sein matter Blick wurde dabei kristallklar, die Drachen und Phönixe schöpften auf einmal unterweltliche Energien, wurden lebendig und regten sich wie Schlangen.

Sie schielten boshaft, ihre Krallen wurden länger und griffen gierig nach mir. Ich erschrak, taumelte zurück und lief so schnell ich konnte in Richtung Theaterbühne.

Auf meiner Flucht stürzten unzählige Wesen auf mich zu, eine Mauer aus Schädeln und Körpern versperrte mir wie ein wogendes Meer den Weg. Ich zwängte mich zwischen den Körpern durch, sah aber die gespenstischen Umzüge mal rechts, mal links von mir auftauchen, nichts als Papierfiguren im Trauerzug, bunt bemalt mit erschreckend grellen Farben. Sie hielten alle einen dünnen Bambusstab in den Händen, der hoch in den Nachthimmel ragte. Böller hingen am Stab herunter, endlos lange Böllergeflechte, und baumelten wie Trauerfahnen in der Dunkelheit. Das Menschenmeer öffnete plötzlich einen schmalen Spalt, aus dem sich ein starker junger Mann – eine kleine Götterstatue an der Brust tragend und eine Schar anführend – wie wild auf mich zubewegte. Im selben Moment zündeten die Dorfbewohner das Feuerwerk. Die Nebelschwaden umhüllten alles, der Krach übertönte die Stimmen, ich explodierte beinahe selbst und sah nichts mehr. Ich trat zurück, stemmte mich mit dem Rücken gegen das Tempeltor, während Knallkörper an meiner Stirn und meinen Augenbrauen vorbeisausten und brennende Schmerzen verursachten.

Das letzte Bild, an das ich mich erinnern kann, war, dass der junge Mann mit der Götterstatue hervorstürmte, das Tempeltor aufging und ich rücklings hineinfiel. Die Menschenmasse überflutete mich im Nu und die schwarze Götterstatue schwamm geräuschlos an mir vorbei, in derselben Sekunde fiel das Tor wieder zu.

Nach einiger Zeit kam ich wieder zu mir und sah mich in der großen verschlossenen Tempelhalle sitzen, keine Spur mehr vom Böllerkrach oder Tumult. Zurück blieben nur acht schwarz gekleidete Männer, die auf Knien einen mir unverständlichen Fluch ausstießen. Todesstille lag in der Luft, die mich so zu erdrücken schien, dass ich ebenfalls niederkniete und mit meiner Stirn den kalten Boden berührte. Mich übermannte eine tiefe Trauer. Der rätselhafte Ort kam mir bekannt vor. Ja, die Verwünschungen waren mir in der Tat vertraut und flossen mir leicht von den Lippen. Erinnerungen an das letzte Leben wurden wach.

Bis heute kann ich mich an die beflügelnde Leere erinnern, die ich beim Verlassen des Tempels verspürte, als das Tor sich wieder öffnete. In diesem Bergdorf wurde etwas aus mir entleert, oder besser gesagt, etwas hat hier nach Hause gefunden. Danach hat sich diese Erfahrung nicht wiederholt. In Taiwan gibt es zum Laternenfest nur mehr von Firmen gespendete elektrische Laternen und Auftritte von Popsängern, sodass ich mit der Zeit den Festtag gar nicht mehr zur Kenntnis nehme. Nur wegen dieses vorliegenden Schriftstücks lebten meine Erinnerungen an das Laternenfest 1990 in Putian wieder auf, jedoch bleibt mir der Weg dorthin für immer versperrt.

郝誉翔

山中的夜晚

说不清多少年前的事了，大概是1990年的前后吧，台湾和中国大陆才刚开放交流，而大陆农村也正改革开放，处于将变未变的关键之际，总之，一切都还是新鲜而懵懂的。如今回想起来，却也不免惊觉那样的时刻，竟是一去就再也不可能复返的了。

那时的我恰好在读台大研究所，也正是新鲜懵懂的年纪。我的硕士论文主题是傩戏：一种流传于中国乡野，尤其是南方边陲的面具戏。根据考证，傩戏在孔子时代就有，演出时大多结合宗教仪式，就这么一路在社会底层流传了下来，号称是当今中国的活化石。为了写作论文，我跟随指导教授跑遍了广西、云南、贵州、浙江一带的农村做戏曲田野调查，而福建则因与台湾皆属于闽南地区，彼此的渊源最深，所以我们在那儿盘桓最久，也走得最广。

就在那一年的春节，整整一个月我们都待在福建，从南走到北，希望可以趁新年庆典正多，全面调查福建与台湾相通的十三个地方剧种。我们不分日夜看戏，看到眼花缭乱了，眼前只剩走马灯一般的光影，在黑暗的舞台上光辉灿烂地打转。而其中绝大多数的演出，我如今早已忘得一干二净，却惟独元宵的那一夜例外，竟是在我脑海中留下了个黑魆魆的大洞，事隔多年再回想起来，还教人冷不防要打了个颤。

地点应该是在福建莆田的某个小村子吧。福建多山，我们早已习惯小巴在迂回的山间绕行，路面崎岖多石，车厢左摇右晃的，仿佛是漂流在汪洋上的一叶小船，落入丛山没有止尽的漩涡之中。全车的人全在夜中昏昏然晕死过去了，而四野荒凉，杳无灯火，车窗被一块黑布蒙住似的，既看不到窗外的景致，就更加感到这辆小巴简直像是被鬼打墙，只能在原地一直徒劳地打转。

　　由于晚餐时我被莆田的领导多灌了几杯酒，此刻晕得难受，一股酸味直呕上喉头，正痛苦地在座位上辗转时，忽然听到前方的人大嚷起来：到了！到了！我赶紧爬起身子，看到窗外黑夜中浮出几盏暗红的灯笼，有如鬼火点点，朝我们快速地飞荡而来。一直飞到眼前，我才看清楚灯笼下都是一张张孩子的脸，被蜡烛烧得红艳艳的，既兴奋又腼腆地笑著。原来他们早就在村子口守候多时了。

　　车门哗一下打开，一个村书记模样的人钻上来，搓著双手，笑出了一口焦黑的牙齿，直嘟囔著：“多亏你们了，这个村子还真不好找哪，穷乡僻壤的。”他边自嘲边补充说，幸好元宵活动才刚开始，我们到得也还不算太晚，而且今年是这二十年来最盛大的一次，走遍了整个福建也见不到这么精彩的。

　　于是他领著我们下车，穿越前方树林一条泥肠小径，拐个弯，眼前忽然大亮，原来到了村子的广场。一幢庙宇赫然矗立在眼前，巨大的闽南式飞檐往上高跷，雕龙刻凤，直插入天。庙檐的边缘缀满了七彩的霓虹，就连路旁的每一棵树也全都绑上了看不见的线，垂著一粒粒晕红的灯泡，更照映得一村像是洒了暗暗的血。

我还不及回神，迎面就看见一个古怪的队伍朝我鱼贯走来，全是些五六岁的孩子，一个个装扮成蚌壳妖精，背后绑著两大片雪白的壳，镶上宝蓝色的边，在夜中一搨一搨地吞吐著。当队伍走到我跟前时，所有的孩子忽然全躲入壳中不见，又啪地一下把壳全往外翻，露出来一张张涂上白粉以及唇膏的脸。我不禁往后倒退了一大步，但孩子们面无表情地走过去，又继续绕村游行，消失在黑暗中了。

接著是一支大妈们组成的队伍，远远地被黑暗吐出，像条胖大的蜈蚣。大妈上了年纪却偏要装俏，颊上涂著桃红，头上插满了花朵，腰上还系著小花鼓，边走边咚咚地敲，教人看了又是一惊。蜈蚣迤迤然地过去了，这时夜中又浮出另外一支队伍，也是孩子，头发全绑成了冲天炮杖，扮成了传说中的送桃童子。当我还在望著这些队伍发痴时，同行一起做戏曲田调的学姊早已不耐烦，拽住我往庙前戏台的方向走。原来戏已在台上风风火火地开演了。

台上演的是莆仙戏，一种保存中国宋元时期戏曲最古老面貌的地方戏。这古老指的是音乐和方言声腔，但对于一般的观众而言，莆仙戏看来并没有太大的不同，演的也都是才子佳人的故事，一点男女调情，一点插科打诨，再加入一点点的侠义武打。戏台前摆了一排红板凳，权作贵宾席，是特意留给我们的，但我才在凳子坐下不久，就失去了看戏的耐性。对我而言，台上胭脂水粉的花旦，恐怕还不如台下的观众，那些长于深山村里的女孩来得好看。

这些女孩因为长年在田间劳动，身体长得特别浑圆结实，一张脸被太阳晒成了古铜色，眼睛又被这绿色山水喂养得晶晶亮亮。如今趁著元宵夜，她们便难得精心打扮一番,看戏赏灯游玩。元宵本是属于女孩炫耀比美的节日,但这种风俗早在现代的城市中消失了,却在此地重现。我看到女孩们成群结伴,分明是默默坐在戏台下,但却执意要在今晚发光发热,和戏台上的旦角们争艳的决心,是如此的青春且鲜明,简直是把这整个黑夜都照得熊熊发亮了。

我的目光不禁穿透人群,被斜后方的一个女孩所吸引。她绑著粗黑的大花辫,知道我在看她,竟也不回避,还大胆迎视回来,仿佛是在反问我这个和她同样身为女孩,并且年纪也正值青春的人,究竟是从哪儿来的?为何会来到这一座山中的小村寨?而接下来又要去往何方?

女孩野性的眼神,让我忽然想起了《红高粱》中那个尚未被日后演艺盛名所俗化的巩俐。就在那一刻,我和她仿佛已相互说了无数悄悄的贴己话,关于青春、爱和生活的种种可能。但我却又在下一刻间难过气愤起来了。这么美丽的女孩,该和巩俐一样去拍电影才对,而不是坐在这个塑胶红板凳上,看什么号称活化石的莆仙戏!我一想到她的将来不外乎是嫁给个农夫,生养小孩继续种田过一生,而那双野性的眼神也将发黄黯淡,不到中年,就会因为过度劳动而一身都是病痛时,我就觉得自己再也无法安坐在这些女孩中间了。我想要离开人群去呼吸,便找了藉口起身走开。

我决心把女孩忘掉,去追寻刚才消失在夜里的游行队伍。我壮著胆,朝向村子的深处走去,越走越是荒凉幽暗,戏台上那流传了七八百年的古老乐声,也仿佛越来越依稀了,只剩下一缕猫叫似的哼唱,到了最后,四周终于是静悄悄。这时,路旁虽仍错落著几间屋舍，但木头的大门半掩，不见人影，只有门楣上亮著一只小灯泡，而灯下是毛泽东的照片，正居高临下，似笑非笑地盯著我瞧。

我下意识加快脚步，一个人影却忽然窜到我的身旁。原来是个老头，脸上堆满了古怪的笑。他比手画脚对我咿哑咿哑地讲，虽说莆田方言和台湾同属闽南语系，听起来却是天差地远。但老头不死心地推拉著我，非要我随他而去不可。糊里糊涂地我们就来到了一所祠堂前，老头兴奋地一跃而入，不知道究竟想要给我看什么宝贝？黑暗中，我也能感到这所祠堂惊人的衰败，几根屋椽倒塌在门旁，眼前净是拂之不去的蜘蛛网，木门轻推，灰尘纷纷落了我满头满脸。我迟疑著，不敢再向前踏出一步，而老头也不坚持，他径自钻到门后，忽然唰的一声，扯下来一块巨大的布。

就著窗外黯淡的微光，我定睛一看，原来是一尊高达三米以上的木雕彩楼，上面爬满了龙凤麒麟的纹饰，也猜不出是做什么用途？我只听到老头努力改用普通话，口吃著说："老东西了，明代，还要更久，宋代。宋代的宝贝。"他那双浑浊的眼此刻在暗中忽然发亮，而那彩楼上的龙凤也一瞬间吸饱了仙气，全数复活过来似的，像群蛇般开始蠢蠢地蠕动起来，眼珠子调转过来斜睨向我，射出阴森的光芒，而锐爪渐长，朝我触探过来。我不禁大骇踉跄著后退，转身向戏台的方向死命地逃。

我一面逃，一面忽见不知打哪儿涌出来无数的人，黑压压的头颅和人墙，化成波涛汹涌的海浪阻挡在前方。我只能遇著人群的缝隙就钻，却见到那些诡异的游行队伍，忽而出现在我的左边，忽而又在右方，一个个仿佛是丧礼中纸扎的人偶，那般鲜艳明亮得可怕。他们每个人手中都举起一只又高又瘦的竹竿，高得直插入黑夜，而从杆顶垂下来我这一辈子见过的最长、最长的鞭炮，在黑夜之中缓缓摇晃，像是招魂的长条旗幡。人群不知怎么的裂开了条小路，我看到一个粗壮的汉子怀抱著一尊小神，在众人的簇拥护驾之下，正癫狂地摇摆著，朝我直冲过来。就在这一刹那全村的人一起点燃了鞭炮，白雾顿时弥漫眼前，噼里啪啦的巨响，震得我心神俱裂，我什么也看不见，只能直往后退，整个人背抵著庙门，而爆竹的火花不断掠过我的额头和眉角，留下一阵阵烧灼的刺痛。

我记忆中的最后一个画面，便是捧著神像的汉子冲来，而庙门竟忽然打开，我整个人跌了进去，如水的人潮在瞬间将我淹没，我眼睁睁看著那尊漆黑的神像从我身旁无声地流过，就在那一秒间，庙门又啪地一声合上了。

不知过了多久，我才悠悠醒转。我发现自己跌坐在庙中的大殿，庙门紧扣，刚才鞭炮的巨响和喧哗人群全都不见，此刻殿中只剩下八个身穿黑衣的男人，正跪在地上磕头，一边吟唱起我听也听不懂的咒语。空气中一股肃穆凝重的力量朝我压来，让我也不由自主地屈膝下跪，头抵著冰冷的地面，忽然有了大哭的莫名的恸，不知为何，我感到这儿我曾经来过。是的，这喃喃的咒语如此熟悉，正如流水般从我的嘴角流泄而出，像是来自上辈子的记忆。

直到今天我也还记得当庙门再度打开时，我走出大殿轻飘飘的虚无感。我的体内似乎有某种东西在这座村子被掏空了，或者该说，原来它是找到了回家的道路。后来，我却再也不曾有过这样的经验了。台湾的元宵只剩下企业赞助的电动花灯，以及流行歌手的舞台大串演，以至于后来我就逐渐忘记了还有这个节日存在。直到在写这篇文章时，我才又想起了1990年福建莆田的元宵，然而我已经如同武陵人般，只能一次又一次地怅然而归，再也找不到回去的道路了。

# Glossar
词汇表

## Allerheiligen und Allerseelen

Allerheiligen und Allerseelen sind christliche Feste, die am 1. und 2. November gefeiert werden. Die katholische Kirche hält am 1. November morgendliche Messfeiern zu Ehren aller christlichen Heiligen und Märtyrerinnen und Märtyrer ab. Im Mittelpunkt steht jedoch die Auseinandersetzung mit dem Tod naher Angehöriger. An diesem staatlichen Feiertag werden Gräbersegnungen am Nachmittag vorgenommen. Damit verbunden ist der Brauch, die Gräber mit Lichtern und Blumen besonders zu schmücken. Entzündete Kerzen nennt man Seelenlichter. Sie symbolisieren das ewige Leben nach dem Tod. Als Allerheiligengebäck kennt man den Allerheiligenstriezel, den die Tauf- oder Firmpatinnen und -paten an ihre Patenkinder verschenken. Der Striezel wird aus Germteig in Form geflochtener, mit Hagelzucker oder Streuseln bestreuter Zöpfe hergestellt. Am Allerseelentag, am 2. November, wird an die armen Seelen im Fegefeuer gedacht.

## 万圣节与万灵节

万灵节与万圣节是基督教节日，分别在11月1日与11月2日举行。天主教会在11月1日早晨通过弥撒来纪念基督圣徒和殉教者。和死去亲人相关的活动是此节日的重点。在这个国家级节日的下午会举行扫墓活动。

与此习俗相关，坟墓要用灯光和鲜花特别装饰起来。被点燃的蜡烛叫做魂灯，它们象征着死后的永生。人们烘烤万圣节麻花作为万圣节点心，由教父赠送给教子。麻花是由酵母面团制成的编织样式的拉花糕点，上面撒有砂糖颗粒。在11月2日的万灵节，人们会纪念炼狱中的可怜鬼魂。

## Doppelneunfest

Das Doppelneunfest, auch als Chongyang-Fest bezeichnet, wird nach dem chinesischen Mondkalender jedes Jahr am neunten Tag des neunten Monats gefeiert. Die Zahl Neun gehört zu den höchsten der Yang-Zahlen, daher wurde dieser Tag seit alter Zeit als Glückstag gesehen. Am Chongyang-Fest besteigt man gerne einen Berg, genießt Kuchen und Wein und bewundert Chrysanthemen. Die Chongyang-Kuchen bestehen zumeist aus neun Schichten und weisen die Form einer Pagode auf. Kuchen und Höhe lauten im Chinesischen gleich. Da im Herbst die Chrysanthemen blühen, gehört die Bewunderung dieser Blume mit zum Fest. 1989 wurde dieser Tag von der chinesischen Regierung zum Tag der Alten erklärt. Junge Leute begleiten ihre älteren Familienangehörigen zu organisierten Ausflügen oder Veranstaltungen und verteilen Geschenke, um der älteren Generation Respekt zu zollen.

双九节

双九节，又称重阳节，在每年的农历九月初九举行。数字九是阳数中最大的，因此很久以来这一天被看做幸运日。在重阳节,人们登高、吃重阳糕、喝酒、赏菊。重阳糕大多有九层高,形状像一个宝塔。"糕"和"高"在汉语中读音是一致的。因为菊花在秋天绽放,重阳节赏菊也成了惯例。中国政府在1989年将每年的这一天定为"老人节"。年轻人陪同家里的老人出游或去参加活动,并分发礼物并赠送礼物,以表示对老人的尊敬。

**Drachenbootfest**

Das Drachenbootfest blickt auf eine über 2000 Jahre alte Geschichte zurück und fällt auf den fünften Tag des fünften Mondmonats nach dem traditionellen chinesischen Kalender, weshalb es auch Fest der Doppelfünf genannt wird. Es gehört neben dem Neujahrsfest und dem Mondfest zu den drei wichtigsten Festen in China und wird hauptsächlich in Südchina begangen. Auf den Seen und Flüssen Südchinas finden zur Erinnerung an den ertrunkenen Dichter und Nationalhelden Qu Yuan, der aus Protest gegen soziale Missstände ins Wasser ging, Drachenbootrennen statt. Die langen und offenen Paddelboote sind meistens bunt bemalt und haben einen dekorativen Drachenkopf vorne am Bug. Auch gibt es traditionelles Essen an diesem Feiertag: die sogenannten Zongzi. Diese gelten als Symbol für die Reisklöße, die man in den Milo-Fluss geworfen haben soll, damit die Fische nicht den Leichnam von Qu Yuan fressen. Zongzi sind Klöße aus Klebreis, eingewickelt in Bambus- oder Schilfrohrblätter, mit verschiedenen Füllungen, wie zum Beispiel Datteln oder süßem Bohnenbrei. Serviert werden sie mit grünem Tee oder Xionghuang-Wein.

龙舟节

龙舟节有着超过2000两千年的历史，在农历五月初五举行，因此也被称作端五节（端午节）。它与春节、中秋节一起，被看做中国三个最重要的节日，主要在南方被庆祝。每到端午节，南方的湖泊河流上，人们举办龙舟竞赛，以此纪念因反抗社会弊病而跳江的诗人和爱国英雄屈原。长长的敞开式桨船通常涂有鲜艳的色彩，并且在船头用龙头进行装饰。这个节日也有传统的食物：粽子。粽子象征着饭团，当年人们把它扔到汨罗江中喂鱼，这样屈原的尸体就不会被鱼吃掉以保护屈原的尸体。粽子是由糯米做成的，被包裹在竹叶或芦苇叶里面，有不同的馅料，如枣或豆沙，可以配合绿茶或雄黄酒食用。

# Erntedank

Das Erntedankfest ist im Christentum eine traditionelle Feier nach der Ernte im Herbst, bei der die Gläubigen Gott für die Gaben der Ernte danken. Diese Tradition reicht zurück bis in die Zeit der Römer, die schon vor mehr als zwei Jahrtausenden Gott für die Gaben gedankt hatten, weil die Ernte nötig war, um über den Winter zu kommen. Heute trifft man sich an einem öffentlichen Platz. Von dort werden Feldfrüchte, Getreide und Obst dekorativ in Körben zusammen mit der Erntekrone zur Kirche getragen. Danach gibt es Volksfeste, Bauernmärkte sowie Festessen mit Tanz und Gesang.

## 感恩节

感恩节在秋收之后,是一个传统的基督教节日,信徒们以此对上帝馈赠的收成表示感谢。这个传统可以追溯到两千多年前的罗马时代,人们因为秋收的食物足以过冬而感谢上天的恩赐。如今人们在公共广场集会,并把装有农作物、和谷物和水果、的、装饰有丰收花环精美的篮子带到教堂。之后会举行民间节日之后会有民间庆典、农贸市场,以及歌舞和美食。

## Fest der Hungergeister

Alljährlich zum Vollmond im siebten Monat des chinesischen Mondkalenders begehen Chinesinnen und Chinesen das traditionelle Fest der Hungergeister. In der Vorstellung der Bevölkerung begeben sich die hungrigen Geister am letzten Tag des sechsten Mondmonats zur Erde, da sie – weil Angehörige sie nicht ausreichend mit Opfergaben bedacht haben – das ganze Jahr über ihren Hunger nicht stillen konnten. Die Ausgehungerten durchwandern Friedhöfe oder andere abgelegene Orte und hoffen auf Opfergaben, die ihr Los mildern. Am letzten Tag des Monats kehren die hungrigen Geister in ihre Geisterwelt zurück. Ihnen wird ein Abschiedsfest bereitet, an dem man Geistergeld, Papierkleidung und andere Gegenstände aus Papier verbrennt, sodass die Geister diese Gaben mitnehmen können.

鬼节

鬼节是中国人在每年的农历七月月圆之时举行的传统节日。民间相传，农历六月的最后一天，饿鬼们会前往人间。因为家属没有给他们足够的祭品，他们整个一年都处于饥饿状态。这些饿鬼一直在墓地或其它他偏僻的地方漫游，希望能找到祭品，减轻痛苦。七月的最后一天，饿鬼回到地府。人们为他们举行送别仪式，人们烧冥钱、纸衣服，以及其它用纸做成的物品，这样鬼魂就能够把这些祭品带走。

**Fest der Liebenden**

Das Fest der Liebenden, Qixi-Fest genannt, findet am siebten Tag des siebten Mondmonats statt und ist aus einer tragischen Liebesgeschichte entstanden: Eine Himmelsbewohnerin verliebte sich in einen armen Kuhhirten und verließ den Himmel, um mit ihm gemeinsam auf der Erde zu leben. Zusammen mit einem Sohn und einer Tochter führten sie ein glückliches Leben. Als der Himmelskaiser davon erfuhr, ließ er die Himmelsbewohnerin gewaltsam zurückholen. Der Kuhhirte liebte sie so sehr und folgte ihr mithilfe eines überirdischen Rinds in den Himmel. Dort ließ die Himmelskaiserin mit einer goldenen Haarnadel einen Himmelsfluss entstehen, der die beiden Liebenden voneinander trennte. Wegen der Trennung vergossen die Liebenden bittere Tränen, die nicht nur die Elstern rührten, die für die beiden eine Brücke über den Himmelsfluss bildeten, sondern letztlich auch die Himmelskaiserin selbst, sodass sie ihnen erlaubte, sich jedes

Jahr am siebten Tag des siebten Monats auf der Elsterbrücke zu treffen. So entstand das Qixi-Fest, das heute vor allem auf dem Land noch begangen wird. In den Städten feiern Jugendliche an diesem Tag den chinesischen Valentinstag.

七夕节

七夕节在农历七月七日举行，源于一个悲剧性的爱情故事：天庭的织女爱上了一个穷困的放牛郎并离开了天堂，为了能和他一起在人间生活。他们有了一个儿子和一个女儿，生活得很幸福。但天庭的玉帝知道了此事，下令使用暴力抓回织女。牛郎非常爱织女，于是借助神牛的帮助跟随她来到了天庭。天庭的王母娘娘用头上的金簪划出了一条河，把相爱的两个人分开了。爱人们苦涩的泪水感动了喜鹊。喜鹊帮助他们搭建了一座可以横跨天庭河流的鹊桥。最终也感动了王母娘娘也被感动了，允许他们每年农历的七月七日在鹊桥相会。这样就产生了至今仍在乡村盛行的七夕节。在城市，年轻人将这一天作为中国的情人节加以进行庆祝。

## Fronleichnam

Das Fronleichnamsfest ist ein Fest der katholischen Kirche und findet 60 Tage nach dem Ostersonntag immer an einem Donnerstag statt. Sprachlich orientiert sich der Feiertag Fronleichnam am lateinischen *corpus christi*, und wurde in der mittelhochdeutschen Sprache mit *vrôn* (des Herrn) *lîcham* (Leib) übersetzt. Hieraus lässt sich bereits ableiten, was zu Fronleichnam gefeiert wird: die leibliche Gegenwart Jesu Christi durch das Sakrament der Eucharistie nach dem Vorbild des letzten Abendmahls. In Anlehnung an das bereits im Mittelalter übliche Ausschmücken der Prozessionswege wird auch heute noch zu Fronleichnam in Österreich die Prozessionsroute mit Birkenzweigen und Bildern aus einzelnen Blütenteilen ausgeschmückt. In vielen Ortschaften schmücken ganze Blütenteppiche Straßen und Plätze. Mittelpunkt der Prozession ist die von einem Priester getragene Monstranz, die den Leib Christi symbolisiert. Von ihr aus werden zu Fronleichnam Segenssprüche und Fürbitten in alle Himmelsrichtungen des Landes gesprochen.

## 基督圣体节

基督圣体节是天主教的节日，在复活节星期日过后六十天的一个星期四举行。这个节日在拉丁语中叫做corpus christi，在中古高地德语中被翻译成vrôn（基督的） lîcham（身体）。由此可以推断出基督圣体节的主题：依照最后的晚餐效仿最后的晚餐，将耶稣基督的身体奉献出去，举行圣体圣事。仿照中世纪宗教游行的普遍装饰，现今在奥地利的基督圣体节时，仍有用白桦树枝和少数鲜花组成的图案片作为装饰的情况。在许多村庄，街道和广场都用整块鲜花地毯装饰。游行的核心物是一个由教士托举的圣体匣，它象征着基督的肉体。藉此，基督圣体节的祝福和祈祷传向四方。

## Laternenfest

Das traditionelle Laternenfest findet am fünfzehnten Tag des ersten Monats unmittelbar nach dem chinesischen Neujahrsfest statt. Bereits in der Han-Dynastie wurde dieses Fest gefeiert. In Anlehnung an den Buddhismus zündete man im Kaiserpalast und in den Tempeln Laternen als Opfer für Buddha an. Später wurde dieser buddhistische Brauch zu einem Volksfest und fand seine rasche Verbreitung im ganzen Land. Neben den tausenden brennenden Laternen, auf deren Herstellung die Chinesinnen und Chinesen große Sorgfalt verwenden, finden an vielen Orten verschiedene Tänze (Löwentanz, Tanz auf Stelzen oder Trommeltanz) statt. Im Rahmen dieser Veranstaltungen ist es Sitte, Tangyuan (Klößchen aus klebrigem Reismehl mit süßer Füllung) zu essen. Das Fest gilt auch als Tag der Ehestiftung und Brautschau.

元宵节

传统的元宵节在农历正月十五，紧随中国新年之后举行。早在汉朝，人们就已经开始庆祝元宵节。根据佛教，人们在皇宫和寺庙中点亮灯笼作为给佛陀的献祭。此后，这个佛教习俗演变为一个民俗节日，并且在全国范围内迅速传播。除了点亮数以千计精工细作的灯笼之外，许多地方还举办不同的舞蹈表演（舞狮，高跷舞或花鼓舞）。吃汤圆（用糯米做成的带甜味馅料的丸子）也是元宵节的习俗。这个节日也被看作适合结婚和相亲的日子这个节日也被看作适合提媒和相亲的日子。

## Martinstag

Der Martinstag am 11. November ist der Gedenktag des Heiligen Martin von Tours. Ein in Österreich weit verbreiteter Brauch ist der Martinsumzug, das Martinigansessen und das Martinssingen. Kindergarten- oder Volksschulkinder ziehen mit selbst gebastelten Laternen durch die Straßen und singen Lieder. Meistens wird die Geschichte vom Heiligen Martin nachgespielt, der als römischer Soldat seinen Mantel mit seinem Schwert geteilt und die Hälfte einem frierenden Bettler gegeben hat.

圣马丁节

11月11日的圣马丁节，是为了纪念来自都尔的神圣的马丁。奥地利通常的习俗是圣马丁游行、吃圣马丁食物和唱圣马丁歌。幼儿园和小学的孩子们拿着自己制作的灯笼，并唱着歌，在街上游行。通常圣人马丁的故事会被人们模仿演绎，即马丁作为罗马士兵，用剑把自己大衣的一半分给即将死于严寒的乞丐。

## Mondfest

Am fünfzehnten Tag des achten Mondmonats findet das Mondfest, auch Mittherbstfest genannt, statt. Es markiert den Beginn der herbstlichen und schönsten Jahreszeit in China. Im Altertum opferten die Kaiser im Frühling der Sonne und im Herbst dem Mond. Schon in den Geschichtswerken aus der Zhou-Dynastie (ca. 11. Jahrhundert) ist das Wort

Mittherbst belegt. Das Mondfest entstand in der Tang-Dynastie und entwickelte sich in der Qing-Dynastie zu einem der bedeutendsten Feste in China. Sitten und Bräuche des Mondfests sind von Ort zu Ort unterschiedlich. Bis heute wird dem Mond Aufmerksamkeit geschenkt – diese Bewunderung erfolgt bei den Chinesinnen und Chinesen am liebsten mit einem Picknick im Mondlicht. Traditionell werden an diesem Fest Mondkuchen mit süßen, salzigen, Fleisch- oder auch vegetarischen Füllungen gegessen.

中秋节

中秋节，又称中秋，于农历八月十五日举行。它标志着中国最美季节——秋季的开始。在古代中国，皇帝在春天供奉太阳，在秋天供奉月亮。早在周朝的历史著作中就已经存在"中秋"这个词。中秋节开始于唐朝，在清朝得以发展，并成为中国最重要的节日之一。中秋节的习俗因地域而不同。赏月至今仍是主题——当然月光下最好有美食相伴。按照传统，中秋节人们会吃不同馅料的月饼，如甜、咸、肉、菜馅等。

**Neujahrsfest**

Dieses traditionelle Fest des Jahres feiern Chinesinnen und Chinesen jedes Jahr gegen Ende des Winters. Dem Mondkalender zufolge fällt es auf den ersten Tag des ersten Monats und nach dem Sonnenkalender auf die Zeit zwischen Ende Januar und Mitte Februar. Nach der Revolution von

1911 führte die chinesische Regierung den Sonnenkalender ein und das Neujahr erhielt den Namen Frühlingsfest. Am Vorabend des Frühlingsfests trifft sich die gesamte Familie zu einem reichlichen Silvester-Essen, traditionell mit Hühnchen und Fisch. Dabei werden in rote Umschläge verpackte Geldgeschenke an die Kinder verteilt, wobei die Höhe des Geldbetrags von großer Bedeutung ist. Vor Mitternacht verlässt die Familie das Haus, um Spuren des alten Jahres mit sich ins Freie zu nehmen, kehrt jedoch anschließend zurück, um die Fenster zu öffnen und auf diese Weise das Glück des neuen Jahres willkommen zu heißen. Am frühen Morgen des nächsten Tags besucht man FreundInnen und Bekannte und wünscht einander alles Gute für das neue Jahr. Während des Frühlingsfests gibt es zahlreiche traditionelle Kulturveranstaltungen, von denen sich besonders die Löwen- und Laternentänze, das Landbootfahren (eine Tanzart) und das Stelzengehen größter Beliebtheit erfreuen. Insgesamt umfasst das Neujahrsfest drei gesetzliche Feiertage, traditionell sind es jedoch 15, und in der Regel nehmen sich Chinesinnen und Chinesen fünf bis acht Tage frei.

春节

中国人在每年冬天结束时庆祝春节这个传统节日。按照农历，春节在一月一日；按照公历，春节在一月末至二月中。在1911年辛亥革命之后，中国政府引进公历，农历的新年更名为春节。在除夕夜，全家人团聚，一起吃丰盛的年夜饭，传统的年夜饭带有鸡肉和鱼。与此同时，由红色信封包装的"压岁钱"被分发给孩子们，其金额常常含有深意。在午夜前，整个家庭都离开房子，以带出旧年的痕迹，紧接着回到家中，打开窗，以这种方式迎接新年好运的到来。接下来一天的早晨，人们走亲访友，互相祝福在新的一年一切顺利。春节期间会举办丰富多彩的文化活动，其中最受人们喜爱和欢迎的是舞狮、舞灯、旱船（一种舞蹈形式）和踩高跷表演。目前春节包括三天法定假日，按照传统则应有十五天，通常中国人会休息五到八天。

## Ostern

Seit 2000 Jahren wird zu Ostern (lateinisch *pascha*, aus dem Hebräischen *pessach*) im Christentum die Auferstehung Jesu von den Toten gefeiert. Ostern gehört zu den beweglichen Festen, der Ostersonntag ist immer der Sonntag, der dem ersten Vollmond nach Frühlingsbeginn folgt. Die Feierlichkeiten rund um das Osterfest beginnen am Palmsonntag und dauern die ganze Karwoche, auch stille Woche genannt, an. Am Gründonnerstag feiern die christlichen Kirchen die Fußwaschung und das letzte Abendmahl Jesu Christi mit den zwölf Aposteln. Am Karfreitag gedenken Christinnen und Christen des Leidens und Sterbens Jesu am Kreuz. Die Kirchenglocken schweigen nun bis zur Auferstehung Christi – man sagt dann, sie »fliegen nach Rom«. Ihre Aufgaben – die Ankündigung der Tageszeiten und der Ruf zu den Gottesdiensten – übernehmen in dieser Zeit Kinder mit hölzernen Klappern, den sogenannten Ratschen. Der Karsamstag gilt als der Tag der Grabesruhe und der Besinnung. In der Nacht von Karsamstag auf Ostersonntag, der sogenannten Osternacht, wird im Gottesdienst die Auferstehung Jesu von den Toten gefeiert. In vielen österreichischen Gemeinden wird im Anschluss an den Gottesdienst das Osterfeuer entfacht. Die Kinder suchen bunt bemalte versteckte Hühnereier und Süßigkeiten, die vom Osterhasen versteckt wurden.

复活节

两千年以来，复活节（拉丁语pascha, 来源于希伯来语 pessach）作为耶稣再生的日子而被庆祝。复活节的日期是变化的，但总是在每年春分月圆后的第一个星期日举行。复活节的庆祝开始于棕枝主日，持续一整个圣周，圣周也被叫做沉默的一周。在濯足节，基督教会举行濯足服事，耶稣基督与十二门徒共进最后的晚餐。在耶稣受难节，基督教徒纪念耶稣被钉在十字架上的受难和死亡。教堂的钟声沉默直到耶稣基督的复活——此后人们说，钟声"飞到罗马"。它他们的任务——报时并进行礼拜呼唤——在此期间由手持木制拨浪鼓的孩子接管。圣周六是平静和思考的一天。在圣周六到复活节星期日的夜里，即所谓的复活节前夜，人们做礼拜时庆祝耶稣死后的再生。在奥地利的许多城镇，举行礼拜仪式之后，人们会点燃复活节篝火。孩子们寻找被复活节兔子藏起来的彩蛋和甜食。

## Silvester

Silvester wird am 31. Dezember, am letzten Tag des Jahres, meist gemeinsam mit Freunden gefeiert. Am Silvestertag begrüßt man sich mit einem »Guten Rutsch«. Zum Jahreswechsel um Mitternacht gibt es Feuerwerk und Glockengeläute. Zu Mitternacht erklingt im staatlichen Radio beziehungsweise im Fernsehen der Walzer *An der schönen blauen Donau* von Johann Strauß und die Leute tanzen in das neue Jahr. Mit dem Feuerwerk und dem Ausräuchern von Stallungen und Gehöften sollen böse Geister vertrieben werden. Heute drückt das Feuerwerk auch die Vorfreude auf das neue Jahr aus. Das Bleigießen sowie das Öffnen einer Flasche Sekt sind weit verbreitete Bräuche. Kleine Glücksbringer aus Kunststoff oder Glas wie Schweinchen, Fliegenpilz, Kleeblatt, Glückskäfer und Schornsteinfeger werden zum Jahreswechsel geschenkt. In Silvestergottesdiensten wird die Thematisierung von Vergänglichkeit und Neuanfang, Wunsch, Dank und Bitte gefeiert.

除夕

除夕在每年的最后一天，即12月31日，通常与朋友们一起庆祝。在除夕这一天，人们互相问候时说"一切顺利"。午夜辞旧年迎新年之际，会有烟火和钟鸣声。除夕午夜时，国家广播电台和电视上会播放约翰·斯特劳斯的《蓝色多瑙河》华尔兹圆舞曲，人们跳着舞迈入新的一年。据说烟火与来自马厩和农庄的熏烟能够赶走"年兽"。如今，烟火也表达了人们对新年即将到来的期待和喜悦之情。铅卜以及打开一瓶香槟酒是被广泛传播的习俗。在新年辞旧迎新之际，人们纷纷赠送用塑料或玻璃做成的小吉祥物，如小猪、毒蝇伞、三叶草、幸运甲虫和烟囱工人。除夕礼拜时，过去、开始、希望、感恩和请求这些主题会被提及。

**Valentinstag**

Der Valentinstag wird am 14. Februar gefeiert und gilt als Tag der Liebenden. Geschichtlich geht dieser Tag auf den italienischen Bischof Valentin zurück, der im dritten Jahrhundert Liebespaare christlich getraut hatte, ihnen Blumensträuße aus seinem eigenen Garten schenkte, dann aber von Kaiser Claudius II. hingerichtet wurde. Heutzutage werden um den Valentinstag herum in Gottesdiensten Ehepaare gesegnet. Es ist sehr populär, dass Männer ihren angebeteten Frauen Blumen schenken.

情人节

2月14日是情人节，是专属于情侣的节日。情人节的历史可以追溯到公元三世纪的意大利主教瓦伦丁，他为相爱的人举行基督教教堂婚礼，并把自家花园的花束赠送给他们。但是他之后被帝国皇帝克劳迪乌斯二世处死。如今，情人节当天的礼拜仍会给予夫妻们特别祝福。在情人节这一天，男子通常会给自己爱慕的女子送花。

**Weihnachten**

Weihnachten ist das beliebteste Fest und mit Ostern eines der Hauptfeste. Es ist das Fest der Geburt Jesu Christi und wird am 24. Dezember im Kreise der Familie gefeiert. Hinzu kommen alte und neue Bräuche verschiedener Herkunft, zum Beispiel der Adventskranz, die Krippenspiele, der geschmückte Weihnachtsbaum sowie viele Geschenke, die das Christkind bringt. Es werden Weihnachtslieder gesungen und die Weihnachtsgeschichte vorgelesen. Das traditionelle Weihnachtsessen besteht häufig aus Weihnachtsgans oder Karpfen, Weihnachtskeksen, Kletzenbrot, Lebkuchen und Glühwein. Der gemeinsame Besuch der Christmette in der Christnacht ist ein fester Bestandteil des Weihnachtsfests. Eine bedeutende Rolle spielen neben der Weihnachtsdekoration mit vielen Lichtern auf Straßen und in allen Häusern und Wohnungen auch die verschiedensten Düfte von Weihrauch, Zimt, Nelken, Orangen und Äpfeln. Nach dem Weihnachtsfest besuchen die Heiligen Drei Könige jeden Haushalt und verkünden die frohe Botschaft der Geburt Christi.

圣诞节

圣诞节是最受人们欢迎的节日，与复活节一样，是最主要的节日之一。一家人在12月24日相聚在一起并且庆祝耶稣基督的诞生。此外还有来源不同的许多新老习俗，如枞树枝花环，耶稣诞生戏，装饰圣诞树以及许多由耶稣圣婴带来的礼物。在圣诞节人们唱圣诞歌，朗读圣诞故事。传统的圣诞食物由圣诞鹅或鲤鱼、圣诞饼干、由果仁制成的面包、姜饼和热葡萄酒组成。在凌晨举行子夜弥撒是圣诞节固定不变的一部分。街道上带有许多盏灯的圣诞装饰物，以及在房屋和公寓里散发出的来自香、桂皮、丁香、柑橘和苹果各种各样的香味，都在圣诞节扮演者重要的角色。圣诞节过后，东方三贤士拜访每家每户，并宣告基督诞生的好消息。

## Winterfest

Das traditionelle Winterfest in China wird auch Dongzhi-Fest genannt und steht in enger Verbindung mit der Astronomie, der Kalenderrechnung und der Mathematik des Altertums. Dongzhi bedeutet Wintersonnenwende und entspricht dem 21., 22. oder 23. Dezember. Nach der Wintersonnenwende werden die Tage länger und die Vorfahren der ChinesInnen gingen davon aus, dass das Yang nun zunehmen und ein neuer Zyklus beginnen würde. Seinen Ursprung hat das Fest in der Han-Dynastie im dritten Jahrhundert vor Christus und erreichte seinen Höhepunkt in der Tang- und der Song-Zeit im siebten Jahrhundert nach Christus. In der Han-Dynastie hatten Behörden und Geschäfte geschlossen, man besuchte seine Verwandten und FreundInnen und schenkte sich Delikatessen. In der Tang- und der Song-Dynastie opferte man dem Himmel und den Ahninnen und Ahnen. Viele Sitten und Bräuche des Winterfests sind bis heute erhalten geblieben. Die meisten von ihnen stehen in engem Zusammenhang mit dem Essen. Während in Nordchina Huntun (klare Suppe mit Fleischtäschchen) und Jiaozi (gefüllte Teigtaschen) aus diesem Anlass gegessen werden, serviert man in einigen Teilen Südchinas Klebreis mit Rotbohnen oder im Wasser gekochte Klebreisklößchen mit Füllung, die sogenannten Tangyuan. Diese dienen sowohl als Opfergabe für die Vorfahrinnen und

Vorfahren als auch als Geschenk für Verwandte und Freunde und Freundinnen. Auf der chinesischen Inselprovinz Taiwan wird etwa bis heute ein neunschichtiger Kuchen aus Klebreis in Form von Hühnern, Enten, Schildkröten, Schweinen, Rindern und Schafen, die als Glückssymbole in China gelten, den Ahninnen und Ahnen geopfert.

## 冬至

中国传统的冬至，又称冬至节，与古代的天文学、历法计算、数学有着紧密的联系。"冬至"，即"冬至点"，在12月21日、22日或23日。冬至点过后，白天越来越长，中国人的祖先以此为出发点，认为阳在增加，一个新的周期即将开始。冬至节在公元前三世纪的汉朝兴起，在公元七世纪的唐朝和宋朝达到高峰。在汉朝，官方例行放假，商旅停业，人们走亲访友并互赠精美食物。在唐朝和宋朝，人们供奉神灵和祖先。许多冬至节的风俗习惯被保留至今。这些习俗中的大多数都与食物有着紧密的联系。在中国北方，人们吃馄饨（清汤和肉馅小面团）和饺子（带馅料的面团），然而在中国南方的一些地区，人们吃红豆糯米或者在水中煮沸的带有馅料的糯米丸子，即汤圆。这些食物既可以用作供奉品，也可以当做礼物送给亲戚和朋友。在中国的岛屿省份台湾，至今仍有由糯米做成的九层糕，形状如鸡、鸭、龟、猪、牛、羊，它们在中国被作为幸运的象征，用以供奉祖先。

**Biografien**
作家简介

**Helwig BRUNNER**, geboren 1967 in Istanbul, lebt in Graz. Studien der Musik und Biologie. Veröffentlichte zuletzt die Gedichtbände »Die Sicht der Dinge« (edition keiper 2012) und »Vorläufige Tage« (Leykam 2011), außerdem den Essayband »Die Kunst des Zwitscherns« zusammen mit Kathrin Passig und Franz Schuh (Residenz 2012) sowie die poetologische Debatte »gemacht/gedicht/gefunden. über lyrik streiten« zusammen mit Stefan Schmitzer (Droschl 2011). Herausgeber der Buchreihe »keiper lyrik«, Mitherausgeber der Zeitschrift »Lichtungen«.

海尔维希·布鲁纳，1967年生于伊斯坦布尔，定居在格拉茨。毕业于音乐和生物学专业。近期出版的诗集有《事物的角度》（2012年keiper出版社）和《短暂的日子》（2011年Leykam出版社），此外还有与凯萨琳·帕西、弗朗茨·舒共同出版的《说话的艺术》（2012年Residenz出版社），以及与史蒂芬·施密兹共同出版的《诗意的辩论》（2011年Droschl出版社）。《凯珀诗集》书卷编者，杂志《林中空地》的共同出版者之一。

**Kateřina ČERNÁ**, geboren 1985 in Česká Lípa (CZ), lebt in Graz. Studium der russischen Philologie in Graz, Prag und Odessa. Schreibt Prosa und Drama für Kinder und Erwachsene. Im Jahr 2013 nominiert für den Retzhofer Dramapreis,

Gewinnerin des JUNGWILD-Förderpreises für junges Theater und des exil-Literaturpreises, erhielt 2013 außerdem das DramatikerInnenstipendium des BMUKK.
Veröffentlichungen in Anthologien und den »Lichtungen«.

卡特琳娜·瑟尔纳，1985年出生于捷克，定居在格拉茨。在格拉茨、布拉格、敖德萨主修俄语语言文学。撰写儿童、成人散文和戏剧。2013年被提名瑞茨霍夫戏剧奖，并荣获青年戏剧进步奖和流亡文学奖，此外获文化处的剧作家奖学金。
出版文选和《林中空地》。

**CHI Li**, geboren 1957 in der Provinz Hubei. Studium der chinesischen Literatur und Medizin an der Universität Wuhan. Obfrau des SchriftstellerInnenverbands in Wuhan. Veröffentlichungen: Romane und Erzählungen »Geht und kommt« (1998), »Life-Show« (2006). Der Roman »Ihre Stadt« wurde 2012 mit dem E'er Duosi Literaturpreis ausgezeichnet. Viele ihrer Werke wurden verfilmt.

池莉，1957年生于湖北省。毕业于武汉大学中国文学和医学和医学专业。武汉市作家协会主席。出版长篇小说《来来往往》（1998），短篇小说《生活秀》（2006）。2012年凭借中篇小说《她的城》获得"鄂尔多斯"文学奖。她的许多作品被拍导演成电影。

**Harald DARER**, geboren 1975 in Mürzzuschlag, seit 1997 wohnhaft in Wien, seit 2005 Veröffentlichung von Texten in Literaturzeitschriften und Anthologien. 2009-2010 Akademie für Literatur in Leonding. 2013 erschien sein Debütroman »Wer mit Hunden schläft« im Picus-Verlag.

哈荷尔德·达赫，1975年生于米尔茨楚施拉格，自1997年起定居维也纳，自2005年起在文学杂志和文选上发表文章。2009至2010年在莱昂文学院从事研究工作。2013年在Picus出版社发表第一部小说《谁伴狗眠》。

**FANG Fang**, geboren 1955 in Nanjing. Studierte in Wuhan chinesische Literatur.
Mit der 1987 erschienenen Erzählung »Aussicht« erhielt sie den Nationalen Preis für herausragende Novellen. Diese Erzählung gilt als eines der ersten Werke der damals in China neu aufkommenden Gattung des Neorealismus. Ihr neuestes Buch »Feng Shui« erschien im Jahr 2013.
Zahlreiche Auszeichnungen, wie u.a. der Lu Xun Literaturpreis (2010) und die Wahl zur besten Autorin Chinas 2011.

方方，1955年生于南京。在武汉主修中国文学。1987年发表的《风景》获全国优秀中篇小说奖。此作品被认为是在中国拉开了"新写实主义"序幕作品的其中之一。她的新书《风水》在2013年出版。
所获荣誉如，鲁迅文学奖（2010）和2011年中国最佳作家奖。

**Milena Michiko FLAŠAR**, geboren 1980 in St. Pölten, hat in Wien und Berlin Komparatistik, Germanistik und Romanistik studiert. Sie ist die Tochter einer japanischen Mutter und eines österreichischen Vaters, lebt als Schriftstellerin in Wien und unterrichtet nebenbei Deutsch als Fremdsprache. Bisherige Buchveröffentlichungen: »[Ich bin]« (2008) und »Okaasan – Meine unbekannte Mutter« (2010), beide im Residenz Verlag erschienen. Mit ihrem dritten Roman »Ich nannte ihn Krawatte«, erschienen im Verlag Klaus Wagenbach, war sie für den Deutschen Buchpreis 2012 nominiert. Sie hat diverse Stipendien und Preise, u.a. den Alpha Literaturpreis 2012, erhalten. Ihr letzter Roman wurde ins Französische übersetzt, Übersetzungen ins Italienische, Spanische, Englische und Finnische sind in Arbeit.

米连娜·密西可·弗拉瑟，1980年生于圣帕尔滕，在维也纳和柏林主修比较文学，日耳曼文学和罗曼语。她生活在维也纳，职业作家兼德语教师。以作家职业为生，母亲是日本人，父亲是奥地利人，并把德语作为外来语教授。现今的出版物有：《"我是"》（2008）和《欧卡萨恩——我未知的母亲》（2010），这两部作品均在Residenz出版社出版。她的第三部小说《我曾称呼他领带》在Klaus Wagenbach出版社出版，并在2012年被提名德国图书奖。她获得多个奖金和奖项，如2012年阿尔法文学奖等。她的上一部小说被译成法语，意大利语、西班牙语、英语和芬兰语的译本正在进行中。

**Marjana GAPONENKO** wurde 1981 in Odessa geboren und studierte dort Germanistik. Nach Stationen in Krakau und Dublin lebt sie nun in Mainz und Wien. Sie schreibt seit ihrem 16. Lebensjahr auf Deutsch. 2009 wurde sie mit dem

Frau Ava Literaturpreis ausgezeichnet. Ihr Romandebüt »Annuschka Blume« erschien 2010 im Residenz Verlag. Im August 2012 veröffentlichte der Suhrkamp Verlag ihren zweiten Roman »Wer ist Martha?«, für den sie 2013 mit dem Chamisso-Preis und dem Literaturpreis Alpha ausgezeichnet wurde.

马亚娜·加蓬南柯，1981年生于敖德萨，在敖德萨主修日耳曼文学。继在克拉科夫和都柏林之后，现居住在美因茨和维也纳。她从16岁起开始用德语进行写作。2009年被授予艾娃文学奖。她的第一部小说《安奴茶卡花》在2010年Residenz出版社出版。2012年8月，第二部小说《谁是玛尔塔？》在Suhrkamp出版社出版，为此，她在2013年被授予沙米索奖和阿尔法文学奖。

**HAO Yuxiang** wurde 1969 in Taipeh geboren. Studium der Politik- und Literaturwissenschaft an der Taiwan Universität. Professorin an der Zhong Zheng Universität in Taiwan.
Sie schrieb viele Romane und Prosabände. Der 1998 erschienene Roman »Waschen« wurde als bester Kurzroman ausgezeichnet. Weitere Veröffentlichungen: »Anis erste Liebe« (2003), »Heilwasser hat unsere Traurigkeit weggewaschen« (2011), »Nach der Rückkehr« (2013).

郝誉翔，1969年生于中国台北。就读于台大，主修政治学和文学。台湾中正大学教授。
她撰写了大量小说和散文集。1998年出版小说《洗》，被评为委最佳短篇小说。其它出版物有：《初恋安妮》（2003），《温泉洗去我们的忧伤》（2011），《回来以后》（2013）。

**LI Hao**, geboren 1971 in der Provinz Hebei, Mitglied des Schriftstellerverbands in der Provinz Hebei. Zahlreiche Veröffentlichungen, darunter viele Kurzgeschichten: »Wer ist ein geborener Attentäter?« (2003), »Das Leben auf dem Papier« (2008), »Die Schulden meines Großvaters« (2011). Erhielt den Volksliteraturpreis in der Kategorie Kurzgeschichte mit »Die Armee des Generals« (2013).

李浩，1971年生于河北省，河北省作家协会成员。出版大量作品，其中有许多短篇小说：《谁生来是刺客》（2003），《纸上的生活》（2008），《爷爷的"债务"》（2011）。因短篇小说《将军的部队》（2013）荣获民间文学奖。

**LONG Yi**, geboren 1961 in Tianjin. Studium der chinesischen Sprache und Literatur an der Universität Nankai. Vizepräsident des Schriftstellerverbands Tianjin. Zahlreiche Buchveröffentlichungen, darunter Romane, wie »Bezauberndes Gras«, »Gewehrverleih«, »Kontaktaufnahme«, »Plan«, »Glut«, »Deckname«, »Detektiv«, Erzählungen, wie »Untergetaucht«, »Meuchler«, »Duft«, und eine Monographie »Über die Romantechniken«.

龙一，1961年生于天津。在南开大学主修中国语言和文学。天津市作家协会副主席。有大量的书籍出版，著有长篇小说，如《迷人草》、《借枪》、《接头》、《深谋》、《暗火》、《代号》、《暗探》等，短篇小说有，如《潜伏》、《屋顶上的男孩》、《藤花香》等，小说理论专著《小说技术》。

**Werner SCHANDOR**, geboren 1967 in Fürstenfeld. Texter, Autor, Hochschullektor. Studium der Germanistik und Pädagogik in Graz. Herausgeber des Feuilletonmagazins »schreibkraft«. Zuletzt erschienen: der Reiseführer »Steirisches Wein- und Hügelland« (Falter Verlag 2010) und der Erzählband »Ruby lebt« (edition kürbis 2011). Betreibt die PR-Agentur Textbox. Lebt in Graz.

维尔纳·山德，1967年生于弗斯费尔德。撰稿人、作家、大学讲师。毕业于格拉茨日耳曼文学与教育学专业。《文字的力量》专题杂志编辑。近期出版物有旅行指南《施泰尔马克州的葡萄酒园和山丘》（Falter 出版社，2010）和短篇小说集《罗宾的生活》（kürbis出版社，2011）。经营一家文本公司。定居在格拉茨。

**Thomas STANGL**, geboren 1966 in Wien, studierte Philosophie und Spanisch an der Universität Wien. Zahlreiche Auszeichnungen, u.a. aspekte-Preis 2004, manuskripte-Preis 2009, Erich-Fried-Preis 2011. Letzte Veröffentlichungen: »Reisen und Gespenster« (Essays, Droschl 2012) und »Regeln des Tanzes« (Roman, Droschl 2013).

托马斯·斯坦格，1966年生于维也纳，毕业于维也纳大学哲学和西班牙语专业。荣获多个奖项，如2004年多面发展文学奖，2009年手稿奖，2011年埃里希·弗里德奖等。最新出版作品物有《旅行和鬼魂》（散文，Droschl出版社，2012）和《舞蹈规则》（小说，Droschl出版社，2013）。

**TANG Yiming**, geboren 1942 in der Provinz Hunan. Studium der chinesischen Literatur in Wuhan und am Institut für Ostasienkulturwissenschaft der Columbia Universität. Unterrichtete als erster Professor in Taiwan chinesische Festlandliteratur. Seit 2008 Gastprofessor an der Universität Wuhan. Veröffentlichungen: »Zeitgenössische Literatur am Festland« (1995), »Zeit und Schicksal« (2013).

唐翼明，1942年生于湖南省。在武汉大学主修中国文学，并就读于美国哥伦比亚大学东亚语言文化系。作为教授在台湾教授中国大陆文学。自2008年起，被武汉大学聘为教授。
出版作品有物：《大陆时期新文学》（1995），《时代与命运》（2013）。

**Anna WEIDENHOLZER**, geboren 1984 in Linz, lebt in Wien. Studium der Vergleichenden Literaturwissenschaft in Wien und Wroclaw, Polen. 2010 erschien der Erzählband »Der Platz des Hundes« (Mitter Verlag), 2012 der Roman »Der Winter tut den Fischen gut« (Residenz Verlag). Mehrere Auszeichnungen, u.a. Alfred-Gesswein-Preis 2009, Aufenthaltsstipendium im Literarischen Colloquium Berlin 2012, Reinhard-Priessnitz-Preis 2013. Mit dem Roman »Der Winter tut den Fischen gut« war sie in der Kategorie Belletristik für den Preis der Leipziger Buchmesse 2013 nominiert.

安娜·魏登霍尔茨，1984年生于林茨，定居维也纳。在维也纳和波兰弗罗茨瓦夫主修对比文学。2010年出版短篇小说《狗的位置》（Mitter　出版社），2012

年出版长篇小说《鱼儿喜冬》（Residenz 出版社）。荣获多个奖项，如2009年的阿尔弗雷德-格斯万文学奖，2012年柏林文学论坛奖学金，2013年莱因哈德-皮利斯尼茨奖等。2013年因长篇小说《鱼儿喜冬》被提名莱比锡书展美文奖。

**XU Zhechen**, geboren 1978 in der Provinz Jiangsu. Er studierte chinesische Literatur an der Universität Beijing. 2010 nahm er am International Writing Program der Universität Iowa teil. Er ist Chefredakteur der Literaturzeitschrift »Renmin Wenxue« in Beijing. 2006 wurde er durch seinen Roman »Im Laufschritt durch Peking« bekannt. Dieser Roman wurde 2007 mit dem Literaturpreis für Newcomer ausgezeichnet und erschien 2009 in deutscher Übersetzung. Weitere Romane und Kurzgeschichten: »Eine kleine Stadt« (2011), »Yale Salem« (2014). Seine Werke wurden ins Englische, Deutsche, Niederländische und Koreanische übersetzt.

徐则臣，1978年生于江苏省。在北京大学主修中国文学。2010年参与了爱荷华大学的国际写作计划。文学杂志《人民文学》主编。
2006年因中篇小说《啊，北京》成名。这部小说在2007年被授予新锐文学奖，并于2009年出版德语译本。其它中短篇小说代表作有《小城市》（2011），《耶路撒冷》（2014）。他的作品被译成英语、德语、荷兰语和韩语。

**ZHANG Xin**, geboren 1954 in der Provinz Jiangsu, studierte chinesische Literatur an der Universität Beijing. Sie ist

Obfrau des Schriftstellerinnen- und Schriftstellerverbands in Guangzhou.
Veröffentlichungen: »Bitte frag mich nicht, woher ich komme« (1989), »Was kann man bloß machen, wenn man liebt?« (1998), »Heiraten aus Liebe« (2005), »Die allerletzte verdeckte Karte« (2013).
Zahlreiche Literaturpreise, wie u.a. der Zhuang Chong Wen Literaturpreis 1995.

张欣，1954生于江苏省，在北京大学主修中国文学。广州作家协会主席。出版作品有：《不要问我从哪里来》（1989）、《爱又如何》（2008）、《为爱结婚》（2005）、《终极底牌》（2013）。
所获文学奖有，如1995年庄重文文学奖等。

# Herausgeberinnen
编者

**Luise KLOOS**, geboren 1955 in Judenburg. Studium an der Karl-Franzens-Universität Graz (Pädagogik, Psychologie und Philosophie) sowie an der Akademie der Bildenden Künste, Wien. Sie initiiert mit *next – Verein für zeitgenössische Kunst* seit 1995 internationale artists in residence Projekte. Luise Kloos ist Mitglied des Europäischen Kulturparlaments, verfügt über ein starkes internationales Netzwerk und hat für ihre Arbeiten in Malerei, Zeichnung, Installation und Performances zahlreiche Auszeichnungen erhalten, darunter 2009 den Großen Josef-Krainer-Preis.

路易斯·克洛斯，1955年生于尤登堡。毕业于格拉茨卡尔·法兰茨大学教育学，心理学，哲学专业，曾就读于维也纳美术学院。自1995年起，她与next当代艺术协会一起创办了国际艺术村项目。路易斯·克洛斯是欧洲文化局成员，拥有并能够支配一个很强的国际文化交流网络，她在绘画、素描、装置艺术和表演方面的工作获取了颇多成绩，其中在2009年荣获约瑟夫·克莱诺奖。

**Daniela UNGER-ULLMANN**, geboren 1971 in Klagenfurt. Studium Deutsch und Latein Lehramt an der Karl-Franzens-Universität Graz. Universitäre Weiterbildung in den Bereichen Deutsch als Fremdsprache und Medienkunde. Doktoratsstudium an der Germanistik Graz mit einer Dissertation in Älterer Deutscher Literatur. Von 1999 bis 2003 Universitätslektorin für deutsche Sprache und Literatur an der Schlesischen Universität Opava/Tschechische Republik. Seit 2007 Leiterin von *treffpunkt sprachen* – Zentrum für Sprache, Plurilingualismus und Fachdidaktik der Universität Graz. Verantwortlich für die universitäre Verankerung und Absicherung sowie die strategische Weiterentwicklung von Lehre und Forschung. Seit 2010 Direktorin des Konfuzius-Instituts der Karl-Franzens-Universität Graz.

达尼叶拉·温格乌尔曼，1971年生于克拉根福州。毕业于格拉茨卡尔·法兰茨大学　德语和拉丁语教育专业。大学深造时研修德语作为外语教学外国人学德语和媒体专业。在格拉　茨大学获德语语言文学博士学位，论文主题是德语古代文学。1999至2003年　在捷克共和国奥帕瓦西里西大学任德语语言文学教师，2007年起任格拉茨大　学语言、多语种及专业教学中心"语言交汇处"主任，负责教学科研在大学的落实保障和战略开发。2010年起担任格拉茨卡尔·法兰茨大学孔子学院院长。

## Impressum

Herausgeberinnen: Luise Kloos, Daniela Unger-Ullmann

Copyrights
© edition keiper, Graz 2014
1. Auflage November 2014
Kontakt und Koordination chinesischer Autorinnen und Autoren: Hong-Ling Yang
Übersetzung: Yan Dai, Guoqing Feng
Lektorat: Maria Valentina Kravanja, Angela Seidl, Huqiang Wang, Wenli Zhang
Grafik: Michaela Nutz
Covergestaltung: Luise Kloos
Assistenz: Eva Bock, Sonja Gruber
© für alle Werke bei den Autorinnen und Autoren
© für das Projekt bei Luise Kloos und Daniela Unger-Ullmann

Das Werk ist urheberrechtlich geschützt. Die dadurch begründeten Rechte, insbesondere die der Übersetzung, des Nachdrucks, der Entnahme von Abbildungen, der Rundfunksendung, der Wiedergabe von fotomechanischem oder ähnlichem Weg der Speicherung in Datenverarbeitungsanlagen, bleiben, auch bei nur auszugsweiser Verwertung, vorbehalten.

© Künstlerinnen und Künstler, Autorinnen und Autoren,
Konfuzius-Institut, next – Verein für zeitgenössische Kunst,
edition keiper 2014 GRAZ

Druck und Bindung: Printera
ISBN: 978-3-902901-64-4